Gewaltprävention 2.0

Marcus Lüpke / Ulf Neumann (Hg.)

Gewaltprävention 2.0

Digitale Herausforderungen

SCHÜREN

Bibliografische Information der Deutschen Nationalbibliothek
Die Deutsche Nationalbibliothek verzeichnet diese Publikation in der Deutschen Nationalbibliografie; detaillierte bibliografische Daten sind im Internet über http://dnb.d-nb.de abrufbar.

Abbildungsnachweise:
Beiträge Rathgeb und Staufer: JIM-Studie 2009, Medienpädagogischer Forschungsverbund Südwest
Beiträge Lüpke und Lüpke/Eberlei: © bei den Autoren
Beitrag Pinkerneil: © Handysektor
Covergestaltung nach einer Idee von Alexandra Lüpke unter Verwendung eines Motivs aus COUNTER STRIKE

Schüren Verlag GmbH
Universitätsstr. 55 · D-35037 Marburg
www.schueren-verlag.de

Gestaltung: Nadine Schrey
Druck: buchbücher.de
Printed in Germany
ISBN 978-3-89472-227-2

Inhalt

Einleitung

In diesem Sammelband werden praxisorientierte Medienprojekte vor dem Hintergrund aktueller Forschungsergebnisse und Trends aus der Welt der Neuen Medien dargestellt. Einen guten und fundierten Orientierungsrahmen bieten hier die informellen Arbeiten, welche die aktuellen Themen «Mediennutzungsverhalten Jugendlicher», «Cyberbullying», «Computerspiele und virtuelle Welten», «Handynutzung», «Web 2.0 – Soziale Netzwerke» thematisieren. Dabei sollen im Rahmen dieser Publikation neben den Risiken schwerpunktmäßig auch die Chancen der medienpädagogischen Arbeit mit Jugendlichen im pädagogischen Kontext behandelt werden. Anschaulich und nachvollziehbar dargestellt werden diese Ziele in den praxis- und unterrichtsnahen Beiträgen, die sich mit der Durchführung einzelner Unterrichtsprojekte zu den Themen Computerspiele, Handyprojekte, Schulwebseiten und Neue Medien im Schulunterricht und zeitgemäßer Standards in der Medienpädagogik befassen.

Neue Medien nehmen besonders in der Freizeitgestaltung von Jugendlichen einen immer größer werdenden Raum ein. Erwachsenen erschließt sich diese komplexe und schnelllebige Welt nur schwer. Noch schwerer ist vor diesem Hintergrund die Konzeption geeigneter Projekte, die auch im Rahmen der Gewaltprävention Früchte tragen. Hier ist vor allem der Beitrag über die vielfach empfohlene und bundesweit bekannte medienpädagogische Intervention einer Niedersächsischen Grund- und Hauptschule in der Thematik «Gewaltvideos auf Schülerhandys» zu erwähnen.

Häufig führt die konstruktive Arbeit mit Neuen Medien aufgrund einer Vorverurteilung ein Schattendasein in der Pädagogik. Die Herausgeber sind jedoch der Meinung, dass im Besonderen die medienpädagogische Arbeit mit Kindern und Jugendlichen auch vor dem Hintergrund aktuell auftauchender Gewaltphänomene[1] im speziellen Fokus pädagogischer Arbeit stehen sollte. Aktuelle gesellschaftliche und wirtschaftliche Entwicklungen und ein nicht selten fest zu stellender Verlust von Werten, die das Zusammenleben von Menschen bestimmen sollten, begründen auch die Wichtigkeit der medienpädagogischen Aktivitäten. Dies wird auch in den kritischen Beiträgen unserer Autoren deutlich.

Häufig stehen Kinder und Jugendliche mit ihrer frei erworbenen, leider häufig fehlgeleiteten Medienkompetenz allein da. Pädagogen wiederum scheuen sich in diesem Bereich aktiv zu werden und Schüler zu begleiten, weil Kenntnisse fehlen. Entsprechend sollen die Möglichkeiten der Fusion des Schüler- und Erwachsenen-

1 Vgl. Stichworte wie Killerspiele, Amokläufe, Happy-Slapping, Gewalt- und Pornovideos.

wissens im Blickpunkt dieser Veröffentlichung stehen und dazu ermuntern, sich mit den unterschiedlichen Thematiken zu beschäftigen, um ein kritisches Medienbewusstsein zu fördern.

Das Buch richtet sich dabei nicht nur an Fachkräfte, sondern ebnet den Weg für eine umfassende und sachliche Informationsbasis für alle Menschen, die sich über aktuelle Chancen und Risiken der Arbeit mit Neuen Medien informieren möchten. Zu Wort kommen daher nicht nur Fachleute aus dem Bereich der Gewaltprävention, sondern auch Lehrer, Jugendschützer, Sozialarbeiter, Vertreter der Hersteller von Neuen Medien und Wissenschaftler. Dabei stehen alle Beiträge an vielen Stellen inhaltlich nachvollziehbar miteinander in Verbindung und verdeutlichen so die zukunftsweisende netzwerkartige Arbeitsstruktur, die sich in der Arbeit mit neuen Medien manifestiert.

In diesem Sinne wünschen wir Ihnen viel Spaß bei der Lektüre der Arbeiten unserer richtungsweisenden Autorenschaft.

Im Januar 2010, Marcus Lüpke und Ulf Neumann

Ulf Neumann

Prävention: Zauberstab oder Leerhülse?

Über Bildung und Rahmenbedingungen in Jugendhilfe und Schule

Wie kann aktive Medienpädagogik und Prävention von Gewalt zielführend in Jugendarbeit und Schule eingesetzt werden?[1] Vor dem Hintergrund der Amoktaten der letzten Jahre in deutschen Schulen (u. a. in Erfurt, Emsdetten, Winnenden) kommen immer wieder kriminalpolizeiliche Erkenntnisse von suchtartigen Praktiken bei Ego-Shooter, Killerspielen etc. der Täter in ihrer Freizeit zu Tage. Es wird darüber heftig diskutiert, ob solch exzessives «Spielverhalten» der Tat förderlich war oder nicht. Einigkeit besteht aber weitestgehend darin, dass es sich um ein zunehmendes Problem handelt.

Fernsehen, Internet, Videos und Computerspiele werden schnell als Verursacher für gewalttätiges Verhalten Jugendlicher ausgemacht. Medien bieten jedoch auch Erprobungs-, Lern- und Erfahrungsräume für Mädchen und Jungen und verstärken Rollenmerkmale, sie beeinflussen die soziale Konstruktion der Geschlechter maßgeblich.

Fakt ist: Junge Menschen nutzen Neue Medien, Web 2.0-Angebote[2] und das Handy häufig, z.T. mit Eltern vereinbart, im späteren Alter «unkontrolliert» und sind häufig den Erziehungspersonen im technischen Know-how meilenweit vo-

1 In Bezug auf diesen Artikel wird auf den Beitrag «Der Zustand des Patienten gibt Anlass zur Sorge …» hingewiesen, den P.-U. Wendt und ich in: Gewaltprävention in Jugendarbeit und Schule. Band 2. Marburg 2007 verfasst haben. Die Kernaussagen haben seit dem nichts an Aktualität verloren.

2 Der Begriff *Neue Medien* bezieht sich auf zeitbezogene neue Medientechniken. Heutzutage werden als Neue Medien meistens Medien bezeichnet, die Daten in digitaler Form übermitteln oder auf Daten in digitaler Form zugreifen, also z. B. E-Mail, World Wide Web, DVD, Bluray, CD-ROM, usw. Im engeren Sinne sind Dienste gemeint, die über das Internet möglich sind (vgl. Link: http://de.wikipedia.org/wiki/Neue_Medien vom 1.1.2010). Der Begriff Web 2.0 bezieht sich neben spezifischen Technologien oder Innovationen ... auf eine veränderte Nutzung und Wahrnehmung des Internets. Die Benutzer erstellen, bearbeiten und verteilen Inhalte in quantitativ und qualitativ entscheidendem Maße selbst, unterstützt von interaktiven Anwendungen. Die Inhalte werden nicht mehr nur zentralisiert von großen Medienunternehmen erstellt und über das Internet verbreitet, sondern auch von einer Vielzahl von Nutzern,

raus. Aufgrund dessen bestehen erhöhte Medienpädagogik-, Informations- und Techniklücken, die durch geeignete Maßnahmen von Bildungsträgern wie Schule, Jugendhilfe und Erwachsenenbildung aufgefangen werden sollten. Unterschiede zwischen Mädchen und Jungen, sozialökonomischer Lage bzw. höherem und niedrigerem Bildungsniveau sind auszumachen (siehe aktuelle JIM-Studie von 2009 und Beitrag von T. Rathgeb in diesem Buch). Fakt ist auch: Junge Menschen nutzen z. B. das Handy und das Internet als Multimediageräte für «Happy Slapping» und «Cyberbullying». Dieses bezeichnen Vorkommnisse, bei denen die Gewalttaten und das Leiden des Opfers gefilmt werden und das Material dann an Freunde weitergegeben oder sogar in das Internet gestellt wird. In den Medien wird häufig das Handy (vgl. auch Beitrag von M. Lüpke in diesem Band) deshalb schon als «Tatwaffe» kolportiert.

Diese Phänomene existieren und mit ihnen muss im (schul)pädagogischen Alltag umgegangen werden. Wie das geschehen kann, ist abhängig von den Rahmenbedingungen (Kenntnisse, Motivation, Personal, Räume, Finanzmittel u. a.), die den Akteuren in den Bildungsinstitutionen gestellt werden. Medienpädagogik, als eine Methode bzw. Möglichkeit in einer ganzen Reihe von potentiellen Gegenstrategien zur Minderung von Gewalt, unterliegt diesen Rahmenbedingungen gleichermaßen. M. E. sind Bildung in einer heterogen örtlichen Bildungslandschaft und sozialökonomische Verbesserungen der Lebensbedingungen junger Menschen die Schlüssel zum Erfolg. Es stellt sich also die Frage: Welche Rahmenbedingungen stellen die verantwortlichen, gestaltenden und planenden Stellen in Politik und Verwaltung hierfür zur Verfügung? Diese Frage wird in diesem Beitrag im Fokus stehen.

Medienpädagogik

Anhand der aktuellen JIM-Studie 2009 stellt sich längst nicht mehr die Frage ob, sondern wie junge Menschen vor den sich bietenden Gefahren geschützt werden können. Aber das «Schützenkönnen» wird zur «Schnecke» in einer immer schneller und komplizierter sich darstellenden Medienwelt. Kindheit und Jugend heute, heißt Medienkindheit und -jugend. Das Internet wird nie beherrschbar sein. Folglich spricht alles dafür, jungen Menschen Medienkompetenzen zu vermitteln, die ihnen den verantwortungsvollen Umgang, einerseits mit den Medien und andererseits den Medien-Nutzerinnen und -Nutzern beibringt. Die verschiedenen Dimensionen von Medienkompetenz, wie die kognitive Fähigkeit Medien zu verstehen, sie zu interpretieren und mit ihnen kreativ umzugehen, die Befähigung Medien angemessen für die Kommunikation zu nutzen und mit dem Erlebnischarakter von Medien selbstkritisch umgehen können, stellen die Zielkategorien dar.

---

die sich mit Hilfe sozialer Software (Wikis, Blogger u. a.) zusätzlich untereinander vernetzen (vgl. Link: http://de.wikipedia.org/wiki/Web_2.0#Web-Service vom 1.1.2010).

Der Medienkonsum und -umgang wird stark durch Faktoren wie: Familiales Medienklima, familiale Lebenslage, soziales Netzwerk und öffentlich (geplante) Umwelt beeinflusst (Röll 2008, S. 306f). Deshalb müssen örtliche Konzepte entwickelt und Netzwerke gegründet werden, die diesen Prozess begleiten und befördern. Pädagoginnen und Pädagogen müssen eine Haltung zum Web 2.0 entwickeln.

Junge Menschen agieren häufig grenzwertig und gern auch einmal darüber. Sie scheuen sich nicht, viele ihrer persönlichen Daten, Bilder, Filme und Hobbies für «ihre Freunde» online – für (fast) jede Person zugänglich – zu stellen (öffentliche Privatheit) und geben damit persönliche Daten frei, so dass diese Datenspur in der Zukunft ggf. zum Problem werden kann! Sie setzen sich (un)wissentlich Gefahren aus, die sie manchmal ohne Hilfe Dritter nicht mehr loswerden können. Was reizt sie sich im Web 2.0 zur öffentlichen Person zu machen? Die folgenden Punkte können ein Erklärungsmuster darstellen:

- Beteiligung: Das Web bietet Unmengen von Möglichkeiten sich an Homepages, Chats u. a. aktiv zu beteiligen.
- Subjektiv bewerten: z. B. Homepages, Songs u.v.m. beurteilen
- Verknüpfen: z. B. Tags oder Tagwolken
- Tauschen: z. B. Bilder, Communitys, Musik, Videos
- Aktivieren: z. B. Flashmops
- Kommunizieren: z. B. Chats, Twittern
- Anschließen: z. B. Handy als multifunktionales Gerät
- Senden: z. B. Blogger, Weblogs
- Lernen: z. B. Homepages gestalten und verändern
- Spielen: z. B. World of Warcraft, Die Sims
- Selbst-Suche: z. B. Social Network Sides

Die Gefährdungspunkte (siehe Beiträge von Lorber, Staufer, Jäger/Riebel, Böker in diesem Band) sind benannt und bieten potentiellen Tätern genügend Raum um ihre mögliche Anonymität auszuleben. Anonymität vermittelt Hemmungslosigkeit, bis zu extremer Boshaftigkeit ausübender Cyber-Gewalt. Das Leid, welches durch die Taten verbreitet wird, bleibt verborgen und die Täter beurteilen ihr Verhalten häufig als «... war doch nicht so gemeint und auch gar nicht schlimm!». Nutzen und Schaden des Web 2.0 muss im Blick der Medienpädagogik sein. Web 2.0 hat die Kommunikationsstrukturen verändert, Missbrauchsmöglichkeiten eröffnet; der aktuelle Medienumbruch konfiguriert die Wahrnehmung durch Medienvermischung und -übergreifung. Die Komplexität der Wahrnehmung steigt – virtuell wird real! Die Nutzerinnen und Nutzer müssen befähigt werden, sich von den Inhalten der rezipierten Medien emotional zu distanzieren.

Es geht nach wie vor um «soft skills» – erworbene Persönlichkeitsmerkmale und Persönlichkeitsbildung – welche die Ausgangsbedingungen für gelingende gewaltpräventive Maßnahmen darstellen. Zu folgen ist *F. J. Röll*, in dem er richtig erklärt:

> «Die aktive Auseinandersetzung mit dem Thema ‹Gewalt› im Rahmen eines Medienproduktes ... schafft eine metakognitive Distanz und trägt dazu bei, die Mechanismen besser zu durchschauen. Die Gewalt in den Medien wird als ‹inszenierte Gewalt› erkennbar und kann daher recht schnell decodiert werden.» (Röll 2008, S. 313f)

Dies scheint zum derzeitigen Wissenstand der «Königsweg» zu sein, jungen Menschen durch aktive Medienpädagogik auf den Weg zu helfen. Aktive Auseinandersetzung mit der Lebenswelt der Klientel kann dann nur zum Erfolg führen – wenn die Rahmenbedingungen für diejenigen Personen und Institutionen aktiviert sind, die sie hierfür benötigen.

Jugend und Gewalt

Die Diskussion über «Jugend und Gewalt» hält sich in Deutschland kontinuierlich seit drei Jahrzehnten. Dabei war (und ist) stets eine eigentümliche Verengung der Behandlung von Gewalt als gesellschaftlichem Phänomen auf Kindheit und Jugend zu konstatieren: Kinder und – mehr noch – Jugendliche bzw. junge Volljährige üben Gewalt aus, handeln gewaltförmig, setzen unter Druck, gehen nicht zimperlich miteinander um. Diese Verengung des Problems auf die soziale Gruppe junger Menschen gibt nicht die Realität wieder. Vielmehr wird – wohl wissend um Quantität, Qualität und des epochalen Charakters des Problems – eine ganze Generation stigmatisiert!

Natürlich ist es richtig, zu beschreiben, dass (auch!) Kinder und Jugendliche gewaltförmig auf ungelöste soziale Probleme reagieren und damit Signale senden, damit ihre Lebenslage entschlüsselt wird und folglich – sei es in Schule oder Jugendarbeit – adäquate Hilfen für sie bereitzustellen (siehe die Thematik Schulflucht bzw. -verweigerung), z. T. erst noch neu gedacht und etablieren werden müssen. Dieser Signalcharakter von Gewalt (bzw. der mit gewaltförmigem Verhalten oft – nicht immer – verbundene Aufruf: seht her und handelt!) kommt in der Diskussion oft zu kurz. Politisch en vogue ist vielmehr die Strategie des kaltschnäuzigen Verweisens: Gewalt als nachhaltiges Zeichen der Auflösung sog. «traditioneller Werte», verbunden mit der Forderung, eben diese zu reaktivieren – so die über die Parteiengrenzen erkennbar bewahrende Lesart. Und nach jeder, öffentlich von einigen Massenmedien verkaufsfördernd in Szene publizierten Tat, kommt der politische Schrei nach der Verschärfung des Jugendstrafrechts (erinnert sei z. B. an Roland Kochs Landtagswahlkampf 2008 in Hessen, vgl. auch «Bielefelder Erklärung»[3] von 2008 oder die «Heinz-Resolution» von 2008[4]).

Solche extern an Jugendarbeit und z. T. auch an Schule herangetragenen Forderungen, zur sozialpolitischen Befriedung beizutragen, treten zyklisch immer wieder auf. Jugendarbeit und Schule müssen sich in Zukunft noch stärker als Netzwerk sozialer und bildnerischer Infrastruktur begreifen. Hier besteht erheblicher Nachholbedarf! Beide Institutionen müssen sich zwischen den «Mahlsteinen» sehen, wobei vier Aspekte nach wie vor von besonderer Relevanz sind:

- **Aspekte der materiellen Grundlagen:**
  Die strukturelle Benachteiligung der Jugendarbeit im Kinder- und Jugendhilfegesetz gegenüber mit subjektiv-öffentlich rechtlichen Rechtsansprüchen ausgestatteten Leistungsbereichen (Hilfen zur Erziehung, Kindertagesstätten) führt zu einem Ungleichgewicht in der Jugendhilfe selbst. Jugendarbeit fungiert in den Köpfen vieler Kämmerer und Politiker immer noch als angeblich «freiwillige Leistung» (nichtfachliche Anknüpfung an das alte Recht des Jugendwohlfahrtsgesetzes, das bekanntlich seit 1990 außer Kraft ist), die gern zum Stopfen der Löcher gebraucht wird, um «harte» Pflichtleistungen nach «neuem» Recht zu stopfen. Dies führt zu einem finanziellen Verschiebebahnhof zwischen den Leistungsbereichen der Jugendhilfe, etwa von der Jugendarbeit hin zu den Erzieherischen Hilfen. Die von unbestimmten Rechtsbegriffen geprägte Jugendarbeit bietet dafür den legitimatorischen Rahmen, während (lokale) Politik eher holzschnittartig argumentiert: dafür habe man nun leider kein Geld mehr, und – im Übrigen – wo steht denn geschrieben, dass dies vorzuhalten ist? Das hat Folgen: Die Personaldecke in der Jugendarbeit degeneriert zugunsten Einrichtungen der Erziehungshilfen und Kindertagesbetreuung und der Wandel z. B. in der «formalen Professionalisierung» (Ausbildung) vollzieht sich mit Folgen für die Praxis (Rauschenbach/Pothmann, 2008, S. 2ff), die in absehbarer Zeit offensichtlich werden könnten. «Jugendarbeit erhalten und verbessern» fordern deshalb Wissenschaftler, die mit Besorgnis diese Tendenzen verfolgen[5].

---

3 «Pädagogik der Aufklärung statt Disziplinierung der Unterprivilegierten – Bielefelder Erklärung 2008». Fast 80 erstunterzeichnende Wissenschaftler aus Deutschland, Dänemark, Belgien, Großbritannien, Italien, Schweiz und USA (http://www.uni-bielefeld.de/Universitaet/Aktuelles/pdf/bielefelder_erklaerung.pdf).

4 Resolution von fast 1.000 Wissenschaftlern, Juristen, Sozialpädagogen zum Koch'schen Wahlkampf 2008 in Hessen. Nachzulesen: http://www.jugendhilfeportal.de/wai1/showcontent.asp?ThemaID=5422 vom 1.1.2010.

5 Diese 2004 veröffentlichte Resolution haben über 70 namhafte Wissenschaftler erstunterzeichnet (http://www.agfj.org/cms/html/dokumente/DBJR/2004-03_Resolution_Jugendarbeit_erhalten_und_verbessern.pdf).

- **Aspekte der gesellschaftpolitischen Inpflichtnahme:**
  Es ist kaum möglich (und wohl auch nicht wirklich sinnhaft), «den» Zustand «der» Jugendarbeit zu beschreiben. So different ihre Handlungsansätze und -konzepte sein mögen, so stupend scheint zugleich der Focus zu sein, mit dem Jugendarbeit betrachtet wird: Stets im Blickpunkt der (kommunalen) Öffentlichkeit (vor allem lokaler Politik) gilt diese Aufmerksamkeit – bei genauerem Hinsehen – zum Einen doch stets ihrer Leistungsfähigkeit und zum Anderen, begründet auf dem PISA-Schock 2001 (der ja so keiner sein konnte, denn die Defizite des bundesdeutschen System formaler Bildung sind empirisch längst durchleuchtet und seit Jahren bekannt[6]) in Bezug auf Ganztagsbetreuung und Bildung. *Jugendarbeit ist Bildungsarbeit* stellt sich als Forderung einer an Aufklärung und Emanzipation interessierten Jugendarbeit seit Mitte der 1960er Jahre dar, wird aber politisch erst dann interessant, wenn es – in Reaktion auf besagten PISA-«Schocks» – darum geht, ihre Ressourcen neu zu ordnen und «strategisch» neu auszurichten. Der Komplex «Leistungsfähigkeit» zugleich bildet den Hintergrund für die Infragestellung durch schrittweise Aushöhlung (Konzepte und Leistung fordern und beschließen, Mittel aber erst gar nicht bewilligt oder streichen). Die finanziellen Rahmenbedingungen unterliegen seit Jahren einem Kahlschlag. Die Erwartungen an Jugendarbeit, erfolgreich «soziale Feuerwehr» zu spielen (z. B. in einem versagenden System formaler Bildung mit den Kniffen der informellen Bildung heilerisch tätig zu werden), scheinen mit dem Maß zu steigen, mit dem die ihr eigenen Ressourcen abgebaut werden.

- **Aspekte der Neupositionierung:**
  Veränderungen in den lokalen Bildungslandschaften (z. B. die Realisierung von Ganztagsschulkonzepten, die Implementierung von Schulsozialarbeit im Rahmen von Vorhaben zur sogenannten «Stärkung der Hauptschule», die Einbindung von Sportvereinen, ehrenamtlichen Tätigen oder freien Trägern wie kommunaler Jugendförderung in Angebote der «Verlässlichen Grundschule») erzwingen eine Neupositionierung von Jugendarbeit, insbesondere einen Zugang zum Thema, wie mit Schule insgesamt und auf ihre unbestreitbar vorhandenen Tendenzen der Indienststellung für Zwecke formaler Bildung zu reagieren sein wird bzw. – aus dem Blick

6 Zu Beginn der neunziger Jahre: international durchgeführte «Lese-Studie (IRLS)» bescheinigt den deutschen Schülern nur mittelmäßige Kompetenzen; kurze Zeit später: Untersuchungen in mehreren Bundesländern: Schüler aus «sozial benachteiligten Elternhäuser haben wesentlich schlechtere Chancen auf einen höheren Schulabschluss als Kinder gebildeter und besser verdienender Eltern» (Vorwegnahme des PISA-Ergebnisses vom 4.12.2001) und 1997: Deutschland belegt im internationalen «Mathematik-Leistungsvergleich (TIMSS)» unter 41 Nationen nur Platz 23.

von Jugendarbeit auf Schule – wie mit den auch und gerade an Schulen erfolgenden Prozessen informeller Bildung umzugehen und das Profil eines eigenständigen, insbesondere informellen Lernprozesses konnotierenden Verständnisses zu entwickeln, zu sichern und zuzuspitzen ist.

- **Aspekte der Eigenverantwortlichkeit und Aufgabenüberfrachtung:** Schulen werden immer mehr Aufgaben und Kompetenzen zugeschrieben (augenscheinlich um an anderen Stellen Einsparungen vornehmen zu können). Weitblickende Schulen (Schulen, die gewohnt sind vernetzt und interfachlich zu arbeiten; sozial-emotionale Bildung, ebenso wie kognitive Bildung im Blick haben; Bildungskonzepte jenseits der Vertaktung realisieren u. a.) können sich allerdings auch – wird das Primat der formalen Bildung modifiziert und Konzepten informeller Bildungsprozesse ein legitimer Stellenwert zugestanden – als Jugendhäuser neuen Typs etablieren. Sie könnten sich als Orte sozialer Prävention aufbauen, um frühzeitig an Kinder und Jugendliche heranzukommen, die (erste und ernste) Integrationsschwierigkeit erkennen lassen. Die gesetzlich verbrieften Qualitätsfunktionen von Schule (Vermittlung von Kenntnissen und Fähigkeiten, Selektion von Leistungsvermögen und Werte- und Normenvermittlung) bringen sie an ihre Grenzen – manchmal auch darüber hinaus.

Positiver Beziehungsaufbau von Lehrerinnen und Lehrer und Schülerinnen und Schülern sind unmöglich, wenn eine Atmosphäre von Furcht, vielleicht sogar Angst, Ignoranz und Nichtwertschätzung «gepflegt» wird. Aber Beziehungsarbeit ist im Rahmen der Überwindung von Problemlagen unumgänglich! Um atmosphärische Störungen zu minimieren, ist eine adäquate Ausstattung (sächlich und personell) Voraussetzung, womit sich der Betrachter sofort in einem politisch-ideologisch gefärbten Fahrwasser der «konkurrierenden» Ebenen (Bund, Länder und Kommunen) bewegt. Mangelhaft mit Lehrmitteln und Medien ausgestattete, baulich heruntergekommene und schlecht unterhaltene auch manchmal die Gesundheit gefährdende Gebäude, paaren sich mit nicht ausreichender personeller Ausstattung an Lehrpersonal und Schulsozialarbeit. Aus der Not der Wirtschafts- und Finanzkrise aufgelegte Konjunkturprogramme – die unfähigen und gierigen Bankbossen zu verdanken sind, nicht der Weitsichtigkeit der Politik! – mögen hier und da Verbesserungen zeitigen, jedoch bleibt der üble Nachgeschmack, dass die «Bildungsrepublik Deutschland» sich nur viertelherzig nach dem PISA-«Schocks» auf den Weg gemacht hat.

Prävention

Prävention ist bestimmt als diejenigen Anstrengungen sozialer Arbeit,

> «die darauf gerichtet sind, Notlagen zu prognostizieren und deren Entstehung durch die Entwicklung systematischer und gradueller Strategien zu verhindern. Prävention setzt also das frühzeitige Erkennen von Problemlagen voraus und die Intervention durch systematisch und graduell aufeinander abgestimmte umfassende Maßnahmen, damit deren Eintreten verhindert wird.» (Faltermeier 1993, S. 730)

Das vielfach propagierte Präventionsbild von Defizitbehebung, Mängelbeseitigung, Ein- und Vorgriffe in Entwicklungen, Verhinderung von (Norm)Abweichungen deutet mehr auf ein *Gegen* als auf ein *Mit* oder *Zusammen* (Knauer/Sturzenhecker 2004, S. 24–34, Lindner 2007, S. 20–33) hin. Diese «Präventionsorientierungen» werden hier explizit nicht vertreten! Der inflationäre Gebrauch dieses Wortes reicht von: «Alles ist Prävention» bis hin zu «Nur konkrete und evaluierte Konzepte sind Prävention» (DJI 2007, S. 16ff).

Unter Prävention werden vielmehr jene «gesellschaftlich organisierten Maßnahmen» verstanden,

> «vermittels derer die Bedingungen hergestellt werden, die die Konformität der Gesellschaftsmitglieder mit den Verhaltenserwartungen des sozialen Systems sichern und das Auftreten normabweichender Verhaltensweisen verhindern.» (Herriger 1986, S. 6)

Im 8. Jugendbericht der Bundesregierung wurde bereits 1990 darauf hingewiesen, dass sich der «präventive Anspruch einer lebensweltlich-orientierten Jugendhilfe» durch Formen der primären und der sekundären Prävention verwirklicht, wobei primäre Prävention «auf lebenswerte, stabile Verhältnisse, auf Verhältnisse also, die es nicht zu Konflikten und Krisen kommen lassen», zielt, während sekundäre Prävention verbeugende Hilfe in Situationen meint, «die erfahrungsgemäß belastend sind und sich zu Krisen auswachsen können». Solche Schwierigkeiten entwickeln sich stufen-, phasenweise im Lauf einer Biographie und ließen sich häufig vermeiden, wenn die Situationen weniger belastend und präventive Hilfen – gelingend – erreichbar gewesen wären (BMFSFJ 1990, S. 85). Durch Aufklärung, Anleitung und Beratung soll Prävention dazu befähigen, mögliches abweichendes Verhalten ohne Hilfen staatlicher Instanzen bewältigen zu können (siehe Böllert 2001). Prävention als ein Konzept Sozialen Arbeit zu entwickeln heißt folglich,

1. (Kollektive) soziale Notlagen und daraus folgende (individuelle) Problemlagen sicher zu prognostizieren, hieraus
2. frühzeitig basisnahe Hilfen abzuleiten und zielgruppengerecht/-nah anzubieten, welche Möglichkeiten individueller Stabilisierung mit den Mit-

tel der Selbsttätigkeit und Selbstorganisation auf dem Wege der Hilfe zur Selbsthilfe unter Aktivierung des Umfeldes zu schaffen sind und
3. sozialpolitisch integriert zu sein, d. h. die Instrumente der (auch kommunalen) Sozialpolitik als Strategie der Begegnung sozialer Notlagen zu kultivieren.

In Bezug auf jene jungen Menschen, von denen hier die Rede ist, mag das – im übertragenen Sinne – mit dem Leitsatz der UNESCO heißen: *Jeder Mensch ist dazu bestimmt ein Erfolg zu werden. Und die Welt ist dazu bestimmt, diesen Erfolg zu ermöglichen.* In Bezug auf junge Menschen ist Prävention aber trotzdem notwendigerweise auch immer Umgang mit der Perspektive eines möglichen Misslingens im Übergang der Stufen, Institutionen und/oder Lebensbiographie, einem Misslingen, dass sie selbst nur in den selteneren Fällen zu vertreten haben, dessen gesellschaftlicher, politischer und/oder ökonomischer Bedingtheit (siehe die Forderung nach «offensiver Sozial- und Gesellschaftspolitik» in DJI 2007, S. 248f) sie sich aber nicht entziehen werden können.

(Offene) Kinder- und Jugendförderung, die in diesem Sinne präventiv ausgerichtet ist, wird – im Gegensatz zur Schul*pflicht* – vom Merkmal der *Freiwilligkeit* bestimmt. Nutzer der Angebote können diese annehmen, sich das für sie Interessante herauspicken oder sich aber auch unangenehmen Interventionen entziehen. Die große Chance der Kinder- und Jugendförderung ist es, trotzdem durch konsequentes, authentisches, empathisches und verlässliches Verhalten der sozialpädagogischen Fachkräfte vertrauensvolle, belastbare Beziehungen zu entwickeln, die oft für Kinder und Jugendliche in den Jugendhäusern außerhalb ihrer bisherigen Erfahrungswelt liegen. Nicht selten verbringen die Besucher dort sehr viel mehr Zeit im Kontakt mit den sozialpädagogischen Fachkräften, als mit ihren Eltern. In den sich daraus entwickelnden Beziehungen, (auch und gerade durch Konflikte und Auseinandersetzungen) können tragfähige Strukturen entstehen, die auch einen respektvolleren Umgang ermöglichen. Hierneben stellt die Jugendförderung eine Vielzahl informeller Lernorte und -gelegenheiten bereit.

Im öffentlichen und politischen Diskurs stehen solche «trivialen» Hilfen nicht gerade hoch im Kurs. Wenig Verständnis wird auch der Lebensweltorientierung entgegengebracht, dort tätig zu werden, wo es «drückt», wo die Probleme sind. Dies gilt nicht nur für das politische System: nach wie vor muss konstatiert werden, dass viele Schulen noch sehr weit davon entfernt sind, die Lebenswelt von Kindern und Jugendlichen in ihr Konzept einzubeziehen, und auch Eltern sind durch die an sie gestellten erzieherischen und lebensweltlichen Anforderungen immer häufiger überfordert – was mit der Konsequenz daherkommt, dass, ob im Jugendhaus oder durch Schulsozialarbeit, eine tägliche «Nachbeelterung» angesagt ist.

Ein Alltagsthema vor allem an Schulen (medial aufgepeppt durch skandalisierende Berichterstattung) ist nach wie vor gewaltförmiges Verhalten der nachwachsenden Generation – teils unter den Teppich gekehrt, teils offensiv öffentlich kommuniziert. Erkennbare politische Strategie: Diesem täglichen Problemfeld muss begegnet werden, aber nicht die Institution (z. B. Schule) muss sich verändern, nein, die Schüler haben sich konform zu verhalten. Aktionismus scheint an dieser Stelle vielfach Praxis zu sein: Heute machen wir einmal Gewaltprävention! Hauptsache wir dokumentieren öffentlich, wie weit denkend und wie «up to date» wir sind: Alles im Griff! Nachhaltigkeit wird so freilich nicht buchstabiert.

(Gewalt-)Prävention, verstanden als Verhinderung oder Minderung von gewaltförmigem Handeln (gleich, ob gegenüber Personen oder Sachen, autoaggressiv oder in Gruppen ausgeübt) muss daher nachhaltig auf die Verbesserung der Lebenslagen junger Menschen zielen. Weder eine begriffliche Verkürzung (nur Kontrolle) noch eine unbegrenzte Ausweitung des Begriffs (alles ist Prävention) ist hierbei angezeigt. Das hier zugrunde gelegte Präventionsverständnis setzt bei primärer Prävention (z. B. gewaltförmigem Verhalten) an, führt aber aufgrund des Aufzeigens unter welchen Bedingungen solches Verhaltens vermieden werden kann, über sekundäre Prävention weit hinaus. Prävention in diesem Sinne zielt auf die Stärkung der Persönlichkeit junger Menschen, um bestimmte desintegrative Entwicklungsprozesse nicht erst eintreten zu lassen. Dieses Verständnis kennzeichnet eine Grundhaltung, die junge Menschen Experimentierräume ermöglicht (und sichert), einschließlich des Rechts, einmal zu scheitern und doch stets Anspruch auf eine zweite Chance zu haben. Und es hebt auf die Freiwilligkeit ab: Prävention ist eben kein Prozess, der durch nachhaltigen «erzieherischen» Druck gekennzeichnet wäre, sondern davon geprägt, dass der junge Mensch zwar aktiv mitwirkt, aber eben aufgrund eigener Bereitschaft, und dabei ein Engagement «in eigener Sache» für sich selbst und nach eigenem Sinn entwickelt.

Networking

Mitunter steht die Annahme einer quantitativen Zunahme von Schulgewalt im Zentrum der Diskussion, zu anderen Gelegenheiten wird eher eine qualitative Verschärfung («Brutalisierung») diskutiert. Doch darf über der sicherlich gerechtfertigten Diskussion einer eventuellen Zunahme der Taten oder Ausprägungen nicht die Handlungsfähigkeit von Jugendhilfe und Schulsystemen vernachlässigt werden. Unbestreitbar ist, dass Gewalt an Schulen auftritt und dass sie teilweise gravierende negative Konsequenzen für die jeweiligen Opfer mit sich bringt. Noch wichtiger als die Entwicklung einheitlicher Forschungsdesigns mit einem vergleichbaren theoretischen Zugang und einer identischen Gewaltdefinition ist es daher aus dem Blickwinkel der Praxis umsetzbare Handlungskonzepte gegen das Auftreten von Gewalt an Schulen zu entwickeln. Tatsächlich kennen Wissenschaft und pädagogische Praxis mittlerweile zahlreiche Hilfsmittel, Strategien und Lösungswege, um den kleinen Vorfällen Herr zu werden und den schwerwiegenden präventiv entgegenzutreten.

Die Rede ist davon, Politik sei konzeptlos (bzw. Sozial- bzw. Jugendpolitik nicht mehr «angesagt»). In der Resolution «Jugendarbeit erhalten und verbessern» (2004) gehen die Autorinnen und Autoren hart mit Politik ins Gericht: «Festzustellen ist ..., dass eine Jugendpolitik, die diesen Namen verdient, derzeit weder auf Bundes-, Landes- noch auf kommunaler Ebene vorzufinden ist» (S. 1f) und die Wissenschaftler fordern, gerichtet an Politik, eine «reflektierte Re-Politisierung der Jugendarbeit» (S. 3). Das politische Desinteresse zeigt sich auch seit langem in der ausbleibenden Verständigung darüber, wie Prävention inhaltlich zu füllen ist. Die Konsequenzen solcher sozialpolitischer Konzeptionslosigkeit bekommen oft genug Kinder und Jugendlichen zu spüren, mittel- wie unmittelbar. In diesem Zusammenhang sind auch die nur kurzatmigen und hastigen Reformversuche in Folge des sogenannten PISA-«Schocks» zu sehen. Im Zuge der Föderalismus-Reform hat der Bund seine bescheidenen Kompetenzen im Bereich schulischer Bildung endgültig an die Länder abgegeben. Stattdessen wiederholt sich die Debatte um die Ganztagsschule nach den bildungspolitischen «Frontlinien» früherer Jahre.

Tatsächlich aber liegen hier die Chancen auf der Hand: «Ganztagsbildung» lautet das neue Zauberwort, freilich auch hier ohne echtes Konzept. Nur eines scheint festzustehen: Die Zukunft «der» Jugendarbeit wird dabei dienend, Schule und den Primat formaler Bildung unterstützend gesehen. Ein gangbarer Weg von Kooperationsanlässen kann gewaltpräventive Arbeit sein.

Da sich viele Schulen, aber auch Einrichtungen der Jugendarbeit, recht kooperationsresistent darstellen (vgl. u. a. Merkle/Leonhard 2008, S. 89ff), hilft es einerseits nichts, wenn Jugendarbeit ihren außerschulischen oder informellen Bildungscharakter gebetsmühlenartig wiederholt, andererseits auch nichts, noch länger darauf zu warten bis Schulen sich der Jugendarbeit flächendeckend öffnen. Auch Gesetze und Erlasse helfen an dieser Stelle wenig: Wer nicht will, wird Wege finden, das Geforderte zu unterlaufen – auch wenn es verordnet wird. Die Frage ist, wer hält es länger durch Kooperationsresistenz bzw. -unwilligkeit zu dokumentieren? Vorsicht kann manchmal auch an dieser Stelle eine Tugend sein: Gut gemeint kann manchmal an Schlimmsten werden (B. Brecht)!

Es muss verstanden werden, dass Bildung in Vernetzungsstrukturen (siehe Merkle/Leonhardt 2008, S. 89) am besten gelingt. Bildung reduziert sich nicht auf Schulbildung, wie sonst kommt lebenslanges Lernen an vielfältigen Lernorten immer mehr in den Fokus? Eine stärkere Einbeziehung anderer Bildungsorte – außerhalb der Bildungsinstitutionen – insbesondere der Familie und Gemeinde, muss zu einem lernorientierten Bildungsplan verknüpft werden. Lernorte und Sozialraumorientierung dürfen keine Gegensätze darstellen (Merkle/Leonhardt 2008, S. 95). Bildung muss als sozialer Prozess verstanden werden. Wir brauchen Bildungspläne, die den Fokus auf Kinder setzen und Institutionen übergreifend denken. Lernorientierte und stark individualisierte Bildungspläne sind angesagt (siehe auch Gugel 2006, Seite 181ff, DST 2007, S. 1f, Schleicher 2007, S. 11f). Lernen unter Zeitdruck, wie z. B. die Abitur-Verkürzung um ein Jahr zwangläufig hervorbringt, bewirkt das Gegenteil. Lernen braucht Zeit, damit sich das Gelernte setzten und verinnerlichten kann. Es braucht initiierte Prozesse, damit Lernen aktiviert wird – eiliges Pauken im Frontalunterricht ist dabei nicht hilfreich.

So ist es nicht verwunderlich, dass führende Bildungsforscher wie W. Fthenakis die Bildungskonzepte Deutschlands kritisieren: «Dem Bildungssystem in Deutschland liegt ein nicht zeitgemäßes Bildungsverständnis zugrunde. Dem Bildungssystem fehlt es an der erforderlichen Konsistenz. Es mangelt an Länder- und Institutionen übergreifenden Bildungsplänen, fokussiert vorwiegend auf die Bildungsinstitution, weniger auf die kindliche Bildungsbiographie und ist ein de-kontextuelles Bildungssystem» (Fthenakis 2009). Junge Menschen wissen oft nicht, warum sie einen bestimmten Lerngegenstand für ihr gegenwärtiges und zukünftiges Leben benötigen. Lernen muss Herz und Hirn «berühren», um es besser verstehen zu können. Deshalb müssen mehr berührende (kontextuelle) Bildungspläne an die Stelle von verkopfter und z.T. sinnentleerter Bildung treten. Oder mit der Sprache der GEW: «Insbesondere ein schülerorientierter Unterricht und ein erkennbarer Lebensweltbezug der Inhalte auf der einen und ein förderndes Lehrerengagement und geringer Leistungsdruck auf der anderen Seite wirken sich «gewaltdämpfend» aus» (GEW 2001, S. 9). Übrigens haben der 11. und 12. Jugendbericht der Bundesregierung die Nutzbarkeit *informeller Bildung* für die Prozesse der *Selbstbildung* und deren *Wirkungen* explizit aufgezeigt.

Projekte gelungenen Lernens und Bildens gibt es zuhauf. U. a. finden sich in diesem Band ausgezeichnete Beispiele, die junge Menschen ganzheitlich ansprechen, ihre Kompetenzen aufnehmen und so zu Lernprozessen führen, die jenseits von dumpfer (Schul)Bildung zu suchen sind.

Literatur

BMFSFJ (Hrsg.) (1990): 8. Jugendbericht, Bundestagsdrucksache 11/ 6576 vom 6. März 1990. Berlin.

BMFSJ (Hrsg.) (2002): 11. Kinder und Jugendbericht – Bericht über die Lebenssituation junger Menschen und die Leistungen der Kinder- und Jugendhilfe in Deutschland. Berlin.

BMFSFJ (Hrsg.) (2005): 12. Kinder und Jugendbericht – Bericht über die Lebenssituation junger Menschen und die Leistungen der Kinder und Jugendhilfe in Deutschland. Berlin.

Böllert, K. (2001): Prävention und Intervention. In: Otto, H.-U./Thiersch, H. (Hrsg.): Handbuch Sozialpädagogik – Sozialarbeit. Neuwied/Kriftel, Seite 1394–1398.

Deutsches Jugend-Institut (DJI) – Arbeitsstelle Kinder- und Jugendkriminalprävention (Hrsg.) (2007): Strategien der Gewaltprävention im Kindes- und Jugendalter. München

Deutscher Städtetag (DST) (Hrsg.) (2007): Aachener Erklärung anlässlich des Kongresses «Bildung in der Stadt». Köln.

Faltermeier, J. (1993): Prävention. In: Deutscher Verein für Öffentliche und Private Fürsorge (Hrsg.): Fachlexikon der sozialen Arbeit. Frankfurt/Main, 3. Auflage.
Fthenakis, W. (2009): Bildung von Anfang an. Kinder früher fördern: Ganzheitlich und vernetzt. Jena.
Gewerkschaft Erziehung und Wissenschaft (GEW) (Hrsg.) (2001): Gewaltprävention in Schulen. Frankfurt/Main.
Gugel, G. (2006): Gewalt und Gewaltprävention. Tübingen.
Herriger, N. (1986): Präventives Handeln und soziale Praxis, Weinheim/München.
Lindner, W. (2007): Immer noch Prävention? In: Neumann/Wendt: Gewaltprävention in Jugendarbeit und Schule. Band 2. Marburg, Seite 20–33.
Merkle, A., Leonhardt, U. (2008): Konfliktbewältigung und Gewaltprävention im Kooperationsfeld Schule und Jugendhilfe und ihre Bedeutung für Schulentwicklungsprozesse. In: Schröder, A., Rademacher, H., Merkle, A. (Hrsg.): Handbuch Konflikt- und Gewaltpädagogik. Schwalbach/Ts., Seite 89–104.
Neumann, U., Perik, M., Schmidt, W., Wendt, P.-U. (2002): Gewaltprävention in Jugendarbeit und Schule. Band 1. Marburg.
Neumann, U., Wendt, P.-U. (2007): Gewaltprävention in Jugendarbeit und Schule. Band 2 . Marburg.
Rauschenbach, T., Pothmann, J. u. a. (Hrsg.) (2008): KomDat Heft 1 und 2. Dortmund.
Röll, F. J. (2008): Medienpädagogische Konzepte im Umgang mit «Gewalt in den Medien». S. 306f. In: Schröder, A., Rademacher, H., Merkle, A. (Hrsg.): Handbuch Konflikt- und Gewaltpädagogik. Schwalbach/Ts., S. 303–314.
Schleicher, A. (2007): Anforderungen an eine neue Bildung. Referat anlässlich des DST-Kongresses «Bildung in der Stadt». Köln.
Schubarth, W. (2000): Gewaltprävention in Schule und Jugendhilfe. Neuwied/ Kriftel.
Sturzenhecker, B. (2004): Kinder- und Jugendarbeit ist keine Prävention. Link: www2.erzwiss.uni-hamburg.de/personal/sturzenhecker/PraeventJugendarbOstend.pdf vom 1.1.2010

Thomas Rathgeb

Die Medienwelt von Jugendlichen – Ergebnisse der JIM-Studie 2009

Die Mediennutzung von Kindern und Jugendlichen ist ein häufig diskutiertes Feld. Bei vielen Entwicklungen wird die moderne Multimediawelt als Ursache herangezogen, um die Dinge zu erklären. Hierbei sollte allerdings zuerst einmal festgestellt werden, wie der Medienumgang von Jugendlichen sich derzeit objektiv darstellt. Die Mediennutzung ist ein Bereich, bei dem viele glauben, dies beurteilen zu können, denn jeder von uns nutzt Medien und ist der Ansicht sich damit auszukennen. Allerdings täuschen die Erfahrungen im eigenen Umfeld oft über die tatsächliche Realität in der Gesellschaft hinweg. Manche Themen werden in den Medien wieder und wieder aufgegriffen und suggerieren eine Alltäglichkeit die vielleicht gar nicht so gegeben ist. Ein Beispiel ist Twitter, in der Presse ein tägliches Thema, deren Relevanz im Alltag sich derzeit noch nicht erwiesen hat. Kontinuierliche Daten und objektive Fakten helfen hier weiter, über den eigenen Erfahrungshorizont hinaus die gesellschaftliche Realität richtig einzuschätzen.

Seit 1998 bildet die JIM Studie (Jugend, Information,(Multi-)Media) das Medienverhalten der 12- bis 19 Jährigen in Deutschland ab. Die repräsentative Studienreihe wird herausgegeben vom Medienpädagogischen Forschungsverbund Südwest (mpfs), der gemeinsam von der Landesanstalt für Kommunikation Baden-Württemberg (LFK) und der Landeszentrale für Medien und Kommunikation Rheinland-Pfalz (LMK) getragen wird. Die Durchführung der Studie erfolgt in Kooperation mit der SWR Medienforschung und der ZMG Zeitungs Marketing Gesellschaft. Für die Untersuchung werden jährlich etwa 1.200 Jugendliche telefonisch befragt. Die vorliegenden Ergebnisse beziehen sich auf die JIM-Studie 2009.

Medienausstattung

Die technischen Möglichkeiten für Jugendliche, Medien zu nutzen, sind enorm. Haushalte, in denen Jugendliche im Alter von 12 bis 19 Jahren leben, sind in hohem Maße mit Mediengeräten ausgestattet. Vollversorgung besteht bei Handy, Computer, Internetzugang und Fernseher. Gut zwei Drittel der Haushalte haben zu Hause eine (feste) Spielkonsole und 62 Prozent eine tragbare Spielkonsole. Die hohe Ausstattung in den Familien mit Jugendlichen liegt deutlich über dem Schnitt der bun-

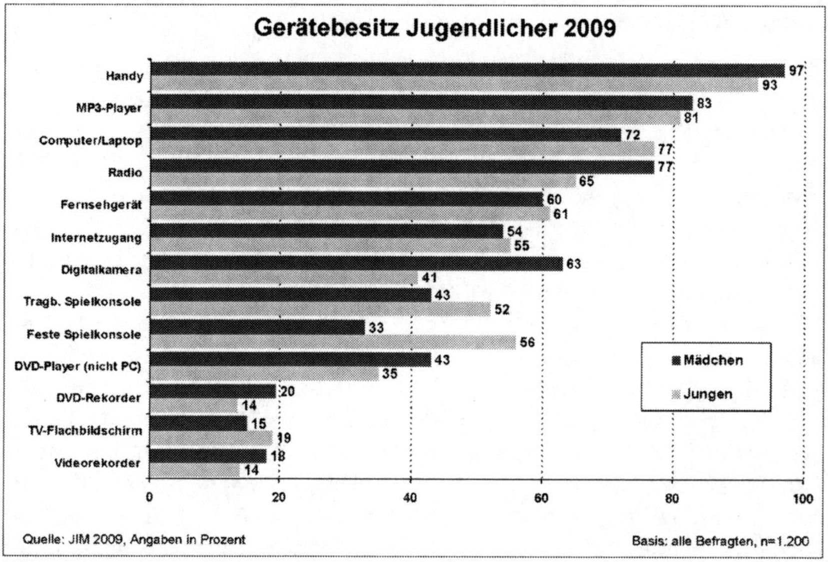

Abb. 1

desdeutschen Haushalte. Differenziert man die Haushalte nach dem Bildungsgrad der befragten Jugendlichen, zeigen sich nur in Teilen Unterschiede. So findet man Abonnements von Zeitungen und Zeitschriften deutlich häufiger in den Haushalten der Jugendlichen mit höherer Bildung. Ein Pay-TV-Abo im Haushalt ist dagegen ebenso wie Spielkonsolen bei den Jugendlichen mit geringerem Bildungshintergrund weiter verbreitet. Praktisch keine Unterschiede gibt es beim Internet: Hier haben alle Jugendlichen die gleichen Zugangsmöglichkeiten.

Jugendliche haben nicht nur zu Hause Zugang zu verschiedenen Medien, sie besitzen auch viele Geräte selbst und können so über ein großes, eigenes Medienrepertoire frei verfügen. Fast alle 12- bis 19-Jährigen haben ein eigenes Handy (95 %) und auch ein MP3-Player gehört zum Standard (82 %). Drei Viertel der Jugendlichen besitzen einen eigenen Computer oder ein Laptop, etwas weniger haben ein Radio (71 %). 60 Prozent sind Besitzer eines eigenen Fernsehers und mehr als die Hälfte der Jugendlichen kann vom eigenen Zimmer aus ins Internet gehen (54 %). Fast jeder Zweite hat eine Spielkonsole (tragbar: 48 %, fest: 45 %).

Jungen sind häufiger im Besitz eines Computers und haben zu einem deutlich höheren Anteil eine eigene (tragbare oder feste) Spielkonsole sowie mehr Flachbildfernseher. Dagegen sind Mädchen besser mit Handy, Radio, DVD-Player/-Rekorder und Videorekorder ausgerüstet. Besonders auffallend ist der große Vorsprung der Mädchen bei der Ausstattung mit Digitalkameras. Kaum Unterschiede gibt es hingegen beim Besitz von MP3-Player, Fernseher und dem eigenen Internetzugang (vgl. Abb. 1).

Freizeit und Medien

Trotz der enormen Medienausstattung der Haushalte in denen Jugendliche aufwachsen und der hohen Anzahl eigener Mediengeräte wenden sich Jugendliche in ihrer Freizeit häufig nicht-medialen Tätigkeiten zu. An erster Stelle steht mit 88 Prozent das Treffen mit Freunden (mindestens mehrmals pro Woche). 70 Prozent treiben ebenso häufig Sport und zwei Drittel (67 %) ruhen sich regelmäßig aus und machen gar nichts. Etwa jeder vierte Jugendliche (23 %) unternimmt zumindest mehrmals pro Woche etwas mit seinen Eltern. Jeder sechste Jugendliche spielt ein Instrument oder singt regelmäßig (18 %).

Die Beschäftigung mit Medien nimmt einen großen Raum in der Freizeitgestaltung der 12- bis 19-Jährigen ein. Jeweils neun von zehn Jugendlichen gehen regelmäßig online oder sitzen vor dem Fernseher. Kaum weniger nutzen zumindest mehrmals pro Woche ein Handy. Für 83 Prozent ist der MP3-Player ein ständiger Begleiter und drei Viertel lassen sich regelmäßig vom Radio unterhalten und informieren. Musik-CDs/Kassetten nutzen zwei Drittel. Etwas weniger als die Hälfte der Jugendlichen liest regelmäßig eine Tageszeitung oder Bücher. Ein gutes Drittel nutzt mehrmals pro Woche den Computer auch ohne dabei ins Internet zu gehen und – ebenfalls offline – Computer- oder Konsolenspiele. Jeder Dritte nutzt die Digitalfotografie in der Freizeit, jeweils 29 Prozent lesen regelmäßig Zeitschriften und schauen sich DVDs oder Videos an (vgl. Abb. 2).

Bei der Medienbeschäftigung zeigen Jungen und Mädchen meist unterschiedliche Nutzungsmuster. Mädchen wenden sich häufiger dem Fernseher zu, verwenden häufiger Handy und Internet und sie hören mehr Musik über Radio und CDs als Jungen. Besonders deutlich sind die Unterschiede beim Bücherlesen und der Digitalfotografie: hier ist der Anteil der Nutzer unter den Mädchen fast doppelt so hoch wie bei den Jungen. Diese dagegen nutzen vor allem Computer- und Konsolenspiele, den Computer offline, DVDs sowie die Onlineangebote von Tageszeitungen und Zeitschriften.

Die Mediennutzung variiert nach dem Bildungsgrad[1]

Jugendliche mit einem höheren Bildungsgrad nutzen häufiger das Internet, Tageszeitungen, MP3-Player und Bücher sowie – was Jugendliche am Gymnasium betrifft – auch mehr das Radio. Jugendliche mit einem niedrigeren Bildungsniveau wenden sich eher dem Fernseher zu, nutzen häufiger ein Handy und spielen öfter Computer- oder Konsolenspiele. Die anderen Medien zeigen ein uneinheitliches Bild (vgl. Abb. 3).

1 Gängigen Konventionen folgend, werden die Jugendlichen hinsichtlich ihres Bildungsniveaus vor dem Hintergrund des in weiten Teilen Deutschlands vorherrschenden dreigliedrigen Schulsystems dargestellt – Haupt- und Realschule sowie Gymnasium. Jugendliche in Ausbildung werden gemäß ihrem höchsten Bildungsabschluss eingeordnet.

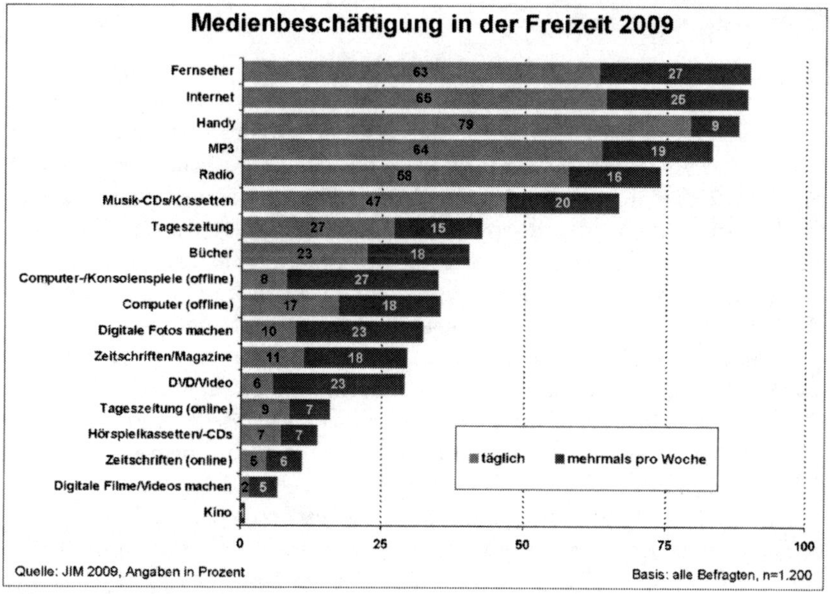
Medienbeschäftigung in der Freizeit 2009
Fernseher 63 27
Internet 65 25
Handy 79 9
MP3 64 19
Radio 58 16
Musik-CDs/Kassetten 47 20
Tageszeitung 27 15
Bücher 23 18
Computer-/Konsolenspiele (offline) 8 27
Computer (offline) 17 18
Digitale Fotos machen 10 23
Zeitschriften/Magazine 11 18
DVD/Video 6 23
Tageszeitung (online) 9 7
Hörspielkassetten/-CDs 7 7
Zeitschriften (online) 5 6
Digitale Filme/Videos machen 2 5
Kino 1
täglich
mehrmals pro Woche
0 25 50 75 100
Quelle: JIM 2009, Angaben in Prozent
Basis: alle Befragten, n=1.200

Abb. 2

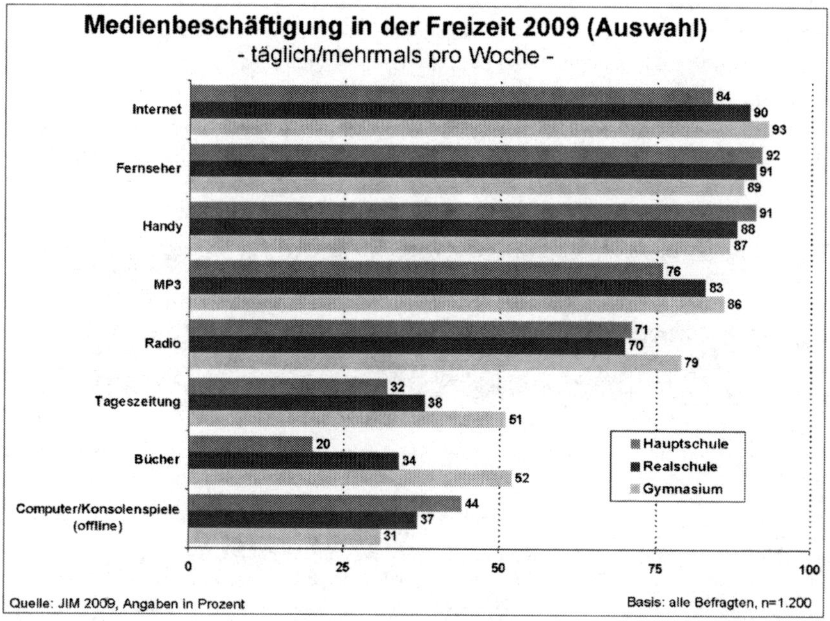
Medienbeschäftigung in der Freizeit 2009 (Auswahl)
- täglich/mehrmals pro Woche -
Internet 84 90 93
Fernseher 92 91 89
Handy 91 88 87
MP3 76 83 86
Radio 71 70 79
Tageszeitung 32 38 51
Bücher 20 34 52
Computer/Konsolenspiele (offline) 44 37 31
Hauptschule
Realschule
Gymnasium
0 25 50 75 100
Quelle: JIM 2009, Angaben in Prozent
Basis: alle Befragten, n=1.200

Abb. 3

Computer und Internet

Entsprechend der hohen Verfügbarkeit von Computer und Internetanschlüssen ist die Onlinenutzung für Jugendliche Teil des Alltags geworden: Zu den Nutzern des Internets (zumindest selten) zählen entsprechend 98 Prozent der 12- bis 19-Jährigen. Der Anteil der Intensivnutzer, die täglich bzw. mehrmals pro Woche online sind liegt aktuell bei 90 Prozent, wobei Jungen und Mädchen kaum einen Unterschied aufweisen. Bei Jugendlichen mit geringerem Bildungshintergrund liegt der Anteil der regelmäßigen Nutzer mit 84 Prozent unter den Gymnasiasten (93 %, Realschule: 90 %).

Nach eigenen Schätzungen der Jugendlichen liegt die durchschnittliche tägliche Nutzungsdauer des Internets (Montag-Freitag) bei 134 Minuten – im Vergleich zum Vorjahr ein Anstieg von 17 Minuten. Für das Fernsehen veranschlagen die Jugendlichen mit 137 Minuten sogar wieder mehr Zeit als im Vorjahr (2008: 122 Minuten) – insgesamt ein deutlicher Beleg dafür, dass Fernsehen und Internet bei Jugendlichen weitaus weniger im Verdrängungswettbewerb stehen, als uns die öffentliche Diskussion glauben machen will.[2]

Bittet man die Jugendlichen, ihre Online-Nutzung den Bereichen «Kommunikation» (Communities, Chat, E-Mail, Messenger), «Spiele», «Information» und «Unterhaltung» (Musik, Videos, Bilder) zuzuordnen, dann entfällt knapp die Hälfte der Zeit auf Kommunikation. Ein Fünftel wird mit unterhaltenden Inhalten verbracht, für die Suche nach Informationen werden 14 Prozent der Onlinezeit verwendet. 18 Prozent der Onlinenutzung entfällt auf Spiele. Die größten Unterschiede zwischen Jungen und Mädchen zeigen sich beim Spielen: Jungen und junge Männer verwenden jede vierte Minute im Internet auf Spiele, bei den Mädchen und jungen Frauen ist es nur jede zwölfte. Dafür fällt bei den weiblichen Internetnutzern der kommunikative Anteil der Onlinenutzung um zehn Prozentpunkte höher aus (vgl. Abb. 4).

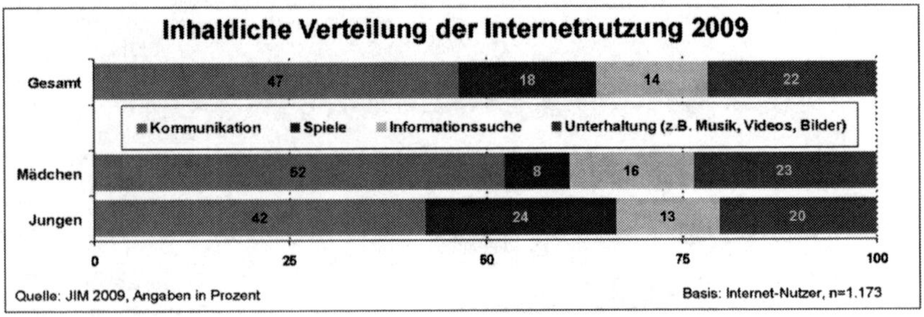

Abb. 4

2 Die Messungen der GfK-Fernsehforschung ergeben für die 12- bis 19-Jährigen eine tägliche Fernsehnutzung von 98 Minuten (Mo-Fr). Die Jugendlichen überschätzen ihr Fernsehverhalten also deutlich, auch dies ist ein Indiz für den hohen Stellenwert des Fernsehens. Ähnlich dürfte es sich auch bei der Selbsteinschätzung der Online-Nutzung verhalten.

Betrachtet man den Bereich der **Online-Kommunikation** genauer, sind die zentralen Elemente Instant-Messenger und Online-Communities: 70 Prozent der 12- bis 19-Jährigen haben auf diese Weise regelmäßig Kontakt zu anderen (täglich/mehrmals pro Woche). Gut die Hälfte sendet und empfängt mit dieser Häufigkeit E-Mails, etwas mehr als ein Viertel tauscht sich regelmäßig in Chatrooms aus. Eine weitere Kommunikationsplattform stellen Online-Spiele dar – allerdings nur für Jungen und junge Männer. Von diesen tauschen sich ein Viertel regelmäßig mit anderen Online-Spielern aus – eine Kommunikationsform, die für Mädchen und junge Frauen so gut wie keine Bedeutung hat. Twitter – in den Feuilletons und den Fachmagazinen der Medienbranche als die Kommunikationsplattform junger Menschen hochstilisiert – spielt weder bei den 12- bis 19-Jährigen insgesamt noch bei den 18- bis 19-Jährigen eine nennenswerte Rolle.

Sich informieren bedeutet für 77 Prozent der Jugendlichen vor allem, ihre Anliegen und Fragen in Suchmaschinen zu formulieren. 40 Prozent suchen regelmäßig Informationen, die nichts mit Schule und Ausbildung zu tun haben, fast genauso viele (38 %) gehen zu Wikipedia, wenn sie Fragen haben.

Computer und Internet werden bei den Jugendlichen auch im Bereich der – eher passiven – **Unterhaltung** eingesetzt. So nutzen 64 Prozent regelmäßig Videoportale wie YouTube. Bedeutsam ist daneben natürlich das Thema «Musik» – 61 Prozent hören regelmäßig am Computer Musik, 52 Prozent tun dies im Internet. Großer Beliebtheit erfreut sich auch das Stöbern in Profilen der Online-Communities (58 %).

Natürlich spielen Computer und Internet auch für **Schule, Ausbildung und Freizeit** eine Rolle. Mit 49 Prozent arbeitet oder lernt die Hälfte der 12- bis 19-Jährigen regelmäßig zu Hause für die Schule am Computer bzw. im Internet, 34 Prozent suchen mindestens mehrmals pro Woche nach Informationen für Schule und Ausbildung. Das praktische Arbeiten mit Computer und Internet in der Schule selbst findet hingegen nach wie vor deutlich seltener statt. Nur 16 Prozent berichten unabhängig vom Geschlecht, dass die Arbeit mit Computer und Internet zum Schulalltag gehört. Die Betrachtung nach der formalen Bildung der Jugendlichen zeigt, dass bei Gymnasiasten Computer und Internet häufiger zum Lernen und Recherchieren herangezogen werden.

Ein eher umstrittene Freizeitbeschäftigung sind **Computer-, Konsolen- und Internetspiele**. 45 Prozent aller 12- bis 19-Jährigen spielen mindestens mehrmals pro Woche alleine oder mit anderen elektronisch – 22 Prozent der Mädchen und 67 Prozent der Jungen. Der Anteil der Nicht-Spieler, die also weder alleine noch mit anderen irgendeine Form von Computer-, Konsolen- und Internetspielen nutzen, liegt insgesamt bei 19 Prozent (Jungen 7 %, Mädchen 32 %). Computer und Konsolenspiele sind also weit verbreitet und nicht nur eine Beschäftigung von Einzelgängern.

Am häufigsten sind onlinebasierte Spiele im Alltag Jugendlicher verankert. Knapp die Hälfte der 12- bis 19-Jährigen, die überhaupt zusammen mit anderen Internetnutzern Online-Spiele spielen, tut dies mindestens mehrmals pro Woche, Jungen (58 %) zu einem sehr viel größeren Anteil als Mädchen (22 %). Etwas weniger verbreitet sind Spiele, die man alleine im Internet spielen kann, hier liegt der Anteil der regelmäßigen Nutzer bei 39 Prozent. Beide Formen der Online-Spiele – alleine oder gemeinsam mit anderen genutzt – generieren sowohl unter den Jungen als unter den Mädchen den höchsten Anteil regelmäßiger Nutzer. Jugendliche, die zusammen mit anderen Computerspiele offline spielen, gehen sie dieser Beschäftigung nur zu 14 Prozent mehrmals pro Woche und häufiger nach, hier liegen Mädchen (10 %) und Jungen (16 %) sehr dicht beieinander (vgl. Abb. 5).

Ihre durchschnittliche Nutzungsdauer für Spiele – seien es Computer-, Konsolen- oder Onlinespiele – schätzen die Jugendlichen unter der Woche (Montag-Freitag) auf 79 Minuten am Tag, wobei Jungen (98 Min.) fast eine dreiviertel Stunde länger spielen als Mädchen (53 Min.). Jugendliche mit geringerer formaler Bildung weisen mit 112 Minuten eine deutlich intensivere Nutzung auf (Realschule: 82 Min., Gymnasium: 63 Min.).

Computerspiele und Jugendschutz

Computerspiele werden in Deutschland von der USK (Unterhaltungssoftware Selbstkontrolle) entsprechend der Jugendgefährdung nur ab einem bestimmten Alter freigegeben und die Spiele müssen entsprechend gekennzeichnet sein. Diese Altersbegrenzungen haben 83 Prozent der Spieler schon einmal gesehen. Weiteren 15 Prozent sind die Altersbeschränkungen zumindest bekannt und zwei Prozent haben im Rahmen der Befragung erstmals davon gehört. Jugendliche, denen die Alterskennzeichnung bekannt ist, geben zu knapp zwei Dritteln an, bereits einmal Spiele genutzt zu haben, für die sie eigentlich zu jung waren (Jungen 82 %, Mädchen 38 %).

Online-Communities und persönliche Daten

Kommunikation ist für Jugendliche das zentrale Nutzungsmotiv im Internet. Neben Chats und Instant Messenger haben sich Online-Communities als Kommunikationsplattform etabliert. 85 Prozent der Internetnutzer zählen zum Kreis derer, die solche Angebote zumindest selten aufsuchen; im Vergleich zum Vorjahr ein Anstieg um 12 Prozentpunkte. Zu den regelmäßigen Nutzern zählen mehr Mädchen als Jungen und zu einem größeren Anteil Jugendliche mit einer höheren Bildung. 15 Prozent der Internetuser sind in keinerlei Online-Community eingebunden.

Die Nutzung von Communities ist stark im Alltag integriert. Die Hälfte der Internetnutzer sucht täglich das eigene Profil oder die Profile Anderer auf, und von diesen wiederum 57 Prozent sogar mehrmals am Tag (2008: 47 %). Im Vergleich

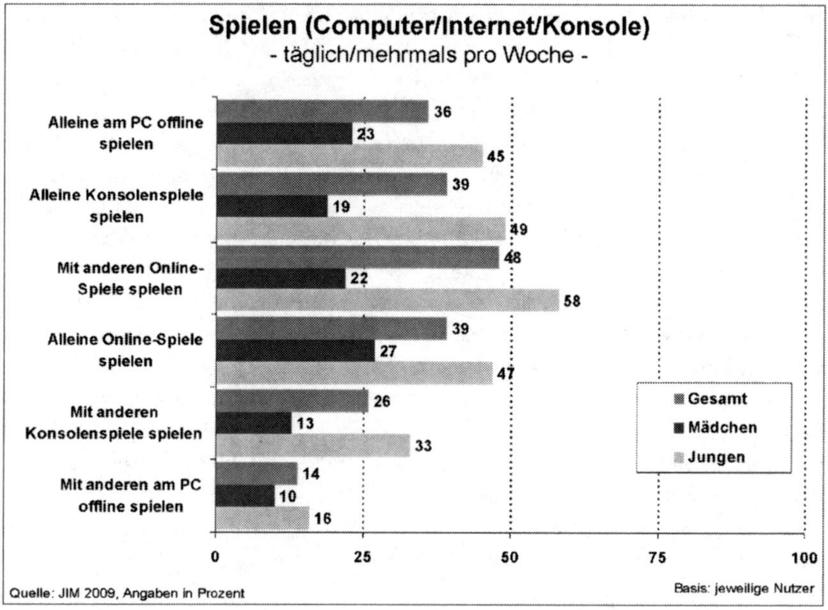
Spielen (Computer/Internet/Konsole)
- täglich/mehrmals pro Woche -
Alleine am PC offline spielen
36
23
45
Alleine Konsolenspiele spielen
39
19
49
Mit anderen Online-Spiele spielen
48
22
58
Alleine Online-Spiele spielen
39
27
47
Mit anderen Konsolenspiele spielen
26
13
33
Mit anderen am PC offline spielen
14
10
16
Gesamt
Mädchen
Jungen
0
25
50
75
100
Quelle: JIM 2009, Angaben in Prozent
Basis: jeweilige Nutzer

Abb. 5

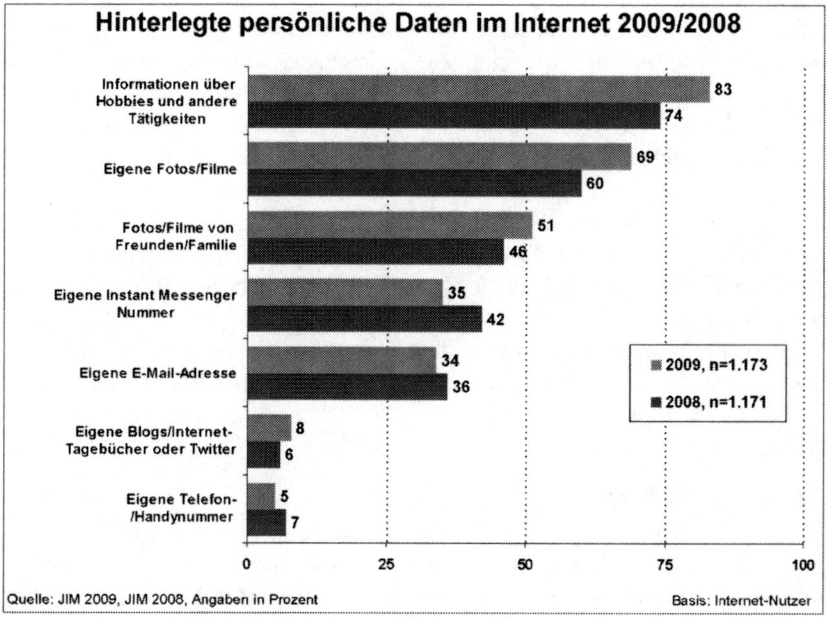
Hinterlegte persönliche Daten im Internet 2009/2008
Informationen über Hobbies und andere Tätigkeiten
83
74
Eigene Fotos/Filme
69
60
Fotos/Filme von Freunden/Familie
51
46
Eigene Instant Messenger Nummer
35
42
Eigene E-Mail-Adresse
34
36
Eigene Blogs/Internet-Tagebücher oder Twitter
8
6
Eigene Telefon-/Handynummer
5
7
2009, n=1.173
2008, n=1.171
0
25
50
75
100
Quelle: JIM 2009, JIM 2008, Angaben in Prozent
Basis: Internet-Nutzer

Abb. 6

zum Vorjahr hat sich also nicht nur die generelle Nutzung deutlich erhöht, auch der gestiegene Anteil an Intensivnutzern macht die erhöhte Bindungskraft deutlich.

Im Schnitt haben die Nutzer 144 Freunde in Ihrem Profil. 93 Prozent behaupten, dass sie ihre «Freunde» aus dem Profil persönlich kennen würden, die große Anzahl an Freunden macht aber deutlich, dass es sich hier in der Regel um oberflächliche Bekannte und weniger um gute Freunde handeln dürfte. Nicht einmal die Hälfte der Nutzer hat die Privacy-Option aktiviert, die die Sichtbarkeit des Profils auf einen bestimmten Nutzerkreis einschränkt. Das diese Freizügigkeit nicht unproblematisch ist wird anhand der im Internet veröffentlichten Informationen deutlich: In den hinterlegten Profilen finden sich nicht nur mehr oder weniger detaillierte Informationen wie Name, Alter, Geschlecht, Wohnort, Schule und Hobbies der jeweiligen Person; es werden Fotos und Videos eingestellt, Freundeslisten geführt und Kontakte vernetzt oder Nachrichten hinterlegt. Insgesamt präsentieren über 80 Prozent der Internetnutzer ihre Hobbys im Internet, über zwei Drittel haben Fotos oder Filme von sich online gestellt, die Hälfte Fotos und Filme von Freunden oder der Familie. Ein Drittel kommuniziert die Verbindungsnummer zum Instant Messenger oder eine E-Mail-Adresse. Im Vergleich zum Vorjahr hat die Präsentation von Informationen und Fotos bzw. Filmen zugenommen (vgl. Abb. 6).

Gefahren im Netz – Cyber-Mobbing

Natürlich birgt die Kommunikation und der Datenaustausch im Internet Unannehmlichkeiten und Gefahren, mit denen auch Jugendliche konfrontiert werden. Das Spektrum reicht hierbei von der Verletzung von Persönlichkeitsrechten hin zu Verleumdungen und Cyber-Mobbing. So geben 42 Prozent der Internetnutzer an, dass schon einmal Videos oder Fotos, auf denen sie selbst abgebildet waren, ohne ihre Zustimmung online gestellt wurden. Ein Viertel berichtet, dass es im Freundeskreis schon einmal zu Ärger aufgrund von Interneteinträgen kam. 14 Prozent ist es schon einmal passiert, dass Falsches oder Beleidigendes im Internet verbreitet wurde. In Kontakt mit regelrechtem Cyber-Mobbing sind bisher ein Viertel der Internetnutzer gekommen. Jedes dritte Mädchen und jeder zweite Junge kann darüber berichten, dass jemand aus dem Freundeskreis im Internet schon einmal fertig gemacht wurde – sei es in einer Community oder in einem Chat (vgl. Abb. 7).

Handy

Ausstattung und Kosten

Schon seit einigen Jahren zählt das Handy zur Grundausstattung von Jugendlichen. 95 Prozent der Jugendlichen haben ein eigenes Mobiltelefon. Bereits die 12- und 13-Jährigen haben zu 88 Prozent ein Handy, bei den volljährigen Jugendlichen herrscht mit 99 Prozent Vollversorgung (14-15 Jahre: 96 %, 16-17 Jahre: 97 %). Die

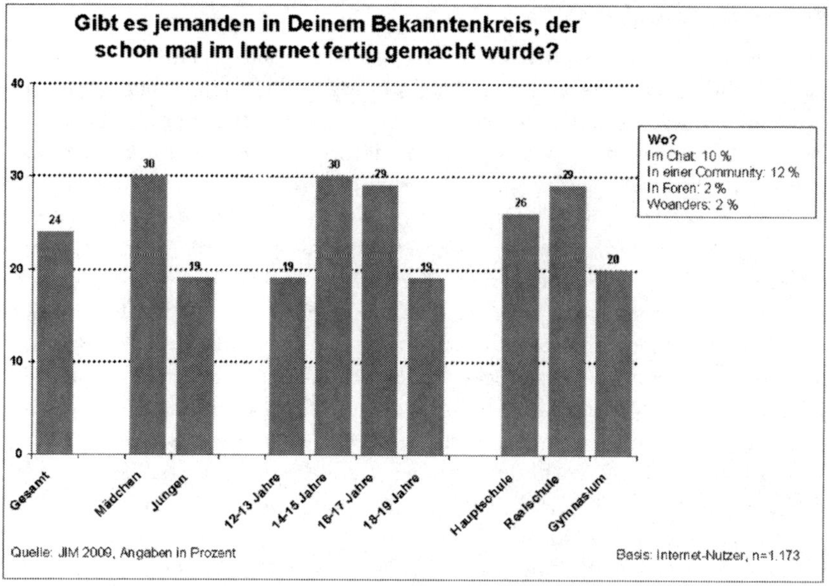

Abb. 7

Handys sind gut ausgestattet, eine Kamera (94 %), Bluetooth (86 %), MP3-Player (85 %) und Internetzugang (79 %) sind weit verbreitet.

Die monatlichen Kosten für das Handy betragen im Durchschnitt 18,45 €. Mädchen geben mit 19,23 € etwas mehr aus als Jungen (17,74 €). Die meisten Jugendlichen scheinen ihre Ausgaben gut im Griff zu haben, lediglich sechs Prozent der Handynutzer geben an, schon einmal Schulden wegen des Handys gemacht zu haben. Mädchen (8 %) sind hier stärker betroffen als Jungen (3 %). Ganz überwiegend wurden dann die Eltern «angepumpt». «Richtige» Schulden beim Anbieter kommen nur vereinzelt vor.

Handynutzung

Die Nutzungsmöglichkeiten des Handys sind sehr vielseitig, die häufigsten Nutzungsformen sind SMS und Telefonie: vier Fünftel verkehren regelmäßig per SMS und werden angerufen, zwei Drittel rufen mehrmals pro Woche jemanden mit dem Handy an. Besondere Bedeutung hat das Handy inzwischen als Musikabspielgerät: jeder Zweite hört mit dem Handy regelmäßig Musik. Sehr häufig ist auch das Fotografieren oder Filmen mit dem Handy, zwei Fünftel der Handybesitzer – jedes zweite Mädchen und jeder dritte Junge – nutzen dies regelmäßig. Knapp ein Drittel versendet Daten via Bluetooth. Die mobile Nutzung des Internets ist nicht weit verbreitet (Mailabruf oder Surfen: je 4 %).

Problematische Inhalte

Die Ausstattung der Mobiltelefone mit Kamera und Bluetooth eröffnet auch missbräuchliche Nutzungsformen. Vor allem geht es hierbei um die Weiterleitung gewalthaltiger und pornographischer Inhalte und die Verletzung des Rechts am eigenen Bild durch Aufnahmen von anderen Personen ohne deren Einverständnis. Die Verteilung beleidigender oder kompromittierender Bilder kann sich dann im schlimmsten Fall zu Cyber-Mobbing entwickeln. Insbesondere mit der Weiterverbreitung derartiger Inhalte durch Netzwerke im Internet werden diese Problemfelder verschärft. Vier Fünftel der Handynutzer (79 %) wissen davon, dass gewalthaltige oder pornographische Bilder über das Handy verbreitet werden. Ein gutes Viertel berichtet, dass solche Inhalte bereits im Freundeskreis kursierten und acht Prozent geben zu, selbst solche Inhalte bekommen zu haben. Was die generelle Kenntnis dieser meist strafbaren Handlungen betrifft, wissen hier Jungen und Mädchen gleichermaßen Bescheid. Bereits bei den Vorkommnissen im Freundeskreis können dies 23 Prozent der Mädchen und jeder dritte Junge (32 %) bestätigen. Der Anteil der selbst Betroffenen ist unter den Jungen mit 12 Prozent dreimal so hoch wie unter den Mädchen (4 %).

Differenziert man nach der Schulbildung, so ist dieses Phänomen in allen Bereichen gleich bekannt, was die Erfahrungen im Freundeskreis betrifft, zeigt sich aber, dass Jugendliche mit niedrigerem Bildungsniveau mehr betroffen sind. Besonders deutlich werden diese Unterschiede bei den eigenen Erfahrungen. Hier

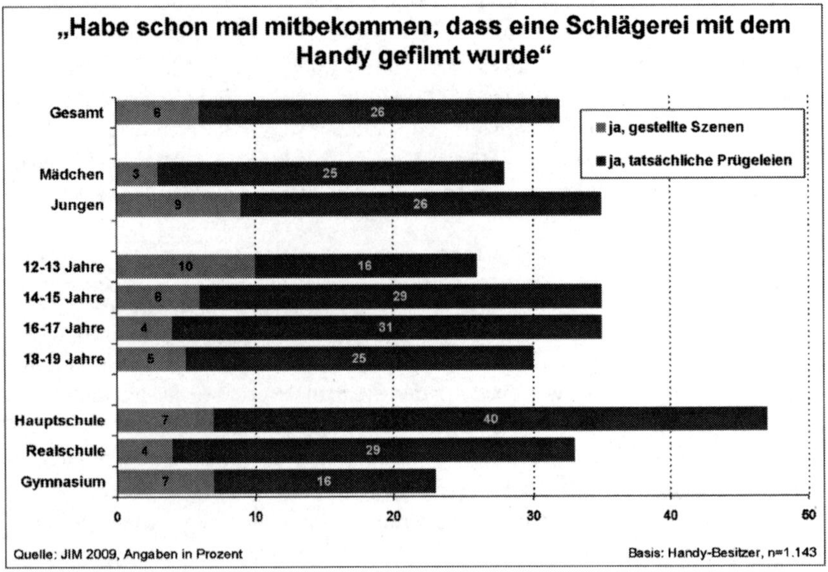

Abb. 8

sind Hauptschüler mit 14 Prozent doppelt so häufig betroffen wie Realschüler (7 %) oder Gymnasiasten (6 %).

Ein weiteres Problemfeld ist unter dem Begriff «happy slapping» bekannt geworden. Hierbei handelt es sich um die Aufzeichnung von Prügeleien mit dem Handy. Problematisch ist dabei einerseits, dass die Aufzeichnungen die Konfliktsituation durch die Weiterverbreitung und die damit verbundene wiederholte Demütigung weiter eskalieren lassen. Auch hier kann sich der Vorfall im Internet fortsetzen und wäre dann dem Cyber-Mobbing zuzurechnen. Hierbei kann die Täter und Opferrolle durchaus wechseln. Andererseits besteht die Möglichkeit, dass Zeugen durch das Aufzeichnen den Streit weiter anheizen, anstatt schlichtend einzugreifen bzw. Hilfe zu holen. Ein Drittel der Handybesitzer hat schon einmal mitbekommen, dass eine Prügelei mit dem Handy aufgezeichnet wurde, dies waren überwiegend echte Auseinandersetzungen (26 %) und keine gestellten Szenen (6 %). Jungen werden bei gestellten Szenen öfter Zeuge als Mädchen. Stärker betroffen sind generell die mittleren Altersstufen zwischen 14 und 17 Jahren. Was den Bildungshintergrund betrifft, sind Hauptschüler doppelt so häufig Zeuge solcher Vorfälle wie Gymnasiasten (vgl. Abb. 8).

Paul R. Hilpert

Wege zur Vermittlung von Medienkompetenz durch aktive Medienarbeit in Schulen

Begriffsklärung – Medienkompetenz

Verständnis von Medienkompetenz

Medienkompetenz ist in aller Munde, insbesondere bei den «aktiven» Lehrkräften, die in ihrer Unterrichtspraxis Medien einsetzen. Moderner Unterricht beschäftigt sich mit allen Medien. Dazu gehören Radio, Musik, Video, Film, Fotografie, Kunst, Zeitung, Internet und die sogenannten neuen Medien, vom Computer bis zur digitalen Schultasche aber auch die digitalen Whiteboards und sogar die aktive Handy-Nutzung. Die entscheidende Frage ist allerdings, wie die unterschiedlichen Methoden mit den oben genannten Medien im Gesamtspektrum dieser Medienpädagogik aussehen bzw. angewendet werden. Hans Chresta forderte seinerzeit «aktive Filmarbeit» in seinem Buch: «Filmerziehung in Schule und Jugendgruppe» (Solothurn 1963), womit insbesondere das Kennenlernen der filmischen Gestaltungs- und Manipulationsmöglichkeiten und auch deren Anwendbarkeit gemeint waren.

Bernd Schorb und Bernd Hüther haben den Begriff der «aktiven Medienarbeit» geprägt und wie folgt definiert: «Die Be- und Erarbeitung von Gegenstandsbereichen sozialer Realität mit Hilfe von Medien wie Druck, Foto, Ton, Film, Video oder Computermedien. Die Medien werden von ihren Nutzern ‹in Dienst genommen›, d.h. selbständig gehandhabt und als Mittel der Kommunikation gebraucht.» (Schorb/Hüther 1997).

Praxisnähe

Wenn «aktive Medienarbeit» eine entscheidende Rolle für den Erwerb von Medienkompetenz spielen soll, muss damit «handelnden Lernens» einhergehen. «Handelndes Lernen», als ein Prinzip der Pädagogik, ist nicht neu, es entstand als reformpädagogische Idee und wurde erstmals von Dewey als ‹learning by doing› begrifflich gefasst. Der Grundgedanke ist «der Erwerb von theoretischem und praktischem Wissen im Prozess der tätigen Aneignung eines «Gegenstandsbereichs». Die

Vertreter dieses Lernprinzips erhofften sich zahlreiche positive Effekte. In Anlehnung an Professor Bernd Schorb an dieser Stelle einige Beispiele:

- Eigeninitiative und Selbstbewusstsein anhand «ganzheitlicher Aufgaben» in Eigenregie fördern und zur Teilhabe an gesellschaftlichen Prozessen ermuntern.
- Aufhebung der Trennung zwischen ‹Hand- und Kopfarbeit› zugunsten eines umfassenderen Verständnisses von gesellschaftlicher Wirklichkeit und Veränderbarkeit derselben.
- Über die Beschäftigung mit einem konkreten Problem und dem handelnden Umgang mit demselben zu einer «Bewusstseinsbildung» zu gelangen, wodurch ein Potential zur Änderung sozialer Realität bewusst wird und diese Änderung zu bewältigen sind.

Schorb hebt als Charakteristika «handelnden Lernens» eine Herausbildung der Persönlichkeitseigenschaften Selbstbewusstsein, Selbstbestimmung, Selbständigkeit hervor und meint, dass Handelndes Lernen in diesem Sinne dialektisches Lernen ist und somit als Prozess der Aneignung eines Gegenstandsbereichs zu verstehen ist, wobei durch diesen Prozess immer auch der Veränderung desselben verknüpft ist und eine Auseinandersetzung und Weiterentwicklung der umgebenden Realität vollzogen wird.

Gerade durch die praktische Gestaltung mit und durch Medien wird erfahrbar, dass unterschiedliche Medienträger mit unterschiedlichen Ausdrucksmöglichkeiten ausgestattet sind. Durch die Beschäftigung mit den Produktionsabläufen der unterschiedlichen Medien wird das beschäftigen Zusammenspiel verschiedener Komponenten deutlich. Ziel «aktiver Medienarbeit» ist also auch, durch die Erfahrung eigener Produktion urteilsfähiger und kritischer für Fremdproduktionen zu werden. In diesem Sinne sollen manipulative Tendenzen der Massenmedien durchschaut werden und insgesamt ein reflektierter Umgang mit denselben erreicht werden.

Fred Schell sieht die aktive Medienarbeit der emanzipatorischen Pädagogik verpflichtet, bei der das Individuum als gesellschaftliches Subjekt im Vordergrund steht und nicht durch vorgegebene Verhältnisse fremdbestimmt wird, sondern grundsätzlich eigene gesellschaftliche Handlungs- und Gestaltungsfähigkeit besitzt. Dabei ist die wichtigste Komponente pädagogischen Handelns die Reflexion und die Veränderung gesellschaftlicher Zustände möglich zu machen.

Trotz des einheitlich gebräuchlichen Fachausdrucks, sind in der Literatur einige begriffliche Abwandlungen vorzufinden: Mit dem Begriff «kreative Medienarbeit» (Baacke 1992), der im Sinne der ‹aktiven Medienarbeit› gebraucht wird, soll besonders akzentuiert werden, dass Jugendliche nicht nur «von Objekten zu Subjekten der Berichterstattung» werden, sondern auch als Subjekte die «ästhetische Weltgestaltung» beeinflussen (Baacke 1994).

Module der Aktiven Medienarbeit

Kompetenzebenen

Die rasante Entwicklung im Bereich der Informations- und Kommunikationstechnologien verändert unsere Gesellschaft von Grund auf. Diese Veränderungen betrifft alle Bereiche und Gruppen – Kinder, Jugendliche und Erwachsene gleichermaßen. Die Vielfältigkeit und das Angebotsvolumen wirft die Frage nach Orientierung auf, damit verbunden ist das medienpädagogische Aufgabenfeld in zentrale Bedeutung gerückt. Medienkompetenz, medienpädagogisches Handeln, Vermittlung von Werten, Formen von sozialer und kommunikativer Aneignung, Multimedia etc. sind Schlagworte, die konkretes Handeln in umsetzbare, praxisorientierte Formen der medienpädagogischen Arbeit im schulischen und außerschulischen Bildungsbereich erforderlich machen.

Folgende **Module** bilden eine mögliche Grundlage, eine mögliche **Basis von Medienkompetenz** im schulischen und außerschulischen Bereich:

- **Aneignungskompetenz**, worunter die Fähigkeit verstanden werden soll, zu einer kritischen Bewertung der medialen Angebote und Dienstleistungen, der funktionalen, normativen und emotionalen Kriterien, der Kenntnisse über Angebotstypen, der unterschiedlichen Genre im Medienangebot, der technischen und ästhetischen Gestaltungs- und Manipulationsmöglichkeiten zu gelangen.
- **Technische Kompetenz**, womit der Erwerb grundlegender Kenntnisse für die Inbetriebnahme und die Bedienung technischer Geräte, Einwahlmöglichkeiten in unterschiedliche Netzwerke, der Abruf von Diensten etc. gemeint ist.
- **Verarbeitungskompetenz**, was die Fähigkeiten umfasst, auf die Anforderungen der Informations- und Mediengesellschaft flexibel und angemessen reagieren zu können.
- **Soziale und kommunikative Kompetenz**, was mit der Auseinandersetzung von Kenntnissen und Fähigkeiten zu tun hat, sich verantwortlich mit den kommunikativen, publizistischen und informellen Möglichkeiten zu beschäftigen.
- **Gestaltungskompetenz**, die sich zum einen im Bereich der theoretisch orientierten Einsichten und Erkenntnisse bezüglich der diskursiven Bewältigung auftretender Probleme und Risiken der Informationsgesellschaft beschäftigt, zum anderen aber auch mit dem kompetenten Gestaltungsprozess zu tun hat.
- **Handlungskompetenz**, was die Fähigkeit beinhaltet, eigene Handlungsspielräume im Medienbereich zu erkennen und nach funktionalen und normativen Kriterien nutzen zu lernen und sich über technische, inhaltliche ökonomische, kulturelle und ästhetische Entwicklungsstufen und die

mit Ihnen verbundenen Veränderungen in den Bereichen Alltag, Freizeit und Arbeitswelt zu informieren und anzuwenden.

- **Nutzungskompetenz**, der Bereich, der sich mit der Fähigkeit befasst, sich unter bestimmten Bedingungen bewusst für oder gegen bestimmte Inhalte, Angebote und Anwendungen zu entscheiden.

Grundvoraussetzung aktiver Medienarbeit

Grundvoraussetzung für aktive Medienarbeit liegt insbesondere in den Bereichen der ästhetischen Kompetenz sowie der Bild-, Sprach- und Audiokompetenz somit in der Multimediakompetenz.

Dazu gehören:

- Wege des neuen Lernens mit Medien
- Inhaltliche und technische Qualifizierung in den Bereichen Grafik/Foto/Typografie, Audio, Video, Internet, Computerspiele, Handynutzung und Formen der multimedialen Präsentation
- Fachübergreifende Unterrichtsmodelle im Bereich Multimedia und deren praktische Umsetzung (Unterrichtsbezug)
- Vorhandensein von Arbeitsmaterialien und der dazugehörenden Technik zur Übertragbarkeit in schulische und außerschulische Bereiche (virtuelle Ebene/Bildungsserver/Handreichungen)
- Zusammenfügen von praxiserprobten Ergebnissen zu Handreichungen bzw. Multimediapaketen und den dazu notwendigen Qualifizierungsmaßnahmen.

Neues Lernen mit Medien bedeutet Wege zu öffnen, die eine kompetente Nutzung neuer Medien in der Schule, der Freizeit und im späteren Beruf fördern. Diesem Auftrag tragen z. B. Schulen Rechnung, indem sie im Rahmen ihrer Schulentwicklung Konzepte für die Mediennutzung entwickeln und in ihrem Schulprogramm (Medienprofil) fest verankern. Damit ist die Nutzung von Medien nicht mehr dem Fach Informatik bzw. der informationstechnischen Grundbildung vorbehalten, sondern wird fester Bestandteil des normalen Unterrichts in möglichst allen Fächern.

Medienkompetenz ist mehr als das Bedienen eines technischen Instrumentariums. Medienpädagogik hat zum Ziel, Sachkompetenz (das Wissen über Medien), Rezeptionskompetenz (die Fähigkeit, Medien kritisch zu nutzen) und Partizipationskompetenz (die Fähigkeit, mit Medien selbstbestimmt zu produzieren) zu vermitteln. Ein zentraler und notwendiger Bereich ist dabei die Qualifizierung der Lehrkräfte im Umgang mit methodisch-didaktischen Anwendungen bezüglich der einzelnen Fachinhalte und den damit verbundenen technischen Umsetzungsmöglichkeiten.

Grundlegende Lernfelder sind:

- **Medien und Gesellschaft:** Medien als Sozialisationsfaktoren, Medienbiografien verschiedener Generationen, Medien und Jugendkultur (Musik, Mode, Rituale...),
- **Medien und Wirklichkeit:** Grundlagen der Wahrnehmung und der medialen Kommunikation, Wirklichkeitsstrukturen durch Medien, Computer und virtuelle Realität,
- **Medien und Wirtschaft:** Medien als Wirtschaftsfaktor, Ausgaben in Privathaushalten, Schwerpunkte wie Werbung/Marketing, Aktuelle Entwicklung auf dem Ausbildungs-, Studien- und Arbeitsmarkt,
- **Medien und Schule:** Erfahrungsbericht und Ergebnisse aus und über Modellversuche mit fachintegrierter Medienerziehung,
- **Medienanalyse:** Grundlagen und Qualifizierungen für die Bereiche
  - Bild, Ton, Text, Filmsprache, filmisches Erzählen, Montage, Musik im Film, Filmgeschichte
  - Genrebezogene Film- und Fernsehanalyse (Spielfilm, Dokumentation, Fernsehserie, Sitcom, Videoclip)
  - Multimedialität, hypertextuelle Strukturen offline/online, Formen der Interaktivität, Edutainment,
- **Moderner Journalismus:** Nachrichtenjournalismus in elektronischen Massenmedien, Produktionsabläufe von TV-Reportagen, Zeitungsjournalismus, Journalismus und ethische Verantwortung.

Inhaltliche Lernfelder sind:

- **Fotografie:** Funktionen der digitalen Fotografie, Grundlagen der Bildgestaltung, Wissen zu Dateiformaten, Software, Bildbearbeitung, Anwendungsmöglichkeiten und Erprobung,
- **Videografie (digital):** Grundlagen von Filmsprache und Dramaturgie, Wirkungsweisen von Ton und Bild, dokumentarisches Arbeiten, Funktionen der Videoclips, Konzeptionsstufen der Filmproduktion (von der Idee zum Film), Grundlagen der Kameraführung und Regie, des Filmschnitts, der Filmmontage, der Postproduktion,
- **Audiotechnologie:** Grundlagen der Tonaufnahme, der Produktion von Tonaufnahmen, Grundlagen des Radiojournalismus, Produktion einer fiktiven Radiosendung, Grundlagen der Hörspielproduktion, Comedyproduktion, Jingles, Werbespot, Tonbearbeitung, Ton- und Klanggestaltung,
- Multimediale Arbeit am Computer:
  - Information über Funktionen und Anwendungsmöglichkeiten des Internets
  - E-Mail Projekte, E-Learning

  - Digitalisierung von Medien und deren Bildbearbeitung und -gestaltung (Homepage)
  - Präsentationsformen (offline und online)
  - Einsatzbereich Handy und Computerspiel-Nutzung im Unterrichtszusammenhang
- Erstellen von Multimediapaketen:
  - Erstellen von fachübergreifenden Materialpaketen zum Bereich neues Lernen mit Medien (NiLS Hildesheim: Projekt Ästhetik und Sprache mit Medien, 2003 http://nibis.ni.schule.de/nli1/melinga/melinga_intro.html).

Multimediakompetenz – Aktive Medienarbeit – Mediencurriculum

Multimediakompetenz umfasst grundsätzlich Bild-, Hör- und Sprachkompetenz.

Bildkompetenz erschließt vor allem den Umgang mit Bildern, Graphiken und Zeichen, sie ist somit Grundvoraussetzung zum Erwerb von Lesekompetenz im weitesten Sinn. Damit verbunden ist die Fähigkeit, diese Bilder, Zeichen und Symbole differenziert visuell zu erfassen und zu benennen können. Es gilt, visuelle Symbole zu dekodieren und in nutzbare Sprachmuster zu übersetzen. Dabei ist wichtig zu berücksichtigen, dass in unserer multikulturellen Gesellschaft nicht mehr davon ausgegangen werden kann, dass alle Kinder die gleichen Erfahrungen und (Medien-) Sozialisationsprozesse durchlaufen. Es gilt u. a. die Erlebniswelten von Migrantenkindern zu berücksichtigen, deren Wissen an ikonographischen Elementen deutlich verschieden sein kann. Der Förderung von Bildkompetenz liegen folgenden Ziele zugrunde:

- Wahrnehmungs- und Sinnesschulung
- Sprach- und Sprechanbahnung sowie Sprachschulung
- Schulung der Konzentrationsfähigkeit
- Gedächtnisschulung
- Dekodierungskompetenz
- Ästhetikschulung
- Schulung sozialen Verhaltens und kommunikativer Kompetenz

Zunehmend gewinnt der Umgang mit Gedrucktem einen besonderen Stellenwert. Vor allem im Primarbereich und Hort sowie in den Einrichtungen der kulturellen Jugendbildung werden zusätzlich Lese- und Schreibkompetenz erworben bzw. verfestigt.

Hör- und Sprachkompetenz erschließt den Umgang mit Geräuschen, Tönen, Sprache. Um sprechen und später schreiben und lesen zu lernen, muss ein Kind in der Lage sein, lautliche Bestandteile von Sprache zu erkennen und zu verarbeiten (phonologische Bewusstheit). Es muss die Fähigkeit entstehen, nonverbale Informationen (Geräusche, Töne) und verbale Signale (Laute, Silben, Wörter, Sätze, Texte) differenziert wahrzunehmen. Kinder müssen lernen und trainieren:

- verschiedene Richtungen zu hören
- einzelne Hörereignisse herauszuhören
- akustische Informationen zu filtern
- Vordergrund und Hintergrund zu unterscheiden
- Laute zu erkennen und zu differenzieren
- innere Bilder zu entwickeln
- das akustische Gedächtnis zu fördern und zu verfeinern
- Gehörtes zu versprachlichen
- Verantwortung für die eigene Gesundheit zu übernehmen

All die hier genannten Bereiche sind in den Kerncurricula unterschiedlicher Fächer zu finden. Was bedeutet das für die aktive Medienarbeit?

Die Verknüpfung von Bild-, Hör- und Sprachkompetenz bedeutet den Umgang mit bewegten Bildern und Multimediaelementen im Unterrichtszusammenhang zu bearbeiten. Bei Vorschulkindern ist besonders zu beachten, dass kindliche Wahrnehmung die in den Medienbotschaften von Fernsehen und Film gegebenen ikonische Repräsentation, also die eher auffälligen Eindrücke der optischen Oberfläche erfasst. Die tiefer liegenden stabilen Merkmale von Laufbild-Botschaften (Filmbildern), vor allem deren sich wiederholende Darstellungsformen, die strukturellen Invarianten wirken emotional sehr stark auf Kinder ein. Eine Veränderungen beim Erfassen von Medienbotschaften lassen sich auf die (Bild-) Sprache, für alle den Hörfunk, das Fernsehen, den Film und die im Bereich der neuen Medien begründeten Zeichensysteme, also die Sprechsprache und die Tonsprache übertragen. Durch die Verknüpfung von Gehörtem und Gesehenem sowie der gesprochenen Sprache ergeben sich folgende zu behandelnde Bereiche:

- Dekodierungskompetenz
- erhöhtes Differenzierungsvermögen
- zunehmende Wahrnehmungs- und Sinnesschulung
- die Erweiterung des Sprachschatzes
- Analysefähigkeiten
- Training von Kritikfähigkeit
- Befähigung zur Eigenproduktion.

Ein besonderes Augenmerk muss auf die Entwicklung der Fähigkeit zur Unterscheidung von Realität und Fiktion gelegt werden. Erarbeitet werden sollten zum Beispiel im Bereich Filmbildung die Fähigkeit erwerben zu können, Zeitsprünge

(Zeitraffer, Zeitdehnung, Rückblende, Vorausschau, Montage, Dramaturgie, Tonmontage, etc.) zu erkennen. Sinnvoll erscheint in diesem Zusammenhang die Behandlung von dokumentarisch gestalteten Medien wie den Sachfilm, die Magazinsendungen und die Nachrichten sowohl im Fernsehen als auch im Hörfunk. Darüber hinaus müssen fiktionale Medien wie das Genre Spielfilm den oben genannten Beispielen gegenüber gestellt und bewusst gemacht werden. Hierzu gehört auch, dass ältere Jugendliche angeleitet werden, den Wahrheitsgehalt z. B. einer Internetseite zu überprüfen. Die Förderung von Medienkompetenz bedarf immer einer inhaltlichen Verknüpfung. Bei jüngeren Kindern bieten sich Themen aus dem unmittelbaren Lebensumfeld an. Mit der zunehmenden Erweiterung des Erfahrungshorizontes vergrößert sich auch das Themenspektrum. Insbesondere Spielfilme bieten hierbei Identifikationsfiguren zur altersadäquaten Verarbeitung individueller Probleme, Emotionen und zur Ich-Stärkung. Notwendig ist auch, über die sprachlich-analytische Arbeit hinaus, Sehen, Hören, Lesen und Schreiben in Aktivitäten einzubinden, wie sie etwa kreatives Schreiben, szenische Interpretation und Theaterspiel, Musizieren etc. ermöglichen. Zusammenfassend sei darauf hingewiesen, dass wegen der unterschiedlichen Mediensozialisation von Kindern und bei allen Medienarten in allen Altersgruppen folgendes zu beachten ist:

Der Ausgleich von Differenzen im Angebot zur Mediennutzung (gleiche Zugangschancen für alle), die unterschiedliche Mediennutzung von Mädchen und Jungen (Gender Mainstreaming) sowie die Integration von zugewanderten und behinderten Kindern.

(NiLS Hildesheim: Projekt Förderung von Medienkompetenz im Elementar und Grundschulbereich, 2006 http://www.nibis.de/nibis2/nibis.phtml?menid=1904)

Fachübergreifende Unterrichtsmodelle und deren praktische Umsetzung

Für den Bereich Filmbildung soll an dieser Stelle auf folgende drei Bereiche eingegangen werden:

Filmkanon mit methodisch-didaktischen Begleitmaterialien[1]

Als Beispiel sowohl die technische, inhaltliche oder gestalterische Weiterentwicklung des Mediums Film in der Filmgeschichte den Schülerinnen und Schülern nahe zu bringen, um ihr Interesse und Verständnis für die Filmgeschichte und die Entstehung und Entwicklung dieses Mediums zu wecken. Hierbei werden jedem Kalenderjahr drei Spielfilm-Klassiker mit didaktischem Begleitmaterial für den Unterricht über die kommunalen Medienzentren angeboten.

1 siehe Niedersächsischer Filmkanon

Die ausgewählten Spielfilme sollen helfen, die Filmanalyse als Unterrichtsgegenstand in unterschiedlichen Fächern zu etablieren. Die Filmbeispiele sind u. a. für die Fächer Deutsch, Fremdsprachen, Politische Bildung, Religion/Ethik, Kunst und Musik, darüber hinaus sind sie für unterschiedliche Schulstufen angelegt.

Die Filmanalyse stellt dabei drei einfache Fragen:

- Was erzählt die Filmsequenz?
- Wie hat der Regisseur das gemacht?
- Wie verstehe ich als Zuschauer die Filmsequenz?

Mit diesen drei Fragen lässt sich die Grundstruktur einer Filmanalyse festlegen: Sie behandelt Grundsätze zum Inhalt, zur Technik und zur Interpretation. Ausgehend von diesem Dreisatz sollen die Schülerinnen und Schüler sich den unterschiedlichen Anspruchniveaus einer Filmsequenz stellen. Aufgabe des Unterrichts ist es:

- Neugier zu wecken
- Wissen zu vermitteln
- Strukturen sichtbar zu machen.

Für die Filmanalyse in der Schule bedeutet das:

- Der Film wird in Ausschnitten gezeigt, um die Machart des Films beispielhaft deutlich werden zu lassen.
- Den Film in ganzer Länge zu sehen, bleibt dem Interesse der Lehrkraft bzw. dem des einzelnen Schülers überlassen.

Grundsätzlich wird empfohlen, einen Spielfilm in ganzer Länge nur in Ausnahmefällen zu zeigen (Quelle: http://www.nibis.de/~fi-kanon/)

Filmklappen als Kurzfilmwettbewerbe

In Niedersachsen existiert dieser Wettbewerb seit ein paar Jahren. Thema ist: *Geschichten mit der Videokamera zu erzählen.* Der medienpädagogische Ausgangspunkt ist die Erkenntnis, dass die Erzählformen des Mediums Film zwar eigenen Regeln unterliegen, diese aber noch lange nicht ausgeschöpft sind. Kinder und Jugendliche nehmen die gängigen Erzählformen auf und verändern und gestalten sie mit Handys und Videokameras auf ihre Art neu, finden andererseits aber nicht die Beachtung, die den literarischen Ausdrucksformen schon lange entgegengebracht wird. Große neben kleinen Jugendlichen, Gymnasiasten neben Förderschülern sollen bei der Präsentation ihrer Filme gemeinsam auf der Bühne stehen und für ihre Ideen und ihr Engagement ausgezeichnet werden. Der Höhepunkt: Ihre Filme werden auf der großen Kinoleinwand gezeigt. Dabei soll nicht die Einzelleistung im Vordergrund stehen, sondern die Geschichte, die erzählt wird – gleichgültig ob eine Lehrkraft Initiator im Unterricht ist oder Schülerinnen und Schüler in ihrer Freizeit sich mit der Kamera und dem Schnittplatz erproben. Nicht das cineastische Debüt steht im Vordergrund, sondern das alters- und leistungsgemäße Engagement.

Ausgangspunkt der niedersächsischen Filmklappe war das Medienzentrum Aurich, wo die Idee zu einem lokalen Kurzfilmwettbewerb für Schülerinnen und Schüler aller Schulformen und Altersklassen entstanden ist. Inzwischen haben sich weitere kommunale Medienzentren in Niedersachsen dem Konzept angeschlossen und organisieren in ihrer Stadt oder ihrer Region eine lokale Filmklappe. Die Teilnahmebedingungen für die lokalen Filmklappen sind alle gleich, die Teilnehmer müssen noch Schülerinnen oder Schüler in den jeweiligen Städten oder Regionen sein. Die inhaltliche Gestaltung der Filme ist völlig frei, es sei denn, es wird ein Sonderpreis für Filme zu einem vorgegebenen Thema ausgelobt.

Die Filme müssen eine erkennbare Geschichte erzählen und ordentlich geschnitten sein. Die Länge eines Films sollte 15 Minuten nicht überschreiten. Die Bewertungskriterien sind einheitlich angelegt: Beurteilt werden die Filme nach den Kriterien *Originalität der Filmidee, schauspielerisch-kreative Umsetzung* sowie *Einsatz filmgestalterischer Mittel.* Für die Realisierung der Filme bieten alle angeschlossenen Medienzentren den Teilnehmern auf Wunsch Schulungen im Umgang mit Kamera und Schnittcomputer an und können auch die erforderlichen Geräte zur Verfügung stellen. In den Jurys sitzen Film erfahrene Medienpädagoginnen und Medienpädagogen, junge Filmemacherinnen und Filmemacher sowie Vertreter der Sponsoren aber auch Vertreter der Schülerschaft.[2]

Filmlehrer in Niedersachsen

Filmlehrer Niedersachsen ist ein Qualifizierungsprojekt, zum Einen für medienpädagogische Berater und an kommunalen Medienzentren und zum Anderen für Lehrkräfte als Kompetenzpartner niedersächsischer Schulen.

Vorbild für die niedersächsischen Filmlehrer ist das Modellprojekt der *Filminitiative an Schulen in Bayern*. In Niedersachsen werden ab 2010 mit Hilfe kompetenter Kooperationspartner ebenfalls Filmlehrer qualifiziert. Schwerpunkt ist, dass die Lehrkräfte zu Multiplikatoren/innen für schulbezogene professionelle Bausteine zur Filmästhetik, Filmdramaturgie, Filmtechnik, Filmorganisation und Filmanalyse qualifiziert und in den jeweiligen Regionen über die kommunalen Medienzentren, insbesondere jedoch an den Schulen selbst als kompetente Ansprechpartner für die in den niedersächsischen Kerncurricula geforderten Inhalte zur Filmbildung unterstützend zur Verfügung stehen. Von Februar 2010

2 Quelle: http://nline.nibis.de/filmklappe/menue/nibis.phtml?menid=44

an werden zunächst medienpädagogische Beraterinnen und Berater an kommunalen Medienzentren in Niedersachsen als Multiplikatoren für diesen Bereich ausgebildet. Im Anschluss an diese erste Phase des Modellprojektes werden von August 2010 an sogenannte Filmlehrer an und für niedersächsische Schulen qualifiziert. Kooperationspartner sind:

- Bundesakademie Wolfenbüttel,
- Bundesweites Schülerfilm- und Videozentrum Hannover,
- kommunale Medienzentren in Niedersachsen,
- regionale Lehrerfortbildung (LSchB),
- Die Niedersachsen Filmklappe,
- LAG Jugend & Film Uelzen,
- Der Niedersächsische Filmkanon,
- Das Niedersächsische Landesamt für Lehrerbildung und Schulentwicklung (NiLS) in Hildesheim / Abt. Medienbildung, sowie
- medienpädagogische Beraterinnen und Berater des Landes Niedersachsen.[3]

Literatur:

Hans Chresta: Filmerziehung in Schule und Jugendgruppe, Solothurn 1963
Jürgen Hüther, Bernd Schorb (Hrsg.): Grundbegriffen der Medienpädagogik, 1997
Fred Schell: Aktive Medienarbeit mit Jugendlichen, 2003
Dieter Baake: Kreative Medienarbeit, 1992
Dieter Baake: Ästhetische Weltanschauung, 1994
NiLS Hildesheim: Projekt Ästhetik und Sprache mit Medien, 2003 http://nibis.ni.schule.de/nli1/melinga/melinga_intro.html
NiLS Hildesheim: Projekt Förderung von Medienkompetenz im Elementar und Grundschulbereich, 2006 http://www.nibis.de/nibis2/nibis.phtml?menid=1904

3 Quelle: http://nline.nibis.de/filmbildung/menue/nibis.phtml?menid=44.

Martin Lorber[1]

Wider den medialen Analphabetismus

Verstehen als Voraussetzung für einen kritischen und angemessenen Umgang mit neuen Medien – Medienpädagogik in Schule und Jugendhilfe

Einleitung

Hat Medienpädagogik die Funktion, die Schäden eines übermäßigen und inadäquaten Medienkonsums von Kindern und Jugendlichen – vor allem von gewalthaltigen Computer- und Videospielen, die eigentlich nur für Erwachsene zugelassen sind –einigermaßen wieder zu reparieren? Wäre es da nicht einfacher, die Quelle des Übels einfach auszutrocknen und die entsprechenden Medienangebote schlicht zu verbieten? Es gibt einzelne, laute Stimmen, die Medienpädagogik ganz und gar für Unfug und eine Verschwendung von Zeit und Ressourcen halten. Politik solle die gewalthaltigen Medienangebote einfach verbieten, und Pädagogen könnten sich dann mit sinnvolleren Maßnahmen beschäftigen, heißt es in diesem Zusammenhang häufig. Medienpädagogik sei im Grunde nur eine Marketingidee der Medienunternehmen, die die kritisierten Angebote produzieren und verkaufen, damit möglichst frühzeitig im schulisch-pädagogischen Umfeld eine Kundenbindung entstehe.[2]

Diese Sichtweisen sind nicht nur sachlich unbegründet, sondern sie verunsichern auch in hohem Maße Familien, Erziehende, Lehrer und Pädagogen und unterminieren das Vertrauen in pädagogische Institutionen, die sich zum Teil mit großen Engagement an die Aufgabe machen, Kindern und Jugendlichen dabei zu helfen, einen angemessenen Umgang mit modernen Medienangeboten zu entwickeln. In allen Medienbereichen gibt es Angebote für unterschiedliche Altersgruppen, die für die jeweils jüngere Altersgruppe nicht geeignet sind und deren Nut-

1 Der Autor ist PR Direktor und Jugendschutzbeauftragter des Unternehmens *Electronic Arts,* einem der weltweit führenden Anbieter von Computer- und Videospielen.

2 Siehe beispielsweise Manfred Spitzer: Vorsicht Bildschirm. Stuttgart 2005, Seite 270ff.

zung die Entwicklung von Kindern und Jugendlichen beeinträchtigen kann. Ein Verbot von Erwachseneninhalten käme aber der Forderung gleich, nur noch Kinderbücher, Kindersendungen in Fernsehen und Radio, Kinderfilme und nur noch Computer- und Videospiele für Kinder zuzulassen, was doch eher naiv und realitätsfern scheint. Abgesehen davon wäre es in Zeiten globaler Kommunikation und des globalen Handels durch das Internet gar nicht möglich, bedeutende und weltweit verbreitete Medienphänomene einfach wieder aus der Welt zu schaffen. Die Alternative ist also nicht: «Können wir die Zeit wieder bis dahin zurückdrehen, als es diese Medienangebote noch nicht gab?», sondern: «Unternimmt Pädagogik den Versuch, Einfluss auf das Medienverhalten zu nehmen oder unterlässt sie diesen Versuch?» (Im Übrigen hat man sich natürlich auch in früheren Zeiten über den schlechten Einfluss der jeweils neuen Medien echauffiert, man änderte also nur das Objekt des Ärgers, nicht den Ärger selbst. [3])

Es ist freilich nicht ganz falsch, dass auch die Medienindustrie ein Interesse an Medienpädagogik hat und es – zum Teil – ähnliche Zielvorstellungen gibt. Wenn Medienpädagogik und mithin die Ausbildung von Medienkompetenz in allererster Linie zu einem reflektierten Medienkonsum und einem kritischen Umgang mit Medienangeboten und schließlich zu einem selbstbewussten und angemessenen Mediennutzungsverhalten hinführen soll, dann ist das ganz im Sinne der Produzenten von (kommerziellen) Medienangeboten, aber sicherlich auch im Sinne von Schule, von Gesellschaft.

«Einfach abschalten», taugt als billiges Schlagwort, nicht aber als Grundlage für die Ausbildung von kritischen und mündigen Bürgern. Dennoch waren die alarmistischen Thesen der warnenden «Experten» im Zusammenhang mit Computer- und Videospielen eine ganze Zeitlang recht populär und die Protagonisten gefragte Zitatgeber in den Medien. Dies vielleicht auch deshalb, weil sie von der großen Verantwortung für das schwierige (und mit Kosten verbundene) Projekt einer breiten, fundierten und angemessenen Medienerziehung entlasteten. Dieses Projekt schien lange Zeit umso schwieriger zu bewältigen, desto länger man im Vergleich zu der rasant wachsenden Bedeutung von Computer- und Videospielen wartete, damit überhaupt nur anzufangen. Einer der Gründe für diesen Zeitverzug ist, dass die Entwicklung von interaktiver Unterhaltung vom Nischenprodukt für Spezialisten zum gesellschaftlichen Leitmedium in relativ kurzer Zeit stattgefunden hat, in weniger als einem Jahrzehnt, also während einer Schullaufbahn. Darüber hinaus fand diese Entwicklung zunächst sozusagen im Verborgenen statt, Anfangs fast gänzlich ohne Begleitung und ohne Zutun der Wissenschaft, der meinungsführenden Medien und der Politik. Dies hat dazu geführt, dass in großen Teilen der Gesellschaft – auch in der Pädagogik – weitgehend Analphabetismus im Bereich der interaktiven

3 Siehe beispielsweise Bernd Graff: Blutzoll der Rechenleistung, in: *Süddeutsche Zeitung*, 13.08.2005, S. 11.

Unterhaltung herrschte.[4] Dieser Analphabetismus hatte nicht zur Folge, dass man dem neuen Medium oft mit Skepsis oder auch Angst begegnete, er machte die Aufgabe einer adäquaten Medienerziehung natürlich eigentlich unmöglich, denn wie soll man den Umgang mit etwas lehren, das man selbst nicht «lesen» kann.

Auch wenn es keine leichte Aufgabe ist: Nichts spricht dafür, dass Kinder und Jugendliche in allen Lebensbereichen Erziehung und Hinführung zu einem bewussten und kritischen Selbst brauchen, nur im Bereich Computer- und Videospiele nicht.

Faszination und Bedeutung interaktiver Unterhaltung

Computer- und Videospiele haben sich in den vergangenen Jahren zu einem neuen Leitmedium entwickelt, das den Bedürfnissen nach aktiver Auseinandersetzung und Gestaltung im Medienverhalten vieler Menschen offensichtlich viel mehr entspricht als andere Medien, zum Beispiel passiver Fernsehkonsum. Einen guten Einblick in die Bedeutung von Computer- und Videospielen geben die aktuellen KIM- und JIM-Studien des Medienpädagogischen Forschungsverbundes Südwest[5]. Auch die Daten des Statistischen Bundesamtes bestätigen, dass Familienhaushalte ohne Spielekonsole bald in der Minderheit sein werden[6].

Einer der Gründe für diese Entwicklung ist die Attraktivität dieses Medium, die ganz unterschiedliche Gründe hat. Computer- und Videospiele stellen vielfältige Anforderungen an den Spieler: taktisches Geschick, Reaktionsschnelligkeit, räumliche Orientierungsfähigkeit, Ressourcenmanagement und Planungsgeschick. Es handelt sich um eine interaktive Fortführung älterer Medien (Comic, TV, Film, Brettspiele, Rollenspiele) zu einer neuen ästhetischen Form. Die vielfältigen Inhalte können zur eigenen Lebenssituation in Beziehung gesetzt werden (Strategie, Action, Sport, Rollenspiele, Simulationen, Autorennen etc.). Die Handlungsstrukturen folgen grundlegenden Schemata für das Handeln in der realen Welt (z. B. Wettlauf, Ordnung etc.). Es gibt ungeahnte Gestaltungsmöglichkeiten innerhalb einer virtuellen Welt durch das Lenken von Figuren, eines virtuellen Staates oder das Handeln in der Ich-Perspektive. Die Spieler können Erfolge genießen, vorankommen, Langeweile abbauen, ganz «im» Spiel sein.[7] Kurz: Computer- und Video-

---

4 Vgl. dazu Martin Burckhardt: Die Ästhetik der Ganzkörperzeichen, in: *Frankfurter Allgemeine Zeitung*, 3. Juni 2009, Seite N3.

5 Siehe www.mpfs.de.

6 Sylvia Behrends, Kristina Kott: Zu Hause in Deutschland. Ausstattung und Wohnsituation privater Haushalte Ausgabe 2009. Wiesbaden 2009, Seite 16. Online: https://www-ec.destatis.de/csp/shop/sfg/bpm.html.cms.cBroker.cls?cmspath=struktur,vollanzeige.csp&ID=1023672 (Abfrage: 7. Dezember 2009)

7 Vgl. dazu Jürgen Fritz, Wolfgang Fehr: Kulturkonflikt «Computerspiele», in: Spiel- & Lernsoftware Pädagogisch beurteilt, Band 14, Jahrgang 2004/2005, Seite 6ff.; Peter Vorderer: Warum

spiele vereinen viele, von den Konsumenten als attraktiv angesehen Eigenschaften unterschiedlicher Medienangebote in sich.

Computer- und Videospiele haben sich aber nicht nur zu einem bedeutenden Medium und einem bestimmenden Angebotsteil der modernen Unterhaltungskultur entwickelt. Ihr Einfluss beschränkt sich längst nicht mehr nur auf die Unterhaltungskultur. Sie sind vielmehr dabei, auch auf andere Lebensbereiche überzugreifen. So arbeiten beispielsweise führende Architekturbüros mit den audiovisuellen Darstellungstechniken der Spiele. Interaktive Simulationstechniken, die in der Spieleindustrie entwickelt wurden, finden Anwendung in der Wirtschaft. Spiele werden zur Vermittlung von Lerninhalten in Schulen und Hochschulen eingesetzt. Personalabteilungen verwenden Spiele und interaktive Applikationen in ihren Auswahlprozessen. Und nicht zuletzt beeinflusst die Ästhetik von Computer- und Videospielen Darstellungsformen in anderen Mediengattungen (Film, Werbung etc.).[8]

All das hat dazu geführt, dass Computer- und Videospiele schon seit Jahren als wichtiger Teil unserer Kultur angesehen werden. So sagte die damalige Vorsitzendes des Bundestagsausschusses für Kultur und Medien, Monika Griefahn, im Januar 2005 in einem Interview: «Die kulturelle Bedeutung [von Computer- und Videospielen] liegt meiner Meinung nach in der Verbindung von technischer Innovation und dem Potenzial, unsere kulturelle Gegenwart abzubilden.»[9] Im August 2008 hat der Deutsche Kulturrat den Verband der deutschen Entwickler von Computer- und Videospielen G.A.M.E. in die Sektion Film und audiovisuelle Medien aufgenommen. Und in dem, im Oktober 2009 verabschiedeten Koalitionsvertrag der CDU-/CSU-/FDP-Bundesregierung heißt es: «Computerspiele sind ein selbstverständlicher Teil unserer Alltagskultur geworden. Deswegen soll die Entwicklung hochwertiger, kulturell und pädagogisch wertvoller Unterhaltungsmedien gefördert und der Deutsche Computerspielpreis aufgewertet werden.»[10]

---

sind Computerspiele attraktiv?, in: Winfred Kaminski, Martin Lorber (Hg.): Computerspiele und soziale Wirklichkeit, München 2006, S. 55ff; Christoph Klimmt: Zur Rekonstruktion des Unterhaltungserlebens beim Computerspielen, in: Winfred Kaminski, Martin Lorber (Hg.): Computerspiele und soziale Wirklichkeit, München 2006, S. 65ff.

8 Vgl. dazu beispielsweise: Ingmar Höhmann: Baller-Software hilft beim Stadionbau, in: Handelsblatt, 17. April 2009, S. 24; Marika Knorr, Jürgen Jehle, Mael Borchers: Die Werbung an sich, in: EA Magazin 1/2006, S. 16 ff. Online: http://presse.electronic-arts.de/publish/page20466959471304.php3?1=1&aid=152&spieleid= (Abfrage 7. Dezember 2009); John C. Beck, Mitchell Wade: Got Game: How the Gamer Generation Is Reshaping Business Forever, Massachusetts 2004.

9 Siehe EA Magazin 1/2005, Seite 14f. Online: http://presse.electronic-arts.de/publish/page20466959471304.php3?1=1&aid=148&spieleid= (Abfrage 7. Dezember 2009)

10 Wachstum. Bildung, Zusammenhalt. Der Koalitionsvertrag zwischen CDU, CSU und FDP, 2009, Seite 72. Online: http://www.cdu.de/doc/pdfc/091026-koalitionsvertrag-cducsu-fdp.pdf (Abfrage 7. Dezember 2009)

Wir haben es also mit einem Medium zu tun, das Menschen offensichtlich begeistern kann, das Menschen aktiviert, freiwillig damit zu «arbeiten» und Eigenschaften an den Tag zu legen, die man im (Schul-)Alltag nicht selten vermisst: die Spieler sind im Spiel sehr häufig äußerst fleißig, diszipliniert, leistungsbereit und ehrgeizig und übernehmen Verantwortung in sozialen Gemeinschaften.[11] Computer- und Videospiele sind in vielerlei Hinsicht technologisch an der Spitze dessen, was die moderne Unterhaltungs- und Medienindustrie zu leisten in der Lage ist, und es ist offen für unterschiedliche Anwendungsbereiche. Dass ein solches Medium nicht – oder kaum – für pädagogische Zwecke genutzt wird, dass dessen Gebrauch noch nicht einmal flächendeckend pädagogisch begleitet wird, ist bei Lichte betrachtet kaum nachzuvollziehen. Ein eigenes Schulfach Medienkompetenz ist längst überfällig. Projekte wie der in Bayern geplante «Medienführerschein» sind in diesem Zusammenhang sicherlich zu begrüßen.

Was sind Computer- und Videospiele?

Bisher war immer die Rede vom «Medium» Computer- und Videospiel. Es scheint aber keineswegs Einigkeit darüber zu herrschen, wie man Computer- und Videospiele innerhalb der verschiedenen Erzeugnisse der modernen Medien- und Unterhaltungskultur verorten soll.

Sind es Spiele im ursprünglichen und eigentlichen Sinn? Oder Spielzeug? Oder sind Computer- und Videospiele eher ein Medium, etwa ein durch den Spieler steuerbarer Film? Sie sind wohl eine Mischform. Einerseits haben Computer- und Videospiele Eigenschaften des Spiels: den Regelcharakter, die aktive Teilnahme, die Möglichkeit des Eingreifens in den Ablauf zum Zweck, diesen im Rahmen der Spielregeln zu verändern beziehungsweise zu bestimmen. Computer- und Videospiele ähneln andererseits in Vielem den audiovisuellen Medien. Vor allem die Art und Weise der audiovisuellen Darstellung ist der des Films oder des Fernsehens eng verwandt. Computer- und Videospiele lassen sich also ganz zwanglos in die Reihe moderner Medienangebote einordnen und das alltägliche Medienverhalten der Konsumenten bestätigt dies ja auch. Dennoch wird den Computer- und Videospielen gelegentlich immer noch eine Sonderrolle zugewiesen, und zwar vor dem Hintergrund eines vermuteten höheren Gefährdungsgrads für Kinder und Jugendliche, der von Computer- und Videospielen mit gewalthaltigen Inhalten ausgehe.[12] Abgesehen davon, dass diese Vermutung längst nicht von allen Forschern geteilt wird, ist die Zuweisung einer Sonderrolle medientheoretisch kaum haltbar. Der

---

11 Zum Aspekt der Arbeit in Computerspielen siehe auch Andreas Rosenfelder: Digitale Paradiese. Köln 2008, Seite 57 ff.

12 Siehe dazu etwa Thomas Mößle, Matthias Kleimann, Florian Rehbein: Bildschirmmedien im Alltag von Kindern und Jugendlichen, Baden-Baden 2007, S. 31.

Grad der Gefährdung für Kinder und Jugendliche durch die Nutzung nicht altersgemäßer Inhalte ist ja stets eine Einzelfallprüfung. Eine bestimmte Mediengattung sozusagen unter Generalverdacht zu stellen, scheint wenig hilfreich – zumal im medienpädagogischen Alltag, wo es eher darum geht, sich mit konkreten Angeboten zu beschäftigen.

Die Tatsache, dass Computer- und Videospiele hybride Medien sind, bringt mit sich, dass man sie nicht «betrachten» kann wie einen Film. Denn was man an der Oberfläche eines Spiels – also auf dem Bildschirm – sehen kann, ist zwar immer auch Darstellung und Interpretation von Welt, vor allem aber ein Symbol, ein Zeichen innerhalb des dem Spiel innewohnenden Regelsystems. Die Spieler bewegen sich mit großer Sicherheit in dieser Doppelwelt von Zeichenhaftigkeit und schwindender Mimesis nehmen beispielsweise das Blut in einem Actionspiel eher als eine Art Trefferanzeige wahr und nur am Rande als schockierendes Element einer spannungsvollen Rahmenhandlung. Hier ist der Kern des oben erwähnten Analphabetismus zu finden. Auch wenn Computer- und Videospiele immer realistischere Darstellungsformen haben können, im Kern bleiben sie abstrakte Regelsysteme. Diskutiert man aber nur die Oberfläche, bleibt auch die Argumentation oberflächlich.

Mögliche Ziele von Medienpädagogik

Nachdem die Gesellschaft langsam realisiert hat, was sich in ihrer Mitte entwickelt hat, ohne dass man das bemerkt hatte, stellte sich erst einmal so etwas wie eine Angststarre ein. Von den vielen Annäherungsmöglichkeiten an Computer- und Videospiele (ökonomisch, technologisch, ästhetisch, medienpädagogisch …) dominierte bald der besorgte Blick auf problematische Nutzungsweisen des neuen Mediums. Es ist zwar nichts Neues, dass man neuen Medien erst einmal mit Skepsis begegnet, in dieser Schärfe war die Ablehnung und Problematisierung aber doch einmalig. Diese Debatte weiter zu versachlichen und ihre Hintergründe erkennbar zu machen, könnte eine sinnvolle Aufgabe von Medienpädagogik im Zusammenhang mit Computer- und Videospielen sein.

Grundsätzlich sollte Medienpädagogik im Zusammenhang mit Computer- und Videospielen dazu beitragen, dass diese angemessen genutzt werden. Angemessen bezieht sich hier auf die Inhalte und das zeitliche Engagement. In Bezug auf die altersadäquaten Inhalte geht es hier in erster Linie wohl um die Frage der Gewaltdarstellung.

Gewaltdarstellungen in Computer- und Videospielen könnten unter folgenden Fragestellungen medienpädagogisch betrachtet werden:[13]

13 Vgl. hierzu auch: Martin Lorber: Macbeth versus Ego-Shooter – Ethische Fragen bei Computer und Videospielen. In: Petra Grimm, Rafael Capurro (Hrsg.): Computerspiele – Neue

- In allen Mediengattungen gibt es Angebote für unterschiedliche Altersgruppen. So wie es Kinderfilme und solche für Erwachsene gibt, Kinderbücher und Literatur für Erwachsene so gibt es natürlich auch bei Computer- und Videospielen Produkte für alle Altergruppen. Gibt es Argumente, die dafür sprechen könnten, dass es in diesem speziellen Bereich der modernen Unterhaltungs- und Medienkultur nur Angebote für Kinder- und Jugendliche geben soll und keine für Erwachsene?
- Ausgehend von der Tatsache, dass es wie in allen Medienbereichen auch bei Computer- und Videospielen Angebote für alle Altersgruppen gibt, hat der Jugendschutz sicherzustellen, dass Kinder und Jugendliche vor Inhalten geschützt werden, die «geeignet sind, die Entwicklung ... oder ihre Erziehung zu einer eigenverantwortlichen und gemeinschaftsfähigen Persönlichkeit zu beeinträchtigen» (Jugendschutzgesetz, §14, Absatz 1). Mögliche Fragen in diesem Zusammenhang wären: Wie effektiv sind die Instrumente des Jugendschutzes? Wieviel staatlichen Eingriff in das natürliche Recht der Erziehung der Eltern will eine Gesellschaft?
- Weitere mögliche Themen im Zusammenhang mit Gewaltdarstellungen:
  - Ästhetische Fragestellungen nach dem künstlerischen Rang, der Innovation der Darstellung etc. Kann man diese getrennt von der Frage nach der Wirkung betrachten?
  - Rechtliche Fragen: Welche Gesetzen bilden den Rahmen für mögliche mediale Darstellungen (Grundgesetz, das Urheberrecht, das Strafrecht, Jugendschutzgesetz)?
  - Ethische Fragen: Verletzt die Darstellung in einem Medium die Grenzen der Normen und Werte einer Gesellschaft?
- Mögliche Vertiefungen der Frage nach der Ethik:
  - Um Medieninhalte unter ethischen Kategorien angemessen bewerten zu können, muss man zunächst herausarbeiten, was denn eigentlich Gegenstand der Betrachtung und Beurteilung ist. Dies ist in der Regel ja nicht das, was «gezeigt» wird. Kann und soll zwischen der Darstellung und einem damit verbundenen Zweck unterschieden werden (Aufklärung durch Nachrichten, Veränderung von Einstellungen durch politisch motivierte Kunst, Anti-Kriegs-Literatur und -Filme, pädagogische Medien)?
  - Wie verhält es sich mit Medien, die keinem oder keinem offensichtlichen Zweck dienen (Kunst, Unterhaltung)? Sind Gewaltdarstellungen als Mittel der Unterhaltung, der Spannungssteigerung legitim? Wenn ja, wo liegen die Grenzen? Wie werden diese Grenzen begründet?

Herausforderungen für die Ethik? Schriftenreihe Medienethik, Band 8, Stuttgart 2010, Seite 31ff.

- Darf Kunst sich eine stärkere Gewaltdarstellung erlauben als Unterhaltungskultur (Beispiel Homers Odyssee oder der Film Der andalusische Hund von Luis Buñuel und Salvador Dalí versus Filme wie Kill Bill von Quentin Tarantino). Wie könnte man eine solche unterschiedliche Bewertung begründen?

Bezüglich des zeitlichen Engagements sollte die Frage gestellt werden, wo die Grenzen zwischen einem exzessiven, aber noch akzeptablen Spielverhalten und einem problematischen Spielverhalten verläuft. Ab wann beginnt das Spielen von Computer- und Videospielen eine Art Ersatzbefriedigung zu werden? Können die legitimen Bedürfnisse nach Anerkennung und Selbstbestätigung auch in Spielen befriedigt werden oder ist das problematisch? Wenn ja, warum? Sind soziale Kontakte in und durch Spiele minderwertig im Vergleich zu Kontakten, die ohne mediale Vermittlung auskommen? Wie können unterschiedliche Lebensaspekte in einen Ausgleich gebracht werden?

Verantwortung der Industrie

Wenn es die Aufgabe der Medienpädagogik ist, die Angebote und Möglichkeiten der modernen medialen (Unterhaltungs-)Kultur kritisch zu hinterfragen beziehungsweise zu einem kritischen Gebrauch anzuleiten, stellt sich die Frage, ob die Medienindustrie in diesem Zusammenhang eine sinnvolle und verantwortliche Rolle einnehmen kann. Kann man als Industrie sich selbst zum Gegenstand einer kritischen Diskussion machen? Steht nicht jede Aktivität unter dem Verdacht, eine kritische und distanzierte Auseinandersetzung gerade verhindern zu wollen?

Die Politik jedenfalls sieht die Unternehmen in der Verantwortung. Aus diesem Grund haben beispielsweise die damalige Bundesfamilienministerin Ursula von der Leyen und ihr nordrhein-westfälischer Amtskollege Armin Laschet in ihrem Sofortprogramm zum Jugendmedienschutz im Februar 2007 die Industrie aufgefordert, sich an Maßnahmen und Initiativen zur Förderung von Medienkompetenz zu beteiligen.[14]

Die Industrie kann und sollte diese Programme – neben der finanziellen Unterstützung – vor allem durch den Zugang zu Anschauungsbeispielen und Hintergrundinformationen (Trends, Bedeutung einzelner Angebote) fördern.

Darüber hinaus haben die Medienunternehmen natürlich auch in ihrer eigenen Kommunikation alles daran zu setzen, dass ihre Produkte angemessen genutzt werden – sowohl was die Inhalte (altersadäquate Nutzung) als auch was das zeit-

14 Siehe Pressemitteilung des Bundesministeriums für Familie, Frauen, Senioren und Jugend vom 13. Februar 2007. Online: http://www.bmfsfj.bund.de/Kategorien/Presse/pressemitteilungen,did=94780.html (Abfrage: 7. Dezember 2009)

liche Engagement angeht. Aufklärung über Hintergründe, Nutzungsweisen, sich abzeichnende Trends und dergleichen mehr, sind für die praktische Medienpädagogik und die Wissenschaft sicherlich von großer Bedeutung.

Literatur

John C. Beck, Mitchell Wade: Got Game: How the Gamer Generation Is Reshaping Business Forever, Massachusetts 2004.

Sylvia Behrends, Kristina Kott: Zu Hause in Deutschland. Ausstattung und Wohnsituation privater Haushalte Ausgabe 2009. Wiesbaden 2009, Seite 16. Online: https://www-ec.destatis.de/csp/shop/sfg/bpm.html.cms.cBroker.cls?cmspath=struktur,vollanzeige.csp&ID=1023672 (Abfrage: 7. Dezember 2009)

Martin Burckhardt: Die Ästhetik der Ganzkörperzeichen, in: Frankfurter Allgemeine Zeitung, 3. Juni 2009, Seite N3.

Jürgen Fritz, Wolfgang Fehr: Kulturkonflikt «Computerspiele», in: Spiel- & Lernsoftware Pädagogisch beurteilt, Band 14, Jahrgang 2004/2005, Seite 6ff.

Bernd Graff: Blutzoll der Rechenleistung, in: Süddeutsche Zeitung, 13.08.2005, Seite 11.

Ingmar Höhmann: Baller-Software hilft beim Stadionbau, in: Handelsblatt, 17. April 2009, Seite 24

Jürgen Jehle: Die kulturelle Gegenwart, in: EA Magazin 1/2005, Seite 14f. Online: http://presse.electronic-arts.de/publish/page20466959471304.php3?1=1&aid=148&spieleid= (Abfrage 7. Dezember 2009)

Christoph Klimmt: Zur Rekonstruktion des Unterhaltungserlebens beim Computerspielen, in: Winfred Kaminski, Martin Lorber (Hg.): Computerspiele und soziale Wirklichkeit, München 2006, Seite 65ff.

Marika Knorr, Jürgen Jehle, Mael Borchers: Die Werbung an sich, in: EA Magazin 1/2006, Seite 16 ff. Online: http://presse.electronic-arts.de/publish/page20466959471304.php3?1=1&aid=152&spieleid= (Abfrage 7. Dezember 2009)

Martin Lorber: Macbeth versus Ego-Shooter – Ethische Fragen bei Computer und Videospielen. In: Petra Grimm, Rafael Capurro (Hrsg.): Computerspiele – Neue Herausforderungen für die Ethik? Schriftenreihe Medienethik, Band 8, Stuttgart 2010, Seite 31ff.

Thomas Mößle, Matthias Kleimann, Florian Rehbein: Bildschirmmedien im Alltag von Kindern und Jugendlichen, Baden-Baden 2007

Andreas Rosenfelder: Digitale Paradiese. Köln 2008

Manfred Spitzer: Vorsicht Bildschirm. Stuttgart 2005

Peter Vorderer: Warum sind Computerspiele attraktiv?, in: Winfred Kaminski, Martin Lorber (Hg.): Computerspiele und soziale Wirklichkeit, München 2006, Seite 55ff

Wachstum. Bildung, Zusammenhalt. Der Koalitionsvertrag zwischen CDU, CSU und FDP, 2009, Online: http://www.cdu.de/doc/pdfc/091026-koalitionsvertrag-cducsu-fdp.pdf (Abfrage 7. Dezember 2009)

Pressemitteilung des Bundesministeriums für Familie, Frauen, Senioren und Jugend vom 13. Februar 2007. Online: http://www.bmfsfj.bund.de/Kategorien/Presse/pressemitteilungen,did=94780.html (Abfrage: 7. Dezember 2009)

Walter R. W. Staufer

Jugendliche und die Faszination von Sozialen Netzwerken

6,4 Milliarden Seitenabrufe hatte *SchülerVZ* im Oktober 2009. Kein Angebot in Deutschland hat mehr. *SchülerVZ* verzeichnete dabei 172 Millionen Besuche mit durchschnittlich 37 Seitenabfragen pro Besuch. Unter den 12 meistbesuchten Websites in Deutschland sind sieben Soziale Netzwerke.[1]

Soziale Netzwerke im Internet sind Online-Communitys bzw. Webdienste, die Netzgemeinschaften beherbergen, in denen man sich online präsentiert, Fotos veröffentlicht, sich austauscht und vernetzt.

Was macht diese Faszination von Sozialen Netzwerken bei Jugendlichen aus?

Kommunikation ist für Jugendliche das zentrale Nutzungsmotiv des Internets. 73 % der Internet-Nutzer sind über Instant Messenger aktiv. Den größten Anstieg haben Online-Communitys zu verzeichnen. 85 % der Internetnutzer suchen diese Angebote auf; im Vergleich zum Vorjahr ein Anstieg um 12 %. Zu den regelmäßigen Nutzern (täglich/mehrmals pro Woche) zählen aktuell 72 % (Vorjahr 57 %), davon sind mit 76 % mehr Mädchen als Jungen mit 68 % und zu einem größeren Anteil Jugendliche mit einer höheren Bildung.[2]

Das Mitmach-Internet schafft eine völlig neue Kommunikationssituation. Galt bisher: ein Sender – viele Empfänger, so sind jetzt mit Hilfe des «echten Rückkanals» interaktive Angebote möglich, die unter dem Begriff «Web 2.0» zusammengefasst werden: Soziale Netzwerke/Online-Communitys, Video- und Fotoportale, Podcast, Weblog, Wikis – User Generated Content. Der User erschafft sich seine schöne neue Welt selbst.

Das Internet ist inzwischen Freizeitbeschäftigung Nummer eins bei GymnasiastInnen: 93 % und kommt gleich nach dem Fernsehen bei RealschülerInnen: 90 %, HauptschülerInnen: 84 %.[3] Allein 5,5 Millionen der 7 Millionen Jugendlichen in Deutschland haben ein Profil im *SchülerVZ*.

---

1 Vgl. IVW-Auswertung (Informationsgemeinschaft zur Feststellung der Verbreitung von Werbeträgern e.V.), http://www.ivw.eu (aufgesucht am 19.11.2009).

2 JIM-Studie 2009, Online-Communities, S. 45.

3 JIM-Studie 2009, Medienbeschäftigung in der Freizeit, S. 18.

Wie funktionieren Soziale Netzwerke?

Jedes Mitglied legt ein eigenes Profil mit Namen, Foto und persönlichen Angaben wie Alter, Interessen oder Partnerschaftsstatus an. Ausgehend von dem Profil präsentiert und vernetzt man sich mit Freunden, Bekannten, Mitschülern, Menschen mit ähnlichen Interessen oder Geschäftspartnern. Daher wird auch der Begriff der «Community» verwendet, um die Gemeinschaft zu betonen.

Zu den bekannten Communitys gehören *Facebook, SchülerVZ, wer-kennt-wen, StudiVZ, Lokalisten, MySpace, Xing*. Es gibt hunderte von Sozialen Netzwerken: Für Schüler, Angler, Hundebesitzer, Studenten, Senioren, Cabriofahrer ... – für jeden Bedarf gibt es die passende Plattform.

Jugendliche nutzen durchschnittlich 1,5 Communitys. 42 % geben an, dass *SchülerVZ* ihre meistgenutzte Community sei.

Charakteristik vom *SchülerVZ*:

- *«SchülerVZ – Bist Du schon drin? Sei dabei in Deutschlands größtem sozialen Netzwerk. Tausch Dich aus über Fotos, Filme, Nachrichten, Gruppen. Bleib in Kontakt mit Freunden und Mitschülern»*, so wirbt das größte deutsche Onlinenetzwerk für Schüler auf seiner Startseite www.schuelervz.net
- 5,5 Millionen Mitglieder Oktober 2009. Das größte deutsche Onlinenetzwerk für Schüler ab 12 J.
- gegründet Februar 2007
- Gesellschafter: Verlagsgruppe Georg von Holtzbrinck
- 700.000 neue Bilder täglich (300 Mill. ges.)
- Visits Oktober 2009: 172 Millionen
- 80% kundschaften Personen aus, 2/3 inkognito
- 2000 neue Gruppen/Tag, ges. 4.900.000
- 37 Klicks pro Besuch
- 3.000 Beschwerdemeldungen/Tag[4]

Mit weitem Abstand folgen viele andere Communitys: *wer-kennt-wen* (6 %), *Kwick, ICQ, SchülerCC* (je 3 %), *Lokalisten, MySpace* (je 2 %).[5] Lokale Plattformen, z. B. *Lokalisten* in Bayern (gegr. 2006, älter als *SchülerVZ*) oder *Gesichterparty* im Saarland haben in Ihrer Region oft einen größeren Nutzeranteil als *SchülerVZ*.

4 Quelle: *SchülerVZ* 15.12.2009.

5 JIM-Studie 2009, Online-Communities Nutzungsfrequenz, S. 46.

Nutzungsmotive der Jugendlichen

Fernsehen und Internet liegen in der Nutzung Jugendlicher gleich auf. Dabei ist das Fernsehen das Medium, um den Alltag zu vergessen: 61,3 %, zur Entspannung: 58,4 % und um sich nicht allein zu fühlen: 57,2 %. Das Internet steht für Spaß: 27,9 %, Alltagsorientierung: 23,4 % und Information: 22,4 %.[6]

Freunde	Bilder	Sonstiges
wegen der Freunde	wegen der Fotos	nie langweilig
Freunde finden, kennen lernen	Bilder von anderen Leuten sehen	um dazu zu gehören
mit Freunden in Kontakt bleiben, bzw. treten	Partybilder anschauen	um Dampf abzulassen
		dass man dort die Wahrheit sagt

Quelle: www.mpfs.de JIM 1998 – 2008/Tagung Jugend heute

Bestimmen demzufolge die Medien die Freizeitaktivitäten der Jugendlichen vollends? Trotz des gigantischen Medienparks, der ihnen zur Verfügung steht, sind für die 12-19-Jährigen drei non-mediale Freizeitaktivitäten genauso wichtig:

- Mit Freunden/Leuten treffen (Mädchen: 87 %, Jungen: 89 %)
- Sport (Mädchen: 64 %, Jungen: 76 %)
- Ausruhen, nichts tun (Mädchen: 69 %, Jungen: 65 %)[7]

Freunde stehen also sowohl bei den medialen wie den non-medialen Freizeitbeschäftigungen an erster Stelle. Warum ist das so und welche Funktionen erfüllt diese exklusive Zweierbeziehung in einer Gesellschaft? Die Antwort der Soziologen: Freundschaft stützt die Individualität, sie hilft, in unübersichtlichen gesellschaftlichen Verhältnissen Klarheit über das eigene Selbst zu erlangen, ja dieses überhaupt erst zu finden. Daher wurde Freundschaft immer dann bedeutsam, wenn sich eine Gesellschaft veränderte, tradierte Lebensformen und Rollenmuster wegbrachen und dem Einzelnen das soziale Gerüst abhanden kam, das seinen Lebensweg stützte.

Freunde sind das Wichtigste im Leben von Jugendlichen. Sie treffen sie in den Sozialen Netzwerken und sie haben viele Freunde: 200, 400, ja 800 Freunde sind keine Seltenheit. In manchen Communities muss man ab tausend für neue Freun-

6 Oehmichen/Schröter 2009, *Funktionsprofile der tagesaktuellen Medien*, S. 438.

7 JIM-Studie 2009, Non-mediale Freizeitaktivitäten, S. 9.

de andere löschen. Dazu passend: «to unfriend» ist vom *New Oxford American Dictionary* zum *Wort des Jahres 2009* gekürt worden.

War ein guter Freund in bisherigen Generationen definiert durch ein intimes Vertrauensverhältnis, bekommt der Freundschaftsbegriff der Jugendlichen eine neue Qualität: Viele Freunde sind Rückversicherung für die eigene Bedeutung und Identität. Angesichts globalisierter Wirtschaftsprozesse mit Milliarden potenzieller Konkurrenten vermittelt offensichtlich die enge Zweierbeziehung der besten Freundin oder der Familienkreis mit seinen individuellen Tagesabläufen nicht mehr genügend Sicherheit. Es müssen schon hunderte von Freundschaften sein, um den Verlust zu kompensieren. Die schockierende Bewertung einer Schülerin, die an einem Handyverzichtversuch teilgenommen hat: «Keine SMS! Da bist du ja ganz allein!». – Sie sagt das mitten unter ihren Klassenkameradinnen und mitten in Berlin.

Öffentliche Privatheit

Öffentliche Privatheit ist kein Widerspruch in sich, sondern Kennzeichen Sozialer Netzwerke im Internet. Ein typisches Profil im *SchülerVZ*:

- Nina K., Spitzname: Ninchen
- Foto (Portrait)
- Schule und Jahrgangsstufe (muss eingetragen sein, denn darüber erfolgt die Suche bei SchülerVZ)
- Geburtsdatum, Mitglied bei SchülerVZ seit
- Persönliches: Lieblingsfach, Hobbys, Vereinsmitgliedschaften, Lieblingsmusik, Lieblingsbücher, Lieblingsfilme, Was ich mag
- Fotoalben: 7
- Freunde: Nina hat 464 Freunde, 158 Freunde an der eigenen Schule, 306 Freunde an 46 Schulen
- Gruppen: 77 Einträge
- Pinnwand: 354 Einträge (Kurzmitteilungen, die Kommunikationspartner erscheinen mit Foto)

«Die Hälfte der Internetnutzer sucht täglich das eigene Profil oder die Profile anderer auf, und von diesen wiederum 57 % sogar mehrmals am Tag (2008: 47 %).»[8]

«Meine Gruppenliste sagt mehr über mich aus als mein Profil»

Gruppen sind schlichtweg Aussagen, denen man zustimmt. Es gibt über 4,9 Mio. Gruppen im *SchülerVZ*. Mit dem Beitritt zur Gruppe erscheint auch das eigene Foto und Profil. Beispiele: «Spicken. No risk, no fun!», «Fußball gibt dem Samstag

8 JIM-Studie 2009, Online-Communities, S. 45.

einen Sinn», «Ich will schlafen ...», «Du kannst dein Leben ruhig hassen, doch ich feier meins extrem».

Aussagen zu Communities

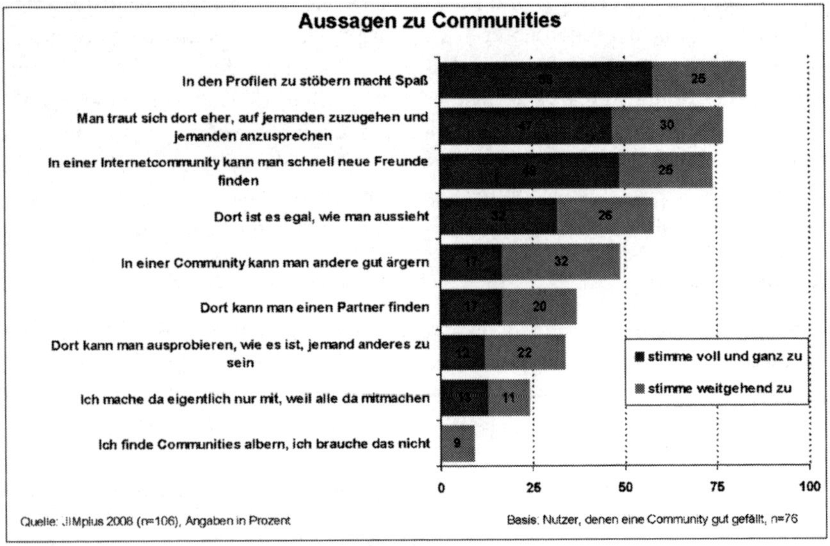

Abb. 1[9]

Das Internet ist insbesondere in der Altersgruppe der 15–17-Jährigen von so zentraler Bedeutung, weil es sie in der Bewältigung altersspezifischer Entwicklungsaufgaben unterstützt: «Das Gestalten von Identitätsentwürfen und Zukunftsszenarien zum Selbstbild, das Experimentieren mit Selbstausdruck und Selbstpräsentation, das Formulieren von eigenen Wünschen, Hoffnungen und Vorstellungen.»[10] Dabei lassen sich inzwischen schon verschiedene Typen von «Social Networkern» unterscheiden; von denen, die nur für spezifische Zwecke die Angebote nutzen bis zur intensiven Nutzung derer, die auch online mit ihrer sozialen Bezugsgruppe verbunden sein wollen.[11]

Doch Kommunikation ist nicht prinzipiell gut. Kommunikation im Netz ist auch nicht frei und grenzenlos, sondern sie trägt stark esoterische Züge: «Man schottet sich ab, hetzt in den eigenen hermeneutischen Zirkeln gegeneinander. Die

9 Quelle: JIMplus 2008, (n=106) Angaben in Prozent (http://www.mpfs.de/fileadmin/JIM-pdf08/JIM-Studie_2008.pdf, aufgesucht am 19.11.2009).

10 Schmidt 2009, S. 35.

11 Vgl. Lampert 2009, S. 10.

meisten suchen nicht die Gegenthese, schon gar nicht den anstrengenden Syntheseprozess, sondern die komfortable, spannungsfreie Anwesenheit Gleichgesinnter.»[12] Die weitaus meisten Jugendlichen schöpfen die vielfältigen Potenziale des Social Web nicht aus, sondern verbleiben bei eher konventionellen Nutzungspraktiken; d. h. sie pflegen ihren Freundeskreis und sind vor allem deswegen aktiv, um in der Peergroup «dabei zu sein». Nur wer in den Medien präsent ist, existiert.

Risiken in Sozialen Netzwerken

Alle Communitys leben von der Kommunikations- und Präsentationsfreude ihrer Nutzer. In Communitys und anderen Plattformen experimentieren Jugendliche mit Identitätsentwürfen, erproben Freundschaften und verhandeln Werte und Ziele. Über 80 % nennen ihre Hobbys, zwei Drittel haben Fotos oder Filme von sich online gestellt, die Hälfte Fotos oder Filme von Freunden oder der Familie (Mädchen: 60 %, Jungen: 41 %).[13]

Das Internet ist ein Spiegel der Gesellschaft und wenn fast alle Schüler einer Schule in Communitys ihre Profile einstellen, dann finden hier auch dieselben unerwünschten Prozesse statt wie wenn viele unterschiedliche Menschen im Real Life zusammentreffen – oder übertragen auf Soziale Netzwerke: Kann ich für 800 Freunde die Hand ins Feuer legen?

Welche Gefahren lauern?

- Preisgabe persönlicher Daten
- Datenmissbrauch
- Bullying/Mobbing, fiese Anmache, Beschimpfungen
- Sexuelle Belästigung, Grooming, sexueller Missbrauch
- Jugendgefährdung: Rassenhass und Rechtsextremismus, Gewalt, Pornografie, Sexismus
- Verletzung des Urheberrechts, Persönlichkeitsschutzes, Datenschutzes

Verhältnis der Jugendlichen zum Schutz der Privatsphäre

Die «Generation Volkszählungsboykott» fühlt sich von der «Generation *SchülerVZ*» herausgefordert. Das Recht auf informationelle Selbstbestimmung erhielt 1983 Verfassungsrang und statt es zum Schutz ihrer Privatsphäre einzusetzen, geben heute viele Jugendliche offenherzig intimste Texte und Bilder von sich preis.

---

12 Gaschke 2009, S. 161.

13 JIM-Studie 2009, Hinterlegte persönliche Daten im Internet 2009/2008, S. 46f.

Haben die Jugendlichen ihr Verhältnis zur Privatheit verloren oder nur ein anderes Verständnis von Öffentlichkeit?

Sicherheitseinstellungen wie «Meine Privatsphäre» bieten Optionen: Wer darf meine Daten in meinem Profil sehen? *Alle Leute an meiner Schule, ‚Meine Freunde und deren Freunde, Nur meine Freunde.* Dies scheint eine überschaubare Anzahl von Personen zu sein, ein virtueller Schulhof.

Weit gefehlt! Bei einer durchschnittlichen Anzahl von 144 Freunden im Profil (Mädchen 157, Jungen 130) wird deutlich, dass eine Kontrolle der Daten nicht mehr möglich ist. Außerdem führen der hohe Stellenwert der Selbstdarstellung und eine gewisse Sorglosigkeit und Uninformiertheit im Umgang mit persönlichen Daten dazu, dass nicht einmal die Hälfte die Einstellungen zum Schutz der Privatsphäre nutzt, ja ein Drittel weiß gar nicht, dass es einen Navigationspunkt «Meine Privatsphäre» oder «Sicherheit» gibt.[14]

Profile in Sozialen Netzwerken werden als «virtuelle Poesiealben» (*SchülerVZ*) oder moderne interaktive Freundschaftsbücher bezeichnet. Der Vergleich Sozialer Netzwerke mit liebevoll gestalteten papierenen Poesiealben ist naiv. Deren Leserkreis war überschaubar und auf alle Fälle bekannt, Internetprofile dagegen kann im Prinzip jeder User lesen. Aber das Bedürfnis, sich präsentieren zu «müssen» hängt mit der Vorstellung zusammen, dass nur in ist, wer online ist.

> «Für den Nutzer bedeutet es bei Auskünften zur eigenen Person: Datensparsamkeit ist oberstes Gebot, innerhalb wie außerhalb der Community. Im Internet braucht es beim Ausfüllen aller Formulare Mut zur Lücke.»[15]

Mobbing/Cyber-Bullying

32 % der befragten Teenager haben mit mindestens einer Mobbing-Art Erfahrungen gemacht: z. B. Veröffentlichung peinlicher Bilder ohne Erlaubnis (Mädchen auf der Schultoilette), Fotomontagen mit dem eigenen Gesicht in pornografischen Darstellungen, Hass-Seiten.[16] Auch Lehrer und Lehrerinnen sind betroffen, aber die Benotung von Lehrern durch Schüler im Internetforum *spickmich* hat der Bundesgerichtshof erlaubt. Das Recht der Schüler auf Meinungsaustausch und freie Kommunikation überwiegt das Recht der klagenden Lehrerin auf informationelle Selbstbestimmung, so die Richter.

Hierzu kommentiert *Heribert Prantl* in der *SZ*: Eine Note für Lehrer ist in Ordnung, auch wenn sie denen nicht gefällt. Müsste freie Meinungsäußerung abgewo-

14 Vgl JIM-Studie 2009, S. 47.

15 Spoerl 2009, S. 44.

16 www.pewinternet.org (aufgesucht 06.7.2009).

gen und zuträglich sein, dann wäre sie nicht mehr frei. Gleichwohl ist das Internet kein Freiraum für Beleidigung und üble Nachrede. Die Grenzen, die das Recht diesen Straftatbeständen setzt, gelten für das Internet erst recht. «Das Recht muss also erstens die Grenzen der Meinungsfreiheit im Internet klar markieren – und zweitens dafür sorgen, dass es auch Konsequenzen hat, wenn sie nicht eingehalten werden. Wenn die weiten Grenzen des Erlaubten überschritten werden, muss das Recht auf den Rechtsverletzer zugreifen können. Entweder es muss dessen Anonymität geknackt werden können – oder aber der Betreiber des Internet-Forums muss in Haftung genommen werden. Internet ist große Freiheit. Aber Freiheit ohne Verantwortung gibt es nicht.»[17]

«Gruscheln», «stubben», «matching» – sexuelle Belästigung

Früher wurde geflirtet, heute wird man «gegruschelt» (*SchülerVZ*), bei *Mystubz* ist das «Stubben» angesagt und mit dem «Matching» signalisiert man Interesse an einem anderen Profil. Eine der wesentlichsten Funktionen der Communitys ist die Kontaktaufnahme. Flirt- und Kontakthilfen sind die Oberfläche, aber wie weit gehen die Kontakte, wer verbirgt sich hinter den Kontaktsuchenden, wie weit ist Werbung für Erotikangebote oder Nachtclubs im Spiel, ist überhaupt eine Trennung zwischen Schüler- und Erwachsenenangebot vorhanden? Das sind Fragen, die für eine Einschätzung wichtig sind, ob eine Community für Jugendliche empfehlenswert oder gar gefährdend ist.

Die scheinbare Anonymität im Netz verstärkt das Risiko von Anfragen nach sexueller Interaktion: 48 % der Mädchen und 34 % der Jungen werden häufiger um Namen Adresse oder Telefonnummer gebeten.[18] «Grooming» *engl. «pflegen»* bezeichnet die Handlung von Pädophilen, die sich in Chaträumen mit Kindern vor der Pubertät «anfreunden», die «Freundschaft» pflegen mit dem Ziel des späteren Missbrauchs. *PolizeiPrävention* spricht von 300.000 Kontaktversuchen pro Tag. Die Kontaktaufnahme zu Minderjährigen im Internet zum Zwecke des sexuellen Missbrauchs soll jetzt nach Vorstellung des EU-Parlaments in den Gesetzen aller Mitgliedsländer als neuer Straftatbestand verankert werden.

Nutzerautonomie und «vorzeitige Verantwortung» nehmen zu

Passiver Konsum gestern – Mitmach-Internet heute: Fotos, Kommentare, Bloggen, ja schon die Auswahl einer Plattform bedeuten einen exponentiellen Zuwachs an Verantwortung. Würde man einem 8-Jährigen auftragen, Ersatz für die kaputte Waschmaschine zu kaufen? Mit vielen Fragen wäre er überfordert.

17 http://www.sueddeutsche.de/jobkarriere/567/473085/text/ Kommentar von Heribert Prantl (aufgesucht am 24.6.2009)

18 JIM-Studie 2009, Gefahren im Netz, S. 49.

Um dazuzugehören, melden sich Kinder häufig bei den Chats oder Communitys an, die die Freundinnen oder Freunde bereits nutzen. Kein Kind stellt sich in diesem Moment die Fragen:

- Welche Qualität hat das Angebot?
- Wer ist der Betreiber?
- Wie sicher sind meine Daten?
- Werden meine Daten gelöscht, wenn ich später meinen Account lösche?

Diese Fragen sollte es aber nicht nur stellen, sondern auch schlüssig beantworten können und erst dann die Entscheidung treffen: Will ich da Mitglied werden? Mit dieser «vorzeitigen Verantwortung» sind Kinder tatsächlich überfordert. Deshalb ist hier nicht nur die Begleitung durch die Eltern bei der Internetnutzung gefragt, sondern auch eine Steigerung der Medienkompetenz der Kinder, der Fähigkeit zur digitalen Selbstkontrolle, denn die Nutzerautonomie nimmt noch zu.

Förderung der Medienkompetenz

98 % der Haushalte, in denen Jugendliche leben, haben einen Internetzugang, 1998 waren es gerade einmal 18 %. Die meisten Kinder beginnen im Grundschulalter den PC zu nutzen; bei den 10-11-Jährigen sind es bereits 87%. Bei der durchschnittlichen täglichen Nutzungsdauer liegen Internet (134 Minuten) und Fernsehen (137 Minuten) bei den Jugendlichen gleich auf.[19]

Der Trend geht vom Fernsehen zum Internet und dabei gilt:

- Immer jünger
- immer länger
- immer riskanter oder immer verantwortungsvoller?

Online-Plattformen ermöglichen das Erproben der eigenen Fähigkeiten, das Lernen von und mit anderen. Je häufiger sich Jugendliche – auch bildungsbenachteiligte – in Sozialen Netzwerken bewegen, desto reflektierter wird der Umgang; die Kompetenz wächst mit dem «Tun».

Zwei Beispiele für erfolgreiche Kampagnen, die versuchen die Jugendlichen innerhalb der Communitys zu erreichen:

www.watchyourweb.de: 45 % gaben an, dass sie durch die Kampagne vorsichtiger im Bezug auf die Veröffentlichung privater Daten im Netz geworden sind.

19 Vgl. JIM-Studie 2009, S. 31f

Die *SchülerVZ*-Aktion **«Respekt im Netz»** gegen Cybermobbing ist mit 1,6 Mio. Mitgliedern die größte im *SchülerVZ*.[20]

Medienerziehung – Was können Eltern, Lehrende und Erziehende tun?

Die Mehrzahl der Eltern ist sich der Herausforderung Internet bewusst, aber etliche sind unsicher, wie sie ihre Kinder begleiten können.

Keine Angst vor neuen Medien. Eltern haben oft das Gefühl, die Jugendlichen leben in zwei Welten und die virtuelle Welt verstünden sie ja doch nicht. Es gibt keine zwei Welten. Kinder sind mit der virtuellen Welt aufgewachsen. Sie kennen keine andere und deshalb ist die virtuelle Welt ein untrennbarer Bestandteil ihrer realen Welt.

«Digital Immigrants» – d.h. Erwachsene – brauchen keine Angst vor der virtuellen Welt haben. Ihren Vorsprung an Lebenserfahrung, Werten und Kenntnis der Regeln unserer Gesellschaft können sie auch ihren Kindern im Umgang mit neuen Medien vermitteln.

«Digital Natives» – d.h. Kinder und Jugendliche – müssen sich auf dem Weg zum Erwachsenwerden dieses Repertoire mit ihren Medien und mit Hilfe der Erwachsenen aneignen.[21] Für Eltern und Erziehende heißt das: Datenverkehr ist wie Straßenverkehr. Für beide muss man von klein auf Regeln sicher erlernen und beherzigen.

Was tun? So banal es klingt:

- **Bleiben Sie im Gespräch mit Ihrem Kind!**
  Lassen Sie sich von den Jugendlichen erklären, was sie an Ihren Medien fasziniert. Lassen Sie sich die Startseite des Community-Profils Ihres Kindes zeigen. Fragen Sie Ihr Kind, ob es sicher ist, dass seine Daten nicht missbraucht werden.
- **Interessieren Sie sich für die Medien Ihres Kindes!**
  Fürsorge betrifft auch virtuelle Räume. Trotz Gesetzen und Filtern kann es keinen hundertprozentigen Schutz geben. Deshalb ist Medienerziehung bereits im Grundschulalter wichtig. Ein Ergebnis des *gmk-Forums 2009* war die Forderung nach Medienbildung in den Ausbildungsplänen pädagogischer Fachkräfte, Sensibilisierung aller Erziehenden und Steigerung der Medienkompetenz. Unter dem Aspekt der Gewaltprävention sei hier verwiesen auf die Untersuchung von Wagner (2008) «Medienhandeln in Hauptschulmilieus», aus der sich erheblicher pädagogischer Handlungsbedarf ergibt und «dass dabei nicht allein auf Bedienfertigkeiten gesetzt wer-

20 Vgl. Gaidies 2009, S. 39ff.

21 Vgl. Palfrey/Gasser 2008, S. 4.

den kann, sondern dass die Rolle der Einzelnen in der Gesellschaft, die in starkem Maße mediatisiert ist, in Bildungsprozessen zu erörtern ist.[22]

Was tut der Jugendschutz?

Der Jugendmedienschutz, der mit seinen Freigaberegelungen fast allen bekannt ist, sucht nach einer vergleichbaren Regelung für Online-Angebote, um Kinder und Jugendliche vor jugendgefährdenden Inhalten, sexuellen Annäherungsversuchen, Cybermobbing zu schützen. Ein altersgerechter Zugang und geeignete Jugendschutzprogramme (z. B. gegen Rassenhass, Rechtsextremismus, Pornografie) sollten von den Betreibern bereitgestellt werden. Medienrechtler fordern die Verpflichtung zu sofortiger Löschung von Daten bei Missbrauch, ein Verfallsdatum für nutzergenerierten Content, sichere Standardeinstellungen von Sozialen Netzwerken, die erst aktiv geändert werden müssen.

10 Tipps zur sicheren Nutzung Sozialer Netzwerke
Soziale Netzwerke und andere interaktive Angebote sicher nutzen

Wer Soziale Netzwerke und andere Angebote nutzt, in denen man sich präsentiert und Bilder, Videos und persönliche Daten ins Netz stellt, kann durch richtiges Verhalten die Risiken verringern. Wenn Kinder beginnen, diese Angebote zu nutzen, ist die Unterstützung durch die Eltern wichtig. Grundsätzlich gilt:

1. **«Nur das preisgeben, von dem man will, dass es wirklich jeder weiß!»**[23]
2. **Vor der Anmeldung überprüfen: Was erwartet mich bei dem Angebot?**
   Vor der Anmeldung bei einem Sozialen Netzwerk oder einer Foto-, Video-Community ist es wichtig, sich über die Nutzungsbedingungen zu informieren:
   - Wer sind die Hauptnutzer des Angebots, z. B. Schüler oder Erwachsene?
   - Welche Nutzungsrechte (z. B. für Werbung) werden dem Betreiber an Daten, Fotos, Videos etc. eingeräumt?
   - Welche Beschwerdemöglichkeiten (z. B. bei Belästigung oder Datenmissbrauch durch Dritte) gibt es?
   - Löscht der Betreiber meine Daten, wenn ich mein Profil lösche?
3. **Nur unbedingt notwendige Daten angeben**
   Private Daten wie Adresse, Handy-/Telefonnummer nicht ins Netz stellen. Persönliche Daten können zweckentfremdet und missbraucht werden. Deswegen sollten Nutzer möglichst wenig sensible Daten einstellen und kri-

22 Wagner 2008, S. 207

23 Viktor Mayer-Schönberger (lehrt Politologie an der Havard-Universität, USA)

tisch prüfen, ob der eigene Nachname sichtbar sein muss. Vor allem Kinder und Jugendliche sollten dies vermeiden.

4. **Sicherheitseinstellungen «Meine Privatsphäre», «Sicherheit» etc. bearbeiten**
   Profil und Fotoalben nur für «Freunde» zugänglich machen. In Communitys in denen man Sicherheitsstufen einstellen kann, immer die höchste Sicherheitsstufe wählen. Und es gilt: Je mehr Freunde, desto weniger bleibt Privates privat.
5. **Vorsicht bei der Auswahl von Fotos und Kommentaren: Das Internet ist grundsätzlich für jeden zugänglich und es vergisst nichts.**
   Auch wenn Fotos, Videos oder Kommentare im Kreise der Community zunächst lustig zu sein scheinen: Wer etwas ins Netz einstellt, sollte bedenken, dass z. B. über Suchmaschinen prinzipiell jeder Zugang zu den Daten hat. Durch Kopien, die erstellt und verbreitet werden, ist das, was einmal im Internet ist, kaum zurück zu holen oder zu löschen. Bei Bewerbungen oder in neuen Beziehungen könnte Unbedachtes so zum Nachteil werden.
6. **Virtuelles ist real**
   Auch im Internet trifft man überall auf echte Menschen, und manchmal weiß man nicht genau, wer es ist. Es gibt keine zwei Welten. Unser Verhalten im Netz ist Teil des realen Lebens und bestes Beispiel dafür sind Profile in Communitys.
7. **Urheberrecht beachten**
   Bei der Gestaltung der eigenen Website oder des eigenen Profils sollte beachtet werden, dass Fotos, Musik, Videos und andere Werke, die man im Internet findet, in der Regel urheberrechtlich geschützt sind. Es gibt im Internet aber auch spezielle Seiten mit Fotos, Musik und anderen Werken, die ausdrücklich für die öffentliche Verwendung freigegeben sind (Freeware).
8. **«Recht am eigenen Bild» wahrnehmen und beachten**
   Fotos dürfen ohne Zustimmung der Abgebildeten nicht veröffentlicht werden. Bei Kindern ist auch die Erlaubnis der Eltern nötig. Ein Verstoß ist keine Bagatelle. Wer Bedenkliches über sich ohne seine Zustimmung im Netz feststellt, sollte die sofortige Entfernung einfordern. Geschieht dies nicht, sollte sich der Betroffene an den Betreiber der Plattform wenden und die Löschung verlangen.
9. **Das Internet ist große Freiheit, aber kein rechtsfreier Raum**
   Das Web 2.0 ist kein Freiraum für Beleidigung oder üble Nachrede. Das Internet ist größtmögliche Öffentlichkeit. Mobbingopfer sollten Übergriffe für die weiteren rechtlichen Schritte dokumentieren (z. B. durch Screenshot: «Strg-Alt-Druck»). Wer von Übergriffen betroffen ist, sollte unverzüglich den Betreiber informieren und die Entfernung der entsprechenden

Dokumente verlangen. Da sich Mobbingopfer nicht alleine helfen können, sollten Eltern ihrem Kind vermitteln, dass es immer zu Ihnen kommen kann, wenn ihm etwas Unangenehmes auffällt oder passiert.

10. **Beseitigungsanspruch von rechtsverletzenden Inhalten**
    Allgemeine Überwachungs- und Nachforschungspflichten der Betreiber Sozialer Netzwerke bestehen nicht. Durchgesetzt hat sich die «Störerhaftung»: D.h. der Betreiber kommt als Störer in Betracht, wenn er konkret auf einen rechtswidrigen Inhalt hingewiesen wird und nicht reagiert. Ein Beseitigungsanspruch gegen einen Plattformbetreiber muss also plausibel gemacht werden.

Links zum sicheren Gebrauch des Internets

- www.bundespruefstelle.de (u. a. Chancen und Risiken des Web 2.0, Medienempfehlungen und Linktipps. Service-Telefon 0228 376631)
- www.klicksafe.de (mehr Sicherheit im Internet durch Medienkompetenz)
- www.internet-abc.de (Wissen wie's geht! Zeigen wie's geht! für Kinder, Eltern, Pädagogen)
- www.internet-abc.de/eltern/newsletter-19-soziale-netzwerke-schuelervz.php (Soziale Netzwerke Newsletter Nr. 19/2009 Wie soziale Netzwerke funktionieren)
- www.chatten-ohne-risiko.net (sichere und gute Chat-Adressen, Sicherheitsregeln)

Literatur

Gaidies, Maren (2009): Sensibilisierungsangebote in sozialen Online-Netzwerken. Möglichkeiten und Wirkungen am Beispiel zweier Kampagnen im schülerVZ. In: Gapski/Gräßer 2009, S. 33–49.

Gapski, Harald/Gräßer, Lars (Hrsg.)(2009): Medienkompetent in Communitys. Sensibilisierungs-, Beratungs- und Lernangebote. *Schriftenreihe Medienkompetenz des Landes Nordrhein-Westfalen*, Band 8, München/Düsseldorf.

Gaschke, Susanne (2009): *Klick. Strategien gegen die digitale Verdummung*. Freiburg i. Br..

Lampert, Claudia (2009): Soziale Beziehungen im Netz. In: *projugend* 2/2009, S. 9–11.

Landesanstalt für Medien Nordrhein-Westfalen (LfM)(Hrsg.)(2009): Heranwachsen mit dem Social Web. Zur Rolle von Web 2.0-Angeboten im Alltag von Jugendlichen und jungen Erwachsenen. *Schriftenreihe Medienforschung* Band 62. Hrsg. Jan-Hinrik Schmidt, Uwe Hasebrink, Ingrid Paus-Hasebrink. Berlin.

Medienpädagogischer Forschungsverbund Südwest (Hrsg.)(November 2009): *JIM-Studie 2009. Jugend, Information, (Multi-)Media. Basisstudie zum Medienumgang 12-19-Jähriger in Deutschland.* Stuttgart.

– (2008): *KIM-Studie 2008. Kinder + Medien, Computer + Internet.* Stuttgart

Oehmichen, Ekkehardt/Schröter, Christian (2009): Die Differenzierung des Medienhandelns der jungen Generation. In: *media perspektiven* 8/2009, S. 432–450.

Palfrey, John/Gasser, Urs (2008): *Generation Internet. Die Digital Natives: Wie sie leben – Was sie denken – Wie sie arbeiten*. München

Schmidt, Jan-Hinrik (2009): Das Internet im Alltag von Heranwachsenden. In: *tv diskurs* 3/2009, S. 34–36.

Spoerl, Uwe (2009): Mein Name sei hase123. Chancen, Risiken und digitales Identitätsmanagement in sozialen Netzwerken. In: *tv diskurs* 3/2009, S. 42–45.

Wagner, Ulrike (Hrsg.)(2008): *Medienhandeln in Hauptschulmilieus. Mediale Interaktion und Produktion als Bildungsressource*. München.

Thomas Jäger / Julia Riebel

Cyberbullying im Fokus medienpädagogischer Aktivitäten

Cyberbullying: Ein neues Phänomen mit vielen Namen

Cyberbullying ist eine vergleichsweise neue Form von Mobbing in der Schule, deren Auftreten eng mit der Entwicklung neuer Informations- und Kommunikationstechnologien wie Mobiltelefonen, dem Internet und dem Web 2.0 einhergeht. Auch wenn die breite Öffentlichkeit, ausgelöst durch erste Medienberichte, erst im Herbst 2004 auf das Phänomen Cyberbullying aufmerksam wurde (vgl. Jäger, Arbinger & Lissmann, 2009), kann man davon ausgehen, dass es verschiedene Formen von Cyberbullying schon so lange gibt, wie neue Informations- und Kommunikationstechnologien. Der Begriff Cyberbullying findet in Deutschland – genau wie die Begriffe Cybermobbing oder Cyber-Mobbing – erst seit dem Jahr 2007 breitere Verwendung. Alternativ war bzw. ist der Gebrauch von Begriffen wie «Handy-Gewalt», «Handy-Mobbing», «Internet-Gewalt» und auch «Chatgewalt» gängig.

In der Auseinandersetzung mit Cyberbullying greifen viele der in Kontext von Mobbing und Gewalt in der Schule bewährten Maßnahmen und Konzepte nur bedingt, nicht zuletzt da viele Erwachsene – Lehrkräfte, Eltern wie auch Fachleute, die mit Kindern und Jungendlichen arbeiten – nur unzureichend über aktuelle Entwicklungen im Bereich Neuer Medien informiert sind und so nicht selten den Bezug zu einem wichtigen Teil der Lebenswirklichkeit von Kindern und Jugendlichen verlieren. Auch Kinder und Jugendliche selbst sind – anders als es viele Erwachsene erwarten – oftmals damit überfordert, die Risiken von neuen Medien ausreichend einschätzen zu können.

Neben einer kurzen, allgemeinen Einführung in definitorische Aspekte und der Häufigkeit von Cyberbullying in Deutschland, liegt der Schwerpunkt dieses Kapitels auf medienpädagogischen Aktivitäten in der Auseinandersetzung mit Cyberbullying. Dass die Auseinandersetzung mit Neuen Medien zwar eine unabdingbare Voraussetzung im Umgang mit Cyberbullying ist, alleine aber nicht greift, werden wir im abschließenden Teil dieses Kapitels noch kurz einige weitere Ansätze umreißen.

Was ist Cyberbullying?

Cyberbullying ist eine Form von Mobbing unter Kindern und Jugendlichen, so dass einige der klassischen definitorischen Kriterien für Mobbing auch für Cyberbullying gelten:

> «Ein/e Schüler/in ist Gewalt ausgesetzt oder wird gemobbt, wenn er/sie wiederholt und über eine längere Zeit den negativen Handlungen eines/einer oder mehrerer anderer Schüler/innen ausgesetzt ist. Negative Handlungen können begangen werden mit Worten (Drohen, Spotten etc.) durch Körperkontakt (Schlagen, Stoßen etc.) bzw. ohne Worte oder Körperkontakt (Gesten, Ausschluss aus einer Gruppe etc.). Der Begriff des Mobbing wird hingegen nicht gebraucht, wenn zwei Schüler/innen, die körperlich bzw. seelisch gleich stark sind, miteinander kämpfen oder streiten. Es muss also immer ein Ungleichgewicht der Kräfte vorliegen.»[1]

Diese Definition kann sinngemäß auch auf das Cyberbullying übertragen werden. Hierbei geschieht die Schädigung des Opfers durch den Täter dann unter Zuhilfenahme Neuer Medien, also beispielsweise über E-Mails, Instant Messages, Chatnachrichten, SMS und MMS oder auf sozialen Netzwerkseiten.

Wie kann Cyberbullying nun konkret aussehen? Grundsätzlich sind zwei Wege denkbar, verschiedene Formen von Cyberbullying voneinander abzugrenzen: nach Art des Mediums oder nach Art des Angriffs. Das erstgenannte Vorgehen schlagen beispielsweise Smith u. a. (2008) ein, indem sie zwischen folgenden sieben Formen unterscheiden: via SMS, via E-Mail, am Telefon, durch Verbreitung von Bildern und Videoclips, in Chatrooms, via Instant Messaging und auf Webseiten. Ein solches Vorgehen birgt jedoch den Nachteil, dass durch die zunehmende Verschmelzung von Technologien (ein mit dem Handy aufgezeichnetes Bild kann per E-Mail verbreitet und dann auf eine Webseite gestellt werden, Mitschnitte aus Chats können per SMS verbreitet werden, etc.) ein einziger Vorfall durchaus mehreren Kategorien zugeordnet werden kann.

Ordnet man Vorfälle nach Art des Mediums, so ist keine sich klare, disjunkte Klassenzuordnung gewährleistet (Kallus & Janke 1999). Die in einer Onlinekonferenz zu diesem Thema befragten Experten (zur Diskussion vgl. Ortega, Mora-Merchán & Jäger, 2007) stimmen dahingehend überein, dass eine *Klassifikation nach Art des Angriffs* vorzuziehen sei. Hierfür existiert zum jetzigen Zeitpunkt lediglich die von Willard (2006) postulierte Taxonomie. Sie verfolgt das Ziel, einerseits verschiedene Unterformen von Cyberbullying gegeneinander abzugrenzen, andererseits aber auch besser zu verdeutlichen, wie Cyberbullying konkret aussehen kann. Willard unterscheidet zwischen den folgenden Kategorien von Cyberbullying: *Fla-*

---

1 Hanewinkel & Knaack, 1997, S. 34.

ming (dt. Beleidigung/«Brandrede»), *Harassment* (dt. Bedrohung, Belästigung), *Denigration (dt. Verunglimpfung); Impersonation* (dt. betrügerisches Auftreten), *Outing and Trickery* (dt. in etwa Vertrauensbruch) sowie *Exclusion* (dt. Ausschluss).

In einer empirischen Untersuchung aufgrund von 239 Situationsbeschreibungen betroffener Opfer konnten Riebel und Jäger (2009) zeigen, dass diese bisher rein theoretisch postulierte Unterteilung das Spektrum an Vorfällen umfangreich abdecken kann: Lediglich 2,9 % aller geschilderten Fälle von Cyberbullying ließen sich keiner der oben genannten Kategorien zuordnen.

Die Häufigkeit von Cyberbullying in Deutschland

Zur Bestimmung genauer Häufigkeitsraten sind groß angelegte, für die Gesamtbevölkerung repräsentative Untersuchungen vonnöten. Solche existieren bis dato weder für die Bundesrepublik Deutschland noch für andere europäische Länder. Dennoch gibt es erste Bestandsaufnahmen, die eine grobe Einschätzung der Situation unter deutschen Schülern ermöglichen, so z. B. die im Jahr 2007 durchgeführte und im Jahr 2009 replizierte Onlinebefragung von jeweils ca. 2000 Schülern durch das Zentrum für empirische pädagogische Forschung der Universität Koblenz-Landau. Dabei zeigte sich, dass 5,4% der Befragten als Opfer von schwerem Cyberbullying betrachtet werden können, wobei von schwerem Cyberbullying dann gesprochen wird, wenn das Opfer mindestens einmal pro Woche in irgendeiner Form mittels Neuer Medien belästigt wird. Weitere 14,1% der Befragten sind ebenfalls Opfer von Beleidigungen, Drohungen, Bloßstellungen etc. im Internet oder per Handy, allerdings seltener als einmal wöchentlich, so dass das diagnostische Kriterium für Cyberbullying im engeren Sinne nicht erfüllt ist. Dass diese Personen jedoch unter den Vorfällen ebenfalls erheblich leiden, kann nicht in Abrede gestellt werden (Riebel, Jäger & Fischer, 2009).

Untersuchungen zu Cyberbullying sind grundsätzlich deshalb schwierig umzusetzen, da sich die virtuelle Welt in einem ständigen Wandel befindet und sich für Kinder und Jugendliche fortwährend neue Wege eröffnen, miteinander in Kontakt zu treten. Neue Technologien laden jedoch seit jeher auch immer dazu ein, für kriminelle Zwecke Missbraucht zu werden (Drucker & Gumpert, 2000). Die Ausbreitung von Cyberbullying und anderen Formen virtueller Gewalt ist somit stark verknüpft mit der Ausbreitung der ihnen zugrunde liegenden Kommunikationsformen.

Cyberbullying als Gegenstand von Medienpädagogik

Wie eingangs ausgeführt ist Cyberbullying ein Phänomen, das zwar einige der Merkmale von «traditionellem» Mobbing aufweist, darüber hinaus aber ganz klar mit der Entwicklung und zunehmenden Verbreitung von neuen Informations- und Kommunikationstechnologien wie Mobiltelefonen und Internet zusammenhängt.

Kennzeichnend hierfür ist insbesondere das Aufkommen einer Reihe von neuen, dynamischen, auf aktive Beteiligung der User abzielenden Nutzungsformen des Internets, die oftmals unter dem Begriff Web 2.0 zusammengefasst werden (O'Reilly, 2005). Beispiele für solche neuen Nutzungsformen sind Soziale Netzwerke wie schülerVZ, studiVZ oder «wer-kennt-wen», Videoportale wie Youtube, Weblogs oder Podcasts.

Viele Erwachsene – Eltern, Lehrerkräfte, wie auch Fachkräfte, die mit Kindern und Jugendlichen arbeiten – schaffen es mittlerweile nur mit erheblicher Mühe, mit neueren Entwicklungen im Medienbereich Schritt zu halten. Im Zusammenhang mit Erwachsenen sprechen Fachleute oft von «Digital Immigrants» (Prensky, 2001) – «Immigranten» in einer digitalen Gesellschaft, in der sie sich nicht heimisch fühlen – und weisen hin auf eine zunehmende digitale Spaltung zwischen den Generationen. Dies hat nicht nur zur Konsequenz, dass es Erwachsenen immer schwerer fällt, Kinder und Jugendliche vor Risiken zu schützen, die durch Neue Medien aufkommen, sie verlieren darüber hinaus auch in zunehmendem Maß den Zugang zur Lebenswirklichkeit von Kindern und Jugendlichen.

Es wäre jedoch ein Trugschluss, anzunehmen, dass «Digital Natives» (Prensky, 2001) – Kinder und Jugendliche, die bereits mit neuen Medien aufgewachsen sind – auch deren konkrete Risiken ausreichend einschätzen und bewältigen können. Wie verschiedene Studien zeigen, ist zwar der alltägliche Gebrauch von Mobiltelefonen und dem Internet für fast alle Kinder und Jugendlichen eine Selbstverständlichkeit, gleichzeitig jedoch aber auch von einem hohen Maß an Naivität und Sorglosigkeit gerade im Umgang mit persönlichen Daten gekennzeichnet. So scheinen Selbstdarstellung und Selbstinszenierung in Sozialen Netzwerken – oftmals eine wichtige Voraussetzung dafür, unter Gleichaltrigen wahrgenommen zu werden, Freundschaften zu pflegen und neue Freunde zu finden – für viele Kinder und Jugendliche einen höheren Stellenwert zu haben, als der Schutz der eigenen Privatsphäre (MPFG, 2008).

Im Folgenden umreißen wir einige Schwerpunkte der gegenwärtig in Deutschland vorherrschenden medienpädagogischen Aktivitäten in der Arbeit mit Kindern und Jugendlichen, Eltern und Lehrkräften. Nur wenige Angebote beschäftigen sich explizit mit dem Thema Cyberbullying mit all seinen Unterformen. Der Schwerpunkt der meisten Materialien, Webseiten, Fortbildungen und anderen Angeboten liegt meist darin, Schüler, Eltern und Lehrkräfte in neuere Entwicklungen im Bereich von Informations- und Kommunikationstechnologien einzuführen und sie für mögliche Risiken im Umgang mit neuen Medien zu sensibilisieren.

Angebote für Kinder und Jugendliche

In Deutschland gibt es gegenwärtig eine ganze Reihe von Angeboten für Kinder und Jugendliche, die einen kritischen und sicheren Umgang mit neuen Medien

sowie dem Umgang mit und dem Schutz vor Cyberbullying auseinandersetzen. Ein Großteil in diesem Zusammenhang angebotenen Maßnahmen und Verhaltenstipps zielt darauf ab, Kinder und Jugendliche zu einer selbstbestimmten Bewältigung von kritischen Situationen und auftretenden Problemen zu befähigen. Im englischen und zunehmend auch im deutschen Sprachraum werden solche Angebote unter dem Begriff «*Empowerment*» zusammengefasst, abgeleitet von dem englischen Begriff «to empower», der mit «befähigen», «bevollmächtigen» oder «ermächtigen» übersetzt werden kann.

Kritischer und sicherer Umgang mit dem Internet

Viele Angebote für Kinder und Jugendliche versuchen, für die Risiken des Internets, insbesondere den Umgang mit persönlichen Daten zu sensibilisieren. Ein gutes Beispiel ist in diesem Zusammenhang die Kampagne «*Watch Your Web*». Im Vordergrund der Kampagne stehen die folgenden vier Kernbotschaften für einen Umgang mit persönlichen Daten im Internet: «Das Internet vergisst nichts!», «Was einmal im Internet steht, kann sich schnell verbreiten!», «Virtuelles ist real!» und «Im Internet ist man nicht immer ungestört!». Herzstück der «*Watch Your Web*» Kampagne sind vier Videoclips, die die Kernbotschaften der Kampagne veranschaulichen.

Ebenfalls auf einen sicheren und kritischen Umgang mit dem Internet ab zielt «*Chatten ohne Risiko*». Die Initiative leitet Kinder und Jugendliche mit Hilfe von umfangreichen Materialien zu einem angemessen Umgang mit Chatrooms an. Eines von einer Reihe von Angeboten ist der «*Sicher chatten! Spickzettel für Kinder*», der Kinder bis 13 Jahre zu einem kritischem und sicheren Umgang mit Chatrooms anleitet. Dabei wird ihnen u. a. nahegelegt, am Anfang nicht alleine, sondern gemeinsam mit Eltern oder Geschwistern zu chatten, eher von Erwachsenen betreute Chats zu besuchen und sich von Chats für Erwachsene fernzuhalten. Betont wird ebenfalls, dass es wichtig ist, beim Chatten anonym zu bleiben, mit einem Nickname zu chatten und niemals persönliche Informationen wie Adresse oder den eigenen Namen preiszugeben und dem, was Andere über sich in Chats berichten mit einem gesunden Misstrauen zu begegnen.

Wie sollten betroffene Kinder und Jugendliche mit Cyberbullying umgehen?

Kinder und Jugendlichen, die zur Zielscheibe von Cyberbullying werden, sollten auf eine belästigende E-Mail oder SMS nicht antworten und so den Angreifer, der von der Reaktion seines Opfers «lebt», ins Leere laufen lassen. Angreifer sollten blockiert oder gesperrt werden, was viele Soziale Netzwerke oder auch Mobilfunkanbieter mittlerweile ermöglichen. Ferner sollten Beweise gesichert werden, zum Beispiel durch das Erstellen einer Kopie einer belästigenden E-Mail oder das Sichern einer SMS. Angreifer hinterlassen auch im Internet oder über Mobiltelefone Spuren und sind hierdurch oft identifizierbar. Betroffenen sollten sich mit Problemen möglichst an Erwachsene wenden. Da die Hemmschelle für Betroffene oft sehr hoch ist, kann es sinnvoll sein, anonyme Beratungsangebote in Anspruch zu nehmen.

Verhaltenstipps zum Umgang mit Cyberbullying erhalten Kinder und Jugendliche auf einer ganzen Reihe von Webseiten, in Broschüren, Flyern und anderen Materialien. Exemplarisch seien hier die von der Initiative «*ServiceBureau*» zur Verfügung gestellten Online-Broschüren «Cyberbullying» (2008) und «Happy Slapping & Co» (2009) genannt. Umfangreiche Materialen zu verschiedensten Aspekten im Zusammenhang mit neuen Medien wie dem kritischen Umgang mit dem Internet, zu Chatrooms, Handys, Web 2.0 sowie Cyberbullying bietet die von der EU geförderte Initiative «*Klicksafe*» an. Eine Reihe von ansprechenden Comic-Flyern wie z. B. «Fertigmachen ist tabu», «... und redest selber von Respekt und Würde» oder «Voll Porno» bietet die Initiative «*Handysektor*» an.

Angebote für Eltern

Eltern kommt in der Vorbeugung von und dem Umgang mit Cyberbullying eine zentrale Bedeutung zu. Wie bereits erwähnt, ist das Wissen vieler Eltern über Neue Medien vergleichsweise gering, so dass sie die Risiken des Internet und von Mobiltelefonen oftmals nur unzureichend einschätzen können. Vielen Eltern gelingt es nicht mehr, ihre Kinder ausreichend zu beaufsichtigen und damit ihrer Verantwortung, gerade jüngere Kinder vor Risiken zu schützen, gerecht zu werden. Darüber hinaus wird nur bei einem vergleichsweise geringen Teil der Kinder und Jugendlichen die Nutzung des Internets durch Erwachsene kontrolliert.

Vermittlung von Medienkompetenz für Eltern

Um ihre Kinder zu einem angemessenen und risikobewussten Umgang mit neuen Medien anleiten zu können und sie auf mögliche Risiken vorbereiten zu können, müssen Eltern zunächst selbst mit grundlegenden Begrifflichkeiten, Beispielen für Neue Medien, deren Nutzungsformen, Chancen und Risiken sowie grundlegenden Aspekten der Datensicherheit und der bestehenden rechtlichen Situation vertraut gemacht werden.

Fast alle für Eltern zur Verfügung stehenden Angebote decken diese Bereiche ab, einige gehen darüber hinaus noch auf weitere das Aspekte wie Werteerziehung oder die Schaffung eines offenen und vertrauensvollen Verhältnisses zwischen Eltern und Kindern ein. Ein besonders umfangreiches Angebot für Eltern umfasst die Webseite der Aktion «*SCHAU HIN!*», die versucht, eine Brücke zwischen Eltern und ihren Kindern bilden will, indem sie Eltern praktische Orientierungshilfen zur Mediennutzung und -erziehung gibt und den Dialog zwischen Eltern und Kindern fördert.

Eltern stehen auch im Fokus einer Reihe von *Fortbildungsangeboten*. So unterstützt zum Beispiel die Initiative Eltern+Medien der Landesanstalt für Medien Nordrhein-Westfalen Schulen oder Kindergärten bei der Planung und Organisation von Elternabenden zur Medienerziehung und stellt medienpädagogisch geschulte Referent/innen zur Verfügung. Basierend auf den Konzepten von Eltern+Medien bietet Klicksafe eine Handreichung zur Durchführung von Elternabenden zu den Themen «Internet» und «Handy» an (klicksafe, 2009).

Was können Eltern tun, deren Kinder von Cyberbullying betroffen sind?

Eltern von Kindern und Jugendlichen, die von Cyberbullying betroffen sind, sollten – ähnlich wie Eltern, deren Kinder von Mobbing oder Gewalt betroffen sind – versuchen, eine vertrauensvolle Atmosphäre herzustellen und ihr Kind darin zu bestärken, offen über einen Vorfall zu reden. Viele Kinder scheuen davor zurück, sich ihren Eltern zu öffnen, weil sie Angst haben, dass sie überreagieren und so nur alles nur noch schlimmer machen. Kinder jedoch brauchen vor allem ein offenes Ohr und das Gefühl, ernst genommen zu werden, auch um dem im Rahmen von Mobbing-, Gewalt- oder Cyberbullying-Vorfällen entstehenden Gefühl der Hilflosigkeit, etwas entgegensetzen zu können. Ein Internet- oder Handyverbot hilft nicht weiter, sondern bewirkt eher, dass der Betroffene künftige Vorfälle verschweigt. Das Vorgehen sollte, wenn irgend möglich, mit dem Betroffenen gemeinsam geplant werden. Um etwas gegen den Täter in der Hand zu haben oder um ihn identifizieren zu können, sollten Beweise wie Screenshots von E-Mails oder Postings, Kopien von SMSs etc. gesammelt werden. Da die meisten Eltern nur unzureichend mit Neuen Medien vertraut sind und auch über keine angemessenen Strategien verfügen, empfiehlt es sich, Rat und Hilfe einzuholen, zum Beispiel bei Beratungsstellen oder auch in der Schule, wo Schulsozialarbeiter, Vertrauenslehrer, Streitschlichter oder geschulte Lehrkräfte Rat zum weiteren Vorgehen geben können. Gelingt es den Täter zu identifizieren, kann es sinnvoll sein, die Eltern oder Lehrer des Täters zu verständigen, um gemeinsam das weitere Vorgehen zu diskutieren (vgl. Aftab, 1999; Saferinternet.at, 2006; Willard, 2007).

Angebote für Schulen und Lehrkräfte

Neben Eltern haben Schulen und Lehrkräfte durch ihren täglichen Kontakt mit Kindern und Jugendlichen eine Schlüsselposition in der Prävention von und Auseinandersetzung mit Cyberbullying inne. Ähnlich wie für Eltern gilt auch für viele Lehrkräfte, dass sie oft nur unzureichend über neuere Entwicklungen im Bereich der Informations- und Kommunikationstechnologien informiert sind, und sich daher weder ein umfassendes Bild von der Lebenswelt von Kindern und Jugendlichen machen können, geschweige denn sie auf mögliche Risiken vorbereiten können.

Lehreraus- und Fortbildung

Viele Lehrer fühlen sich im Umgang mit neuen Medien und Problematiken wie Cyberbullying nicht ausreichend vorbereitet, obwohl sich Schüler auch in diesem Bereich kompetente Lehrer wünschen. Wie eine Expertenbefragung im Rahmen des EU-Projektes «CyberTraining» ergab (vgl. Jäger, 2009), sind nach Ansicht der befragten Experten neue Informations- und Kommunikationstechnologien nicht nur in Deutschland, sondern auch in anderen europäischen Ländern bisher noch nicht in einem ausreichenden Maß Gegenstand von Lehreraus- und Fortbildungen.

In den meisten Bundesländern können Lehrkräfte Fortbildungsangebote in Anspruch nehmen. Erwähnenswert ist in diesem Zusammenhang u. a. das 10-Punkte-Programm «Medienkompetenz macht Schule» des Landes Rheinland-Pfalz, in dem Lehrkräfte zu Jugendmedienschutzberatern ausgebildet werden. Jede Schule in Rheinland-Pfalz hat die Möglichkeit, bis zu zwei Mitglieder des Kollegiums schulen zu lassen, damit diese an ihrer Schule als Multiplikatoren tätig werden können und ihr Kollegium zum Beispiel über Möglichkeiten und Risiken neuer Medien informieren können, als Ansprechpartner bereit stehen können und als Schnittstelle zwischen ihrer Schule und einem landesweiten Netzwerk zur Förderung der Medienkompetenz fungieren können (vgl. Lonz, 2009). Ähnliche Fortbildungen – wie beispielsweise der Blended-Learning-Kurs «Sicher im Netz» der Medienberatung NRW – werden auch in anderen Bundesländern angeboten.

Schulumfassende Programme

Wie von einer Vielzahl von Studien belegt, gehören schulumfassende Programme – sogenannte «Whole School Approaches» – wie zum Beispiel das Programm von Olweus (2006) zu den effektivsten Maßnahmen zur Prävention bzw. Reduzierung von Gewalt und Mobbing in der Schule (Baldry & Farrington, 2007). Schulumfassende Programme zeichnen sich u. a. dadurch aus, dass sie die Schule als Ganzes, d.h. Schüler, Lehrkräfte, die Schulleitung und Eltern sowie das Umfeld der Schule in den Präventionsprozess mit einbeziehen und ein ganzes Bündel aufeinander abgestimmter und in eine übergeordnete Schulphilosophie eingebettete Maßnahmen umfassen (cp. Deklerck & Deboutte, 2007). Es erscheint sinnvoll, Ansätze zum Thema Cyberbullying in existierende, schulumfassende Programme, die in vielen Schulen bereits umgesetzt wurden, einzubetten.

Im Zusammenhang mit der Prävention von bzw. den Umgang mit Cyberbullying kann ein schulumfassendes Programm Elemente wie zum Beispiel die Sensibilisierung der Schülerinnen und Schüler für das Thema Cyberbullying durch offensive Thematisierung im Unterricht, die Sensibilisierung der Eltern, beispielsweise auf Elternabenden, den Aufbau einer konstruktiven Konfliktkultur und eines wertschätzenden Klimas an der Schule sowie der Aufbau einer Feedbackkultur an der Schule umfassen (vgl. Bläsi, o.D.). Weiterhin sinnvoll sind u. a. die Implementierung eines Verhaltenskodex und Kultur des respektvollen Umgangs, die Ernennung von Anti-Mobbing-Beauftragten und Streitschlichtern sowie deren Schulung bezüglich Neuer Medien und Cyberbullying, der gezielte, positive Einsatz von neuen Medien im Unterricht (vgl. Klicksafe, 2009).

Ein gutes Beispiel für ein schulumfassendes Präventionsprojekt ist das Projekt «Saubere Handys» der Alfred-Teves-Schule in Gifhorn, Niedersachsen, das bundesweit große Aufmerksamkeit auf sich gezogen hat. Es sieht u. a. die Gründung einer aus Eltern, Lehrkräften, Schülervertretern und der Schulleitung bestehenden Projektgruppe, Thematisierung der Problematik im Rahmen einer pädagogischen Konferenz für Lehrkräfte bzw. Informations- und Diskussionsveranstaltungen für Eltern, den einer Handy-Ordnung, die Integration von Gewaltprävention und Medienkompetenz in den Unterricht, die Einbeziehung von Schülern als Experten und eine weiträumig Vernetzung mit anderen Schulen und Institutionen vor.

Wie sollten Lehrkräfte und Schulen Cyberbullying begegnen?

Lehrkräfte, die darauf aufmerksam werden, dass Schüler Opfer von Cyberbullying werden, sollten mit den Betroffenen reden und gemeinsam mit ihnen nach Lösungen suchen. Es empfiehlt sich, Eltern einzubinden – die Eltern des betroffenen Schülers wie auch die Eltern der übrigen Schüler einer Klasse beispielsweise in Form eines Elternabends oder einer Informationsveranstaltung. Das Thema Cyberbullying sollte auf Schulebene und auch im Unterricht thematisiert werden. Konkrete Vorfälle sollten nicht totgeschwiegen werden, sie können vielmehr eine Chance sein, Schüler für Cyberbullying und die Risiken Neuer Medien zu sensibilisieren. Liegt ein Verdacht hinsichtlich einer strafrechtlich relevanten Tat vor, kann es auch sinnvoll sein, die Polizei einzuschalten (vgl. Saferinternet.at, 2009).

Weiterführende Hinweise zum konkreten Umgang mit Cyberbullying finden sich in einer Reihe von Broschüren und Manualen für Lehrkräfte, die teilweise auch für den Einsatz im Unterricht gedacht sind. Nennenswert ist vor allem das Schulpaket «Aktiv gegen Cyber-Mobbing. Vorbeugen – Erkennen – Handeln» von Saferinternet.at (2009). Ein Lehrhandbuch bestehend aus neun Basismodulen erweitert durch die beiden Zusatzmodule «Was tun bei Cyber-Mobbing» und «Social Communities» bietet die von der EU geförderte Initiative klicksafe an (klicksafe, 2008). Jedes der Module beinhaltet Sachinformationen, Links, methodisch-didaktischen Hinweise sowie Arbeitsblättern für den Unterricht.

Resümee und Ausblick

Cyberbullying ist eine vergleichsweise neue Form von Mobbing in der Schule, deren Auftreten mit der Entwicklung neuer Informations- und Kommunikationstechnologien wie Mobiltelefonen, dem Internet und dem Web 2.0 einhergeht. Wie dargelegt wurde, erfüllt Cyberbullying die meisten Kriterien, die auch für «traditionelles» Mobbing in der Schule gelten. Dennoch greifen bewährte Methoden zur Prävention von Mobbing alleine nicht. Das Verständnis von und der Umgang mit Cyberbullying erfordert vielmehr ein grundlegendes Verständnis von Neuen Medien, deren Risiken und Chancen wie auch Strategien im Umgang mit auftretenden Problemen.

Der Schwerpunkt dieses Kapitels lag auf medienpädagogischen Ansätzen im Umgang mit Cyberbullying. Wie dargelegt wurde, sind sowohl Erwachsene, die «Digital Immigrants», wie auch Kinder und Jugendliche, die «Digital Natives» im Umgang mit Neuen Medien und ihren Risiken oftmals massiv überfordert. Während viele Erwachsene, wenn überhaupt, es nur noch mit erheblicher Mühe schaffen, mit neueren Entwicklungen im Medienbereich Schritt zu halten und so nicht selten den Zugang zur Lebenswirklichkeit von Kindern und Jugendlichen, scheint für viele Kinder und Jugendliche der Umgang mit Neuen Medien und gerade persönlichen Daten durch ein hohes Maß an Naivität und Vertrauensseligkeit gekennzeichnet zu sein. Die Vermittlung von grundlegenden Informationen zu neuen Medien, einem reflektierten und kritischen Umgang mit dem Internet und Mobiltelefonen sowie Strategien zur Bewältigung von Cyberbullying sind daher eine unabdingbare Voraussetzung, um Cyberbullying adäquat begegnen zu können.

So herausragend die Rolle von Medienpädagogik im Umgang mit Cyberbullying auch sein mag, so wenig reicht Medienpädagogik alleine aus, um einer derart komplexen und vielschichtigen Problematik wie Cyberbullying Herr zu werden. Wie die Prävention von Gewalt und Mobbing in der Schule auch, sollte die Prävention von Cyberbullying möglichst ein ganzes Bündel von auf unterschiedlichen Ebenen angesiedelten Maßnahmen umfassen (vgl. Jäger, Lissmann & Arbinger, 2009).

Abschließend sei daher auf einige weitere über medienpädagogische Maßnahmen hinausgehende Ansatzpunkte und Diskussionspunkte verwiesen.

Gegenstand von Diskussionen unter Experten wie auch in der Öffentlichkeit ist beispielsweise die Frage, inwieweit die bestehende *Gesetzgebung* den Anforderungen einer sich rasant ändernden Medienlandschaft noch gerecht wird (vgl. Tagesschau, März 2009). Anders als in anderen europäischen Ländern sind sich Experten in Deutschland jedoch weitgehend darüber einig, dass der Großteile der Cyberbullying-Vorfälle bereits durch das Strafgesetzbuch (StGB) und den Jugendmedienschutz-Staatsvertrag (JMStV) abgedeckt werden (vgl. Grimm, Rhein & Clausen-Muradian, 2008). Da sich jedoch die wenigsten Eltern, Lehrkräfte wie auch Kinder und Jugendliche über die rechtlichen Rahmenbedingungen im Klaren sind, erscheint hier ein Handlungsbedarf, dem – wie bereits erwähnt – die überwiegende Mehrzahl an Angeboten auch gerecht wird.

Hinzuweisen ist ebenfalls auf die wichtige *Rolle der Internet- und Mobilfunkanbieter*, von denen erwartet wird, dass sie Verantwortung für ihre User übernehmen, indem sie beispielsweise angemessene Verhaltenskodizes, Datenschutzbestimmungen, Privatsphäreneinstellungen, Filter- und Schutzprogramme oder Meldesysteme für Regelverstöße bereitstellen. In Deutschland sind die Verantwortlichkeiten von Internet- und Mobilfunkanbietern im Telemediengesetz (TMG) und Jugendmedienschutz-Staatsvertrag (JMStV) spezifiziert. Das hierin vorgesehene Modell der regulierten Selbstregulierung wird in Form von Selbstkontrollorganisationen wie der Freiwillige Selbstkontrolle Multimedia-Diensteanbieter (FSM) umgesetzt. Neben Verhaltenskodizes für Betreiber von Chats, Social Communities oder Mobilfunk, bietet die FSM eine Beschwerdestelle an. Auch auf europäischer Ebene wurde mit den «Safer Social Networking Principles for the EU», einem Abkommen zwischen der Europäischen Kommission und den führenden Sozialen Netzwerken ein Schritt in Richtung eines verbindlichen, europaweiten Verhaltenskodexes gemacht.

Zuletzt hingewiesen sei auf eine anhaltende, nicht nur in Deutschland kontrovers geführte Diskussion hinsichtlich *Verbote und Sanktionen* in Bezug auf Neue Medien. Vielfach eingefordert und vereinzelt bereits umgesetzt wird ein Handyverbot an Schulen, um Cyberbullying, «Happy Slapping» – dem Filmen und Verbreiten von gewalttätigen Übergriffen – oder dem Austausch von Gewaltvideos Vorschub zu leisten. Experten argumentieren, dass ein Handyverbot kontrainduziert ist, da es einer aktiven Auseinandersetzung mit den Risiken von Neuen Medien entgegenwirkt und Probleme eher auf den außerschulischen Bereich verschiebt. Darüber hinaus gibt es Hinweise, dass ein Handyverbot keine Effektive Maßnahme ist, um Cyberbullying in einer Schule signifikant zu reduzieren (vgl. Steffgen, König & Pfetsch, 2009).

Ein Überblick über in Deutschland zum Einsatz kommende Maßnahmen wurde im Rahmen des EU-Projektes «CyberTraining» erarbeitet und online veröffentlicht (Jäger, Lissmann & Arbinger, 2009).

Wenn es auch bereits eine Vielzahl von Ansätzen und Materialen gibt, so darf nicht vergessen werden, dass die wissenschaftliche und praktische Auseinandersetzung mit Cyberbullying noch in einem vergleichsweise frühen Stadium ist, so dass es gegenwärtig noch schwierig ist, aussagen über die Effektivität von Maßnahmen zu machen. Weiterführende Erkenntnisse diesbezüglich sind in naher Zukunft zu erwarten von europäischen Forschungsnetzwerken wie der COST Initiative «Cyberbullying», einem Zusammenschluss von Wissenschaftlern aus 28 Europäischen Staaten und Australien.

Literatur

Aftab, P. (1999). The Parent's Guide to Protecting Your Children in Cyberspace. New York, NY: McGraw Hill.

Baldry, A. C., & Farrington, D. P. (2007). Effectiveness of programs to prevent school bullying. Victims and Offenders, 2, 183–204.

Bläsi (o.D.). Cyber-Mobbing – Was Schule tun kann und muss. Verfügbar unter http://www.kultusportal-bw.de/servlet/PB/-s/1ggf8rn1xnzcog1v3bzx41o1k5wpt8jhiy/menu/1229506/index.html [20.12.2009]

Chatten ohne Risiko (o.D.). Sicher chatten! Spickzettel für Kinder. Verfügbar unter http://www.jugendschutz.net/pdf/chat_spickzettel_kids.pdf [20.12.2009]

Chatten ohne Risiko? Verfügbar unter http://www.chatten-ohne-risiko.de [20.12.2009]

COST ACTION IS0801 «Cyberbullying: coping with negative and enhancing positive uses of new technologies, in relationships in educational settings». Verfügbar unter http://www.gold.ac.uk/is0801/ [24.12.2009]

Deklerck, J. & Deboutte, G. (2007). What does the whole school approach stand for? In H. Cowie et al. (Eds.). School Bullying and Violence Taking Action (VISTA). Verfügbar unter http://vistop.org/ebook [24.12.2009]

Deutscher Kinderschutzbund, Landesverband Baybern, e.v. (o.D.). Medienkurse für Eltern und Erziehende «Wege durch den Mediendschungel» – Kinder und Jugendliche sicher in der Medienwelt begleiten. Verfügbar unter http://www.kinderschutzbund-bayern.de/fachinfos/medienkompetenz.html [24.12.2009]

Drucker, S. J. & Gumpert, G. (2000): Cybercrime and Punishment. Critical Studies in Media Communication, 17(2), S. 133–158.

Grimm, P., Rhein, S & Clausen-Muradian, E. (2008). Gewalt im Web 2.0. Der Umgang Jugendlicher mit gewalthaltigen Inhalten und Cyber-Mobbing sowie die rechtliche Einordnung der Problematik. Schriftenreihe der NLM Vistas, Berlin.

Handysektor. Verfügbar unter www.handysektor.de/ [20.12.2009]

Hanewinkel, R. & Knaack, R. (1997). Mobbing: Eine Fragebogenstudie zum Ausmaß von Aggression und Gewalt an Schulen. Empirische Pädagogik, 11, 403–422

Jäger, T. (2009). Experts' Questioning and Online Focus Group «Cyberbullying» – Outcomes and Implications. Ergebnisse einer Expertenbfragung im Rahmen des EU-Projektes «CyberTraining». Verfügbar unter http://www.cybertraining-project.org/ [20.12.2009]

Jäger, T., Arbinger, R. & Lissmann, U. (2009). Cyberbullying – The situation in Germany. Nationaler Report erstellt im Rahmen des EU-Projektes «CyberTraining». Verfügbar unter http://www.cybertraining-project.org [20.12.2009]

Jäger, T., Lissmann, U. & Arbinger, R. (2009). Cyberbullying – Approaches in Germany. Nationaler Report erstellt im Rahmen des EU-Projektes «CyberTraining». Verfügbar unter http://www.cybertraining-project.org [20.12.2009]

Kallus, K. W.& Janke, W. (1999): Klassenzuordnung. In: Jäger, R. S./Petermann, F. (Hrsg.): Psychologische Diagnostik. Weinheim: Beltz, S. 170–186.

Klicksafe (2008). Knowhow für junge User. Mehr Sicherheit im Umgang mit dem World Wide Web. Materialien für den Unterricht. Verfügbar unter https://www.klicksafe.de/service/schule-und-unterricht/lehrerhandbuch/index.html [20.12.2009]

Klicksafe (2009). Elternabende Internet + Handy. Handreichung für Referentinnen und Referenten. Verfügbar unter https://www.klicksafe.de/cms/upload/user-data/pdf/klicksafe_Materialien/elternabende_internethandy_komplett.pdf [20.12.2009]

Klicksafe (2009). Was tun bei Cyberbullying. Zusatzmodul zu «Knowhow für junge User». Verfügbar unter https://www.klicksafe.de/service/schule-und-unterricht/lehrerhandbuch/index.html [20.12.2009]

Klicksafe (o.D.). klicksafe-Spot «Wo ist Klaus?» Verfügbar unter https://www.klicksafe.de/ueber-klicksafe/downloads/klicksafe-werbespots/download_wo-ist-klaus.html [20.12.2009]

Klicksafe. Verfügbar unter https://www.klicksafe.de [20.12.2009]

Medienpädagogischer Forschungsverbund Südwest (MPFS) (2008). JIM-Studie. Jugend, Information, (Multi-) Media. Basisuntersuchung zum Medienumgang 12- bis 10-jähriger. Verfügbar unter http://www.mpfs.de/fileadmin/JIM-pdf08/JIM-Studie_2008.pdf [20.12.2009]

Medienpädagogischer Forschungsverbund Südwest (MPFS) (2008). JIM-Studie. Jugend, Information, (Multi-) Media. Basisuntersuchung zum Medienumgang 12- bis 10-jähriger. Verfügbar unter http://www.mpfs.de/fileadmin/JIM-pdf08/JIM-Studie_2008.pdf [20.12.2009]

Medienpädagogischer Forschungsverbund Südwest (MPFS) (2008). JIM-Studie. Jugend, Information, (Multi-) Media. Basisuntersuchung zum Medienumgang 12- bis 10-jähriger. Verfügbar unter http://www.mpfs.de/fileadmin/JIM-pdf08/JIM-Studie_2008.pdf [20.12.2009]

Medienpädagogischer Forschungsverbund Südwest (MPFS) (2008). JIM-Studie. Jugend, Information, (Multi-) Media. Basisuntersuchung zum Medienumgang 12- bis 10-jähriger. Verfügbar unter http://www.mpfs.de/fileadmin/JIM-pdf08/JIM-Studie_2008.pdf [20.12.2009]

O'Reilly (2005). What Is Web 2.0? Verfügbar unter http://oreilly.com/web2/archive/what-is-web-20.html [20.12.2009]

Ortega, R.& Mora-Merchán J. A.& Jäger, T. (Hrsg.) (2007).: Acting against school bullying and violence. The role of media, local authorities and the Internet. Verfügbar unter http://www.bullying-in-school.info/uploads/media/e-book_-_Acting_against_school_bullying_and_violence.pdf [20.12.2009]

Prensky, M. (2001). Digital natives, digital immigrants. On the Horizon, 9(5), 1–6.

Riebel, J. & Jäger, R.S. (2009). Klassifikation von Cyberbullying. Diskurs Kindheits- und Jugendforschung, 4(2), 233–240

Riebel, J., Jäger, R.S. & Fischer, U.C. (2009). Cyberbullying in Germany – an exploration of prevalence, overlapping with real life bullying and coping strategies. Psychology Science Quaterly, 51 (3), 298–314

Saferinternet.at (2009). Aktiv gegen Cyber-Mobbing. Vorbeugen – Erkennen – Handeln. Verfügbar unter http://www.saferinternet.at/fileadmin/files/Materialien_20090209/Aktiv_gegen_Cyber-Mobbing.pdf [20.12.2009]

Schau hin! Verfügbar unter http://schau-hin.info [20.12.2009]

Schlamp, K. (2006). In 8 Schritten zu sauberen Handys an ihrer Schule. Schulleitung Intern, Ausgabe 07/2006. Verfügbar unter http://www.marcus-luepke.de/downloads/medienerziehung/in_8_schritten_zu_sauberen_handys.pdf [20.12.2009]

ServiceBureau Jugendinformationen) (2008). Cyberbullying. Verfügbar unter http://www.servicebureau.de/publication.php [20.12.2009]

ServiceBureau Jugendinformationen) (2008). Happy Slapping & Co. Verfügbar unter http://www.servicebureau.de/publication.php [20.12.2009]

Smith, P. K., Mahdavi, J., Carvalho, M., Fisher, S., Russell, S. & Tippett, N. (2008): Cyberbullying: Its nature and impact in secondary school pupils. Journal of Child Psychology and Psychiatry, 49(4), S. 376–385.

Steffgen, G., König, A. Pfetsch, J. (2009). Does Banning Cell Phones in Schools Reduce Cyberbullying?Beitrag im Rahmen «Cyberbullying» COST Action IS0801 Workshop, Mykolas Romeris University, Vilnius, Litauen, 22.–23. August 2009. Verfügbar unter http://www.gold.ac.uk/is0801/ [20.12.2009]

Tagesschau (2009). Bundestag debattiert über soziale Netzwerke. Tagesschau vom 05.03.2009. Verfügbar unter http://www.tagesschau.de/inland/sozialenetzwerke104.html [15.09.2009]

Watch your Web (o.D.). Die Watch your Web Filme. Verfügbar unter http://www.watchyourweb.de/m512984036_450.html [20.12.2009]

Watch your Web. Verfügbar unter http://www.watchyourweb.de [20.12.2009]

Willard, N. (2006). Cyberbullying and Cyberthreats. Responding to the Challenge of Online Social Cruelty, Threats, and Distress. Eugene, OR: Center for Safe and Responsible Internet Use.

Willard, N. E. (2006): Cyberbullying and Cyberthreats: Responding to the Challenge of Online Social Cruelty, Threats and Distress. Eugene: Center for Safe and Responsible Internet Use.

Arnfried Böker

Knack den Code

Das Thema «Multimedium Handy» und Gewaltdiskussionen unter die Lupe genommen

Digitale Medien haben einen gemeinsamen Treffpunkt: Das Handy

Praktisch in jedem Haushalt, in dem Kinder- und Jugendliche im Alter zwischen 12 und 19 Jahren leben, gibt es ein Handy. Laut aktueller JIM-Studie besitzen 97% der Mädchen und 93% der Jungen selbst ein Handy.[1] Die Nutzungsformen sind sehr vielfältig. Erfahrungen in der pädagogischen Arbeit zeigen, dass jüngere Handynutzerinnen und -nutzer das Handy spielerisch nutzen. Bei den Jugendlichen steigt das Interesse an kommunikativen Elementen deutlich an. Allen ist das große Interesse an Musik, Foto und Video gemein. Dennoch nutzen die jungen Handybesitzerinnen und -besitzer das Handy nicht alle gleich. Pädagogisch Tätige müssen sich darauf einstellen, dass nicht alle Möglichkeiten, die ein Handy bietet, gleichermaßen genutzt werden. Hier liegen einerseits Probleme, wenn man sich an der Lebenswelt und den Interessen der Zielgruppen orientieren will. Andererseits ergeben sich daraus interessante, ergänzende Erfahrungsräume und damit auch Lernräume für Mädchen und Jungen.

Die Plattformen, auf denen Mädchen und Jungen ihrem Interesse an Medien und an den dadurch ermöglichten Inhalten nachgehen, sind sehr variabel. In der Regel werden mehrere Geräte regelmäßig genutzt wie beispielsweise Computer, Fernseher, Handy oder MP3-Player. Oftmals werden die unterschiedlichen Medien gleichzeitig genutzt. Darüber hinaus entwickelt sich das Handy zu einem Gerät, das verschiedene Medien vereint. Dabei stellt das Handy die Vorteile einzelner Medien nicht grundsätzlich in Frage, sondern in ihm werden Nutzungsmöglichkeiten mobil und ortsunabhängig weiter in Anspruch genommen. Viele Internetdienste bieten ihre Leistungen mittlerweile sowohl als Onlineleistung an, als auch für die

1 Quelle: mpfs/JIM-Studie 2009, Angaben in Prozent, http://www.mpfs.de vom 10.12.2009.

Nutzung auf einem mobilen Endgerät. Für die bei Jugendlichen im Moment angesagten Communities wie SchülerVZ, SchülerCC, MySpace und andere werden ebenso wie bei Messengerdiensten wie msm und icq Schnittstellen für das Handy angeboten. Moderne Handys enthalten die Funktion des Downloadens von Bildern und Videos auf Plattformen wie beispielsweise YouTube bereits enthalten. Die im Jahr 2008 ausgezeichnete Kommunikationssoftware *Nimbuzz* macht

> «es möglich, über verschiedene Dienste zu kommunizieren, darunter neben den Instant-Messaging-Protokollen Skype, Windows Live Messenger, Google Talk, Yahoo! Messenger, AIM und ICQ auch die sozialen Netzwerke Facebook, MySpace, Hyves, GaduGadu, Orkut, Giovani, SchülerVZ, StudiVZ und MeinVZ. Nimbuzz stellt für diese Funktion auch Jabber-Transporte bereit, so dass es theoretisch möglich ist, die Dienste von Nimbuzz auch mit anderen Jabber-fähigen Instant Messengern wie zum Beispiel Miranda IM oder Pidgin zu nutzen.»[2]

Kurz gesagt: Mittlerweile kann man die meisten «Mitmachangebote» des Internet per Handy realisieren.

Darüber hinaus ist das Handy mit seinen vielen weiteren Funktionen fast ein Alleskönner. Damit haben aktuelle und von Jugendlichen oft und gern benutze digitale Medien einen gemeinsamen Treffpunkt, nämlich das Handy. Die Datentarife für Mobilfunk befinden sich im Moment in Bewegung. Es ist eine Frage der Zeit, wann die meisten Jugendlichen mit Hilfe eines Handys jederzeit und an jedem Ort online sind.

Gute Gründe: Das Multimedium Handy gehört in die Arbeit pädagogisch Tätiger

Traditionell schauen Erwachsene in der guten Absicht, Schaden von Kindern und Jugendlichen fernzuhalten, auf negative Aspekte. Das geschieht seit je her besonders zu Fragen der jeweils aktuellen Medien. Im Kinder- und Jugendschutz werden viele problematische Seiten der Handynutzung durch Kinder und Jugendliche angesprochen. Die Landesstelle Kinder- und Jugendschutz Sachsen-Anhalt e.V. hat eine Darstellungsweise entwickelt, die es erlaubt, Lösungsvarianten für Probleme zu adressieren.

2 Quelle: http://de.wikipedia.org/wiki/Nimbuzz vom 10.12.2009.

Technik	Inhalte	Nutzungsverhalten
Elektromagnetische Felder	Pornografie	Mobbing
Branding	Werbung	Verletzung der Privatsphäre
Diebstahl	Gewalt	«Gläserner Kunde»
Viren	Rechtsextremismus	Kosten
Funktionen	Spiele	Unkontrolliertes Nutzungsverhalten
Neu: Datenflatrate		

Das allein sind schon gewichtige Gründe, das Handy in die pädagogische Arbeit zu integrieren. Allerdings sind es nicht die einzigen Gründe. Die Auseinandersetzung mit dem Handy ermöglicht auch vielfältige Mehrwerte für die Beteiligten.[3]

- Das Handy ist das Kinder- und Jugendmedium Nummer Eins aktuell. Wer zum Thema Handy und vor allem mit dem Handy arbeitet, kann sicher sein, dass es bei vielen Kindern und Jugendlichen auf Interesse stößt.
- Mit der Durchführung von Handy-Projekten gepaart mit aktivem Handeln findet Medienkompetenzentwicklung statt.
- Pädagogisch Tätige geben innerhalb der Handy-Projekte Orientierung und es entstehen dabei für Kinder und Jugendliche gleichzeitig «Reibeflächen», die Grenzen setzen.
- Mit einem Handy-Projekt können pädagogisch Tätige nahezu jedes Thema bearbeiten. Das Thema ist ein universeller «Türöffner».
- Bei der Durchführung von Handy-Projekten wechseln an bestimmten Stellen die Rollen der Lehrenden und Lernenden. Das trägt dazu bei, dass Kinder und Jugendliche ernstgenommen werden. Partizipation wird gewinnbringend für alle Beteiligten praktiziert.
- Mit dem Handy haben Kinder, Jugendliche und pädagogisch Tätige eine einzigartige Multimedia-Maschine in der Hand, mit der es «kinderleicht» ist, Arbeitsergebnisse zu dokumentieren und für Außenstehende sichtbar zu machen.
- Das Handy kann als Brücke genutzt werden, auf der sich Generationen begegnen.
- Das Handy gibt viele Ansatzpunkte, die Fragen von Jungen und Mädchen zu reflektieren, Rollenbilder transparent und damit besprechbar zu machen.

3 Siehe auch Arnfried Böker (2007): *Spiel-Spaß-Wissen – Das Handyprojekte-Buch*. Magdeburg.

Frauen fragen manchmal Männer, warum sie immer im Stehen ihr Geschäft auf der Toilette verrichten müssen. Eine interessante Antwort ist: «Weil es geht.» Warum also sollte man das Handy in die pädagogische Arbeit in Schule und Freizeit einbeziehen? Weil es geht. Das Multimedium Handy gehört in die Arbeit pädagogisch Tätiger als Selbstverständlichkeit.

Knack den Code: differenzierende Wahrnehmungen zum Thema Gewalt

Wie oft hört man in den Nachrichten oder in Fachgesprächen unter Kolleginnen und Kollegen, die Jugendlichen von heute seien immer gewaltbereiter, gewalttätiger und brutaler? Jeder kennt auch ein Beispiel aus dem näherem Umfeld, das solche Verallgemeinerungen stützt. Allerdings belegen aktuelle Untersuchungen nicht, dass gewalttätiges Verhalten, das von Jugendlichen ausgeht, heute häufiger ist als früher. Viele Untersuchungen zeigen jedoch, dass Heranwachsende heute anders leben und reagieren, als es früher war. Kinder und Jugendliche sind heutzutage aufgeweckter, lebendiger, selbständiger, kreativer, eigenwilliger, informierter, freimütiger, aufmüpfiger, mutiger gegenüber Erwachsenen, vorlauter und diskussionsfreudiger. Damit werden sie unter Umständen als unruhiger, undisziplinierter, unerzogener und damit komplizierter und problematischer wahrgenommen. Es besteht also ein Problem darin, dass sich Erziehungsprozesse noch nicht ausreichend aktuellen Entwicklungen angepasst haben. Wahrnehmungen sind teilweise zu einseitig. Pädagogische Maßnahmen greifen nicht oder verkehren gar die Wirkung.[4] Erwachsene verkennen oder übersehen oftmals die vielfältigen Potenziale von Mädchen und Jungen, um sie zu fördern und ihnen Richtung zu geben.

In der Auseinandersetzung mit dem Thema Gewalt wird das besonders deutlich. Erwachsene sprechen eher verallgemeinert von Gewaltvideos oder auch von Happy Slapping. Differenzierungen erfolgen selten. Missverständnisse in der Arbeit mit Kindern und Jugendlichen sind vorprogrammiert. In Vorträgen und Praxisworkshops plädiert die Landesstelle Kinder- und Jugendschutz Sachsen-Anhalt e.V. für eine deutlichere Differenzierung. Erst dadurch kann es gelingen, den vermeintlich schädlichen Wirkungen des Konsums von beispielsweise Gewaltvideos näher zu kommen. Wenn im Zusammenhang mit der Handynutzung das Thema Gewalt diskutiert wird, muss klar gesagt werden, wovon man spricht. Jugendliche beschreiben sehr gut, wie viel stärker als real empfundene Videos auf sie wirken, als die Videos, die sie für inszeniert oder gar gefälscht halten.[5] Für Jungen ist es beispielsweise auch schwierig, wenn Gewalt und Pornografie in einem Atemzug genannt werden, da schädliche Wirkungen beider Bereiche, je nach Alter und Me-

4 Siehe auch die aktuelle Debatte um Jungen als Bildungsverlierer.

5 Siehe auch Petra Grimm, Stefanie Rhein (2007): *Slapping, Bullying, Snuffing! – Zur Problematik von gewalthaltigen und pornografischen Videoclips auf Mobiltelefonen von Jugendlichen.*

dienerfahrung unterschiedlich gewichtet werden. Zum Thema Gewalt bieten sich folgende Unterscheidungen in der Praxis an:

Nachrichten	**Horrorvideos**	**Jackass**
happy slapping	Snuff-Videos	Witz, Komik
Kunst	Realitäten wie Mobbing und Erpressung	Schlägerei (als real oder inszeniert empfunden)

In der Arbeit zu den verschiedenen Videosequenzen sollte dringend mit Jugendlichen besprochen werden, dass die kleinen Handyvideos in der Regel keinen entlastenden Bezug haben. Der Betrachter erhält selten eine Einordnung durch eine Story wie im Film. Das macht die Wirkung von entsprechenden Videosequenzen unberechenbar. Bereits das zielgerichtete verbale Einführen des Videos kann beim Betrachter schockierende Wirkungen hervorrufen. Diese Themen müssen auf jeden Fall mit Kindern und Jugendlichen diskutiert und dürfen nicht dem Selbstlauf überlassen werden.

Neben den oftmals aus dem Internet gezogenen und teilweise von Handy zu Handy gegebenen Inhalten, bietet das Handy vielfältige Möglichkeiten, selber Inhalte zu produzieren. So werden nicht selten in Stile von Jackass gefährliche Sportübungen oder Stunts durchgeführt und gefilmt. Im Bereich der Sexualität tauchen häufig erotische bis hin zu jugendpornografischen Bildern und Videos auf. Das ist unproblematisch, wenn jugendliche Pärchen dies für sich erstellen. Zu einer Straftat wird es allerdings, wenn diese Materialien aus Spaß, Stolz oder auch aus Rache an andere weitergeleitet werden oder diese Inhalte Bekannten per Handy gezeigt werden. Dass hier Straftaten vorliegen können, ist Jugendlichen nicht immer bewusst.

Sollten Gewaltprobleme im Zusammenhang mit der Handynutzung auftauchen und es ergibt sich, dass es sich eher um pädagogisch / psychologische denn juristische Probleme handelt, können pädagogisch Tätige die folgende Checkliste als Gedankenstütze nutzen. Dabei kommt es nicht darauf an, dass alle diese Faktoren zutreffen müssen. Sie dienen lediglich als Hinweise, wo ein Problemfeld einzuordnen ist. Damit können dann zielgenauer Maßnahmen entwickelt werden.

Checkliste möglicher Gewaltfaktoren:

- Pädagogisch Tätige wissen aus der Praxis, dass soziale Instabilität (Familie, Ausbildung / Beruf, schulische Misserfolge ...) für Probleme sorgen kann. Dies kann sich auch mit einer destruktiven Handynutzung im Zusammenhang mit Gewalt äußern.
- Wissenschaftler halten eigene Gewalterfahrungen für einen, wenn auch nicht den einzigen Faktor, Gewalt anzuwenden, zu inszenieren oder zu konsumieren.

- Einige Jugendliche suchen die Lust der Macht. Durch das Erstellen / Zeigen von gewalthaltigen Videos löse ich beim Betrachter bestimmte Reaktionen aus. Ich hab das geschafft. Ich habe kurzeitig Macht ausgeübt.
- Für Jugendliche kann ein Faktor für Gewaltausübung oder für Gewaltkonsum die in Aussicht gestellte Anerkennung in der Gruppe sein, die sonst nicht oder nicht so einfach zu erlangen wäre.
- Einige Heranwachsende erleben einen Reiz des Verbotenen. Manche suchen damit die Abgrenzung von Erwachsenen.
- Die Lust, selbst Angst zu spüren und auch Grenzerfahrungen zu machen, ist nicht zu unterschätzen.
- Eine gewichtige Motivation kann in der Entdeckung von Neuem oder der Neugier an sich liegen.
- Der subjektive Erlebniswert antisozialen Verhaltens ist höher. Dies findet man nicht nur im Bereich der Handynutzung, sondern auch bei Brettspielen oder Computerspielen beispielsweise.

Interessante Ausführungen Fred Schells vom Institut für Medienpädagogik in München (jff) zum Thema kann man aktuell im Internet auf der Homepage des jff finden.[6]

Für pädagogisch Tätige bleibt also die wichtige Aufgabe, differenzierend wahrzunehmen, entsprechende Einordnungen vorzunehmen und Handlungen abzuleiten, die der Entwicklung und den individuellen Erscheinungen angemessen sind. Jugendliche zu verstehen und ihre Art der Handynutzung zu begreifen, ist wichtige Voraussetzung für die erfolgreiche pädagogische Arbeit. Es gilt, täglich den Code neu zu knacken.

Zeit und Raum: erfolgreiche Beispiele pädagogischer Arbeit zum Thema Handy

In verschiedenen pädagogischen Arbeitsfeldern wie Schule, Jugendarbeit oder stationäre Jugendhilfe stellen Kolleginnen und Kollegen immer wieder die Frage, ob sie sich dem Thema Handynutzung öffnen sollen oder nicht. Die Antwort darauf fällt oftmals unterschiedlich aus. Einige arbeiten eher anlassbezogen. Andere versuchen, das Handy zu entmystifizieren und berücksichtigen dieses Thema als Querschnittsaufgabe. Beides ist sicher möglich. Dennoch sollten diese Tätigkeiten weniger aus dem Gefühl heraus umgesetzt werden, als vielmehr reflektiert und mit der gehörigen Portion Hintergrundwissen ausgestattet. Das ist einerseits ein große Herausforderung. Andererseits eröffnet dieses Herangehen ein Vielzahl von pädagogischen Möglichkeiten. Medienkompetenzentwicklung bei Kindern und Jugendlichen zu

6 http://www.jff.de/dateien/Motive_und_Problemlagen.pdf vom 10.12.2009.

fördern, heißt übergreifend zu denken und verschiedene Angebote zu unterbreiten. Dass Heranwachsende die Funktionsweise des Handys kennen lernen, ist selbstverständlich. Dennoch ist es wichtig, auch Funktionen, die nicht so oft genutzt werden, in der Arbeit mit Kindern und Jugendlichen zu nutzen. So erweitern sich die Möglichkeiten, das Handy für eigene Interessen konstruktiv zu nutzen. Mit der Anwendung weiterer Funktionen lernen sie das Handy, seine Möglichkeiten und die Einbindung des Gerätes in das Medienensemble besser kennen. Diese Wissensdimension erlaubt Reflexionen. Ästhetisches Empfinden wird geschult, ethische Werte werden entwickelt und hinterfragt. Damit wird Kindern und Jugendlichen die Möglichkeit geschaffen, ihr Verhalten einzuschätzen oder auch zu bestimmen, wo der eigene Standpunkt ist. Sie verbessern ihre Orientierungsfähigkeit im Umgang mit dem Handy. Solche Prozesse werden nur verinnerlicht, wenn Unterstützung durch aktives Handeln gewährleistet wird. Mit dem Handy gestalten, kreativ sein, die eigenen kommunikativen Fähigkeiten ausreizen und sich mit Alltagsfragen rund um die Handynutzung auseinander setzen sind wichtige Lern- und Erfahrungsräume, die Pädagogik in allen seinen Erscheinungsformen vorhalten muss. Erwachsene sollten in diesen Prozessen Kinder und Jugendliche ständig beteiligen und sich auch selbst in diese Prozesse unterstützend, Orientierung gebend und Grenzen setzend einbringen. Pädagoginnen und Pädagogen haben die Möglichkeiten, sowohl Räume als auch Zeiten zu gestalten, in denen Medienkompetenzentwicklung jenseits vom ausschließlichen und damit defizitären Peergroup-Lernen möglich wird.

Interessante Beispiele für gelingende medienpädagogische Praxis gibt es mittlerweile viele. Hier seien nur einige ausgewählt und dem Leser als Anregung zum Nach- und Mitmachen wärmstens empfohlen.

Klicksafe ist eines der vielfältigsten Informationsprojekte zum Umgang mit Medien. Die Homepage bietet Interessenten vielfältige Hintergrundinformationen im Dschungel der Handynutzungsmöglichkeiten.[7]

Direkte Internetangebote für Jugendliche sind beispielsweise das Projekt handysektor und netzcheckers. Handysektor hält vielfältige Informationen zum Lesen, Schauen und downloaden vor.[8] Netzcheckers hat viele Mitmachmöglichkeiten und hilfreiche Tools für das kreative Tätigsein mit dem Handy.[9] Oftmals kooperieren die Anbieter und Träger solcher Angebote wie beispielsweise das jff und das Projekt lyzzinet[10] und netzcheckers im Handclipwettbewerb «ohrenblick»[11] für Jugendliche.

---

7 https://www.klicksafe.de/themen/kommunizieren/handy/handy.html vom 10.12.2009.

8 http://www.handysektor.de vom 10.12.2009.

9 http://netzcheckers.de vom 10.12.2009.

10 http://www.lizzynet.de vom 10.12.2009.

11 http://ohrenblick.de vom 10.12.2009.

In Schleswig-Holstein findet «Handy-Scouts» – Ein Peer-Projekt zur Gewaltprävention und Förderung von Medienkompetenz an Schulen unter der Leitung der Aktion Kinder- und Jugendschutz Landesarbeitsstelle Schleswig-Holstein e.V. statt.[12]

Bundesweit für Interesse sorgte das Projekt «Saubere Handys» an der Alfred-Teves-Schule in Gifhorn, in dem sich mit dem Thema Gewalt längerfristig und fächerübergreifend auseinandergesetzt wurde.

Interessant sind auch aktuelle Projekte rund um das Thema Geld und Handy von der Landesstelle Jugendschutz Niedersachsen «Handy – lieb und teuer».[13]

Seit vielen Jahren bemüht sich die Landesstelle Kinder- und Jugendschutz Sachsen-Anhalt e.V., vielfältige Methoden für die pädagogische Praxis zu entwickeln. Viele Praxisbeispiele sind auf der Hompage handywissen.info[14] dokumentiert. Darüber hinaus ist 2009 die Spielaktion «Pimp your Handy» veröffentlicht worden, die Jugendlichen ermöglicht, sich mit vielen Facetten der Handynutzung auseinanderzusetzen[15]. In dem Projekt «Einfach Respekt» setzten sich 12-, 13-jährige Jungen unter anderem mit der Handynutzung auseinander. In einer Praxiseinheit wurden auch Handyvideos erstellt. Dabei wurde deutlich, dass die Jungs unterschiedliche Videos auf den Handys hatten, eben auch Gewalt-, Spaß- und Pornovideos. Das wurde zum Anlass genommen, zum Thema Handy sexualpädagogisch zu arbeiten. Das Handy diente gleichzeitig mit der Fotofunktion und der Möglichkeit Ton aufzunehmen der Dokumentation. In diesem Projekt wurde der «Geheime Raum» erfunden. Das ist eine Handy-Hüpfburg, die mit Teppichen und Kissen ausgestattet nun der geeignete Ort für die Jungs war, mit einem Mann über viele Fragen der Sexualität zu sprechen. Die Landesstelle Kinder- und Jugendschutz Sachsen-Anhalt e.V. hat dieses Projekt Interessierten per Internet vorgehalten.[16]

Ein Beispiel für die vielfältigen Aktivitäten rund um das Thema Handy, das außerdem noch die Möglichkeit von Angeboten für verschiedene Zielgruppen von Groß bis Klein beinhaltet, stellt das «1. Handy-Spielmobil» der Landesstelle Kinder- und Jugendschutz Sachsen-Anhalt e.V. dar.

Das «1. Handy-Spielmobil» existiert seit 2004 und spielt mit digitalen und realen Welten, eröffnet Erfahrungsräume für Kinder, Jugendliche, aber auch Erwachsene. Dabei steht das Handy nicht immer als Thema im Mittelpunkt des Interesses, sondern man bedient sich des Handys auf vielfältige Weise. Der pädagogische Alltag kann bereichert werden. Warum ein Handy-Spielmobil? Schule, Jugendarbeit, Hilfen zur Erziehung, Fort- und Weiterbildung, das Opernhaus, Eltern, Volks-

12 http://www.akjs-sh.de/handybro.htm vom 10.12.2009.

13 http://handy-liebundteuer.de vom 10.12.2009.

14 http://handywissen.info vom 10.12.2009.

15 http://drei-w-verlag.de/Paedagogische_Spiele.html vom 10.12.2009.

16 http://www.jugend-lsa.de/jugendschutz/schwerpunkte/jungenarbeit/fuenftestreffen/index.html vom 10.12.2009.

hochschulen usw. haben alle Interesse am Thema Handy. Darüber hinaus werden Behörden wie Ordnungs- und Jugendämter oder Polizeibehörden in den Veranstaltungen bedient. Das «1. Handy-Spielmobil» wurde vor allem eingerichtet, damit man mit Eltern in ein Gespräch zum Thema Handy einsteigen kann, die nicht zu Elternveranstaltungen kommen. Bei Stadt- und Kinderfesten sind sie mit ihren Kindern da und fragen, warum hier «alles Handy ist». Der Anlass für ein Gespräch ist da. Die Atmosphäre ist locker. Informationen können niedrigschwellig ausgetauscht werden.

Für die Kinder ist dieses Angebot aus mehreren Perspektiven spannend:

- Für das kleinere Kind – Spielspaß, Neues, Gesprächspartner zur Frage, welches Handy interessant ist und was man damit alles machen möchte.
- Für das Grundschulkind – Spielspaß, aktuelles Thema und Leitmedium, Orientierung zu ersten Fragen nach Leistung, Kosten und ob ich die / der Letzte bin, die / der noch kein Handy hat.
- Für das große Kind – Spielspaß, Austausch über den Handynutzungsalltag, Neugierde auf besondere Spielerlebnisse in Verbindung mit Herausforderung und sich mit anderen messen können.

Die Spielangebote bei einem Kinder- oder Stadtfest sind ähnlich wie die herkömmlicher Spielmobilangebote. Dennoch werden die Spielgeräte anders wahrgenommen, da sie alle etwas mit Handy zu tun haben und meist auch ein Handyoutfit tragen.

So wird in einem beweglichen Handylabyrinth zunächst ein Kugel zu einer Zahl in Kooperation mit mehreren Mitspielerinnen und Mitspielern gerollt. Dann gibt es eine zweite Kugel, die zu einer anderen Zahl gerollt werden muss, ohne, dass die erste Kugel ihr «zu Hause» verlässt. Das Interesse am Handy wird hier genutzt, um kooperatives Verhalten einzuüben.

Eine andere Spielstation nutzt die Bedürfnisse nach Vergleich, Wettbewerb und Anerkennung. Das alte Spielprinzip des Büchsenwerfens wird mittels Computerspielvariante adaptiert. So kommt es, dass auf einer tastsensitiven Wand Handys fliegen. Mit Latexspinnen wird auf die Handys geworfen. Bei Treffer «explodieren» die Handys und es werden Punkte gutgeschrieben. Streitigkeiten und Aggressionen können im Spiel in Form eines Wettbewerbs realisiert werden, sind jedoch in enge, gesellschaftlich akzeptierte Bahnen gelenkt. Nebenbei kommen Diskussionen auf, da die Handydisplays zum Beispiel ein Babygesicht zeigen oder ein Frauenhinterteil im Slip. Erwachsene tauschen sich zu ethischen Fragen mit den Pädagogen und dann auch mit den Spielenden aus und erweitern so die Wahrnehmungsfähigkeiten.

Im Moment arbeiten die Mitarbeiterinnen und Mitarbeiter an einer Angebotsvariante des «1. Handy-Spielmobils», die es erlaubt zu zeigen, wie Daten von einem

Handy zum anderen kommen. Visualisiert wird es mit Hilfe des Wassers. Die Spielstation nutzt Erfahrungen des in der Akademie Remscheid von Roland Oesker entwickelten Spielbrunnens[17] als Lern- und Erfahrungsraum.

Im Rahmen von Schulprojekten wird das Angebot inhaltlich umgestaltet und eher zu einer medienpädagogischen Lernlandschaft umgestaltet. Dabei stehen das praktische und kreative Arbeiten mit Handy, Computer und oft auch Internet im Mittelpunkt. Diese praktischen Ansätze erlauben es, auf vielfältige Weise Themen wie das der Gewalt zu analysieren und die reflektieren. Außerdem wird über das praktische Handeln Empathie eingeübt und beispielsweise per Handyvideo umgesetzt. Die Spielzeugpuppen Barby und Ken bieten wichtige Projektionsflächen gerade in Fragen Sexualität, Gewalt und Geschlechter. Die Schülerinnen und Schüler sind oftmals verblüfft, wenn sie mit den beiden Protagonisten entsprechende Videos inszenieren sollen. Sie müssen regelmäßig Lösungen finden, da den Puppen, entscheidende und notwendige Körperteile fehlen. Dabei werden eben auch alternative Verhaltensweisen diskutiert.

Für Jugendliche werden die Angebote modifiziert. Dann wird aus dem Handy-Spielmobil eine «Chillout-Zone», in der zum Beispiel ein «crazy quiz» veranstaltet wird.

Zeit und Raum sind also von pädagogisch Tätigen vielseitig gestaltbar. Die Möglichkeiten, Medienkompetenzen zu fördern, sind unter Nutzung des Multimediums Handy fast unbegrenzt. Für Kinder und Jugendliche ist es äußerst wichtig, dass Erwachsene Orientierungen und Grenzen anbieten im praktischen Umgang mit dem Handy, auch und vor allem zum Thema Gewalt. Knacken Sie auch den Code.[18]

---

17 http://www.spielbrunnen.de vom 10.12.2009.

18 http://qrcode.kaywa.com vom 10.12.2009, Mit einen QR-Code können Texte und Bilder in schwarz-weiße Kästchen, die aus vielen kleinen Strichen und Quadraten bestehen, umgewandelt werden. Mit dem entsprechenden Programm auf dem Handy kann man mit der Kamerafunktion des Handys den Code wieder sichtbar machen. Bei Schnitzeljagden können so geheime Botschaften verteilt werden. Diskussionsspiele werden spannender, wenn die Themen wie Gewalt auf Handys vorher mit dem Code verändert wurden und für die Diskutierenden erst mittels Handy erkennbar werden.

Marcus Lüpke

Gewaltprävention und Neue Medien

Vom Pausenkonflikt zur aktiven Medienerziehung

Im November 2005 ereignete sich an der niedersächsischen Grund- und Hauptschule Alfred-Teves-Schule während der Hofpause eine Schülerprügelei, die ein weitreichendes, vielfach gelobtes und bundesweit multipliziertes medienerzieherisches Arbeiten mit Schülern zur Folge hatte.

Dabei entwickelte sich eine Schülerarbeitsgemeinschaft, die viele Aspekte einer zeitgemäßen, schülernahen und sehr praxisorientierten Medienerziehung thematisierte. Die Durchführung und die Zielsetzungen dieser Arbeit haben im gesamten Bundesgebiet, aber auch im nahen europäischen Ausland vor dem Hintergrund erfolgreicher Intervention im Rahmen schulischer Gewaltprävention für Interesse gesorgt und die Schule u. a. mit dem Projekt «Saubere Handys»[1] für den sinnvollen Einsatz von Mobiltelefonen in der Schule über die Landesgrenzen hinaus bekannt gemacht. Über die erfolgreiche Arbeit wurde vielfach in regionalen und überregionalen Medien (TV, Radio und Printmedien) positiv berichtet. Weiterführend wurde insbesondere das Projekt «Saubere Handys» auch überregional in Handreichungen empfohlen[2] und in vielerlei Schülerwettbewerben prämiert[3]. Ziel dieses Beitrags ist es, die erfolgreiche Arbeit im Sinne der Nachhaltigkeit zu dokumentieren und nachvollziehbar darzustellen, um einen Orientierungsrahmen für Interessierte und eine Basis für mögliche Weiterentwicklungen zu bieten.

---

1 Detaillierte Dokumentation unter Lüpke, Marcus (2009): *Gewaltprävention und aktive Medienpädagogik: Saubere Handys – Erfolgreiche Präventionsarbeit im Rahmen eines Schulmedienprojektes gegen Gewalt- und Pornovideos auf Schülerhandys*. München.

2 u. a. Broschüre «Im Netz der neuen Medien», Programm der polizeilichen Kriminalprävention 2009, Broschüre «Was tun bei Cybermobbing ?», Klicksafe 2008, Infoset «Medienkompetenz und Medienpädagogik in einer sich wandelnden Welt»: Handy und Co, MPFS 2008.

3 u. a. Landessieger Niedersachsen «Fair bringt mehr» (2006), Preistträgerschule Schulhomepage Award (2006), Preisträgerschule «Innovative Teachers» (2006), Landessieger Niedersachsen Juniorenpressepreis (2008).

Wegschauen bringt nichts – Von der Intervention zur Bearbeitung

In einer großen Hofpause des Jahres 2005 kam es an der Schule zu einer verabredeten Prügelei unter Schülern der Jahrgänge 6 und 7. «Das passiert doch täglich», «Das war bei uns früher auch so», so oder so ähnlich könnten die Aussagen externer Beobachter oder Zuhörer formuliert sein. Dass wir uns jedoch in einer anderen Zeit befanden, zeigte sich in den aktiven «Zuschauern», die sich in der heutigen Zeit solchen Schulhofszenen zuordnen. In diesem Fall waren es mehrere Schüler, welche, die Kontrahenten lautstark «anfeuernd» mit modernen Multimediageräten filmten. Heute (vgl. KIM Studie 2009 des MPFS) besitzen rund 95 %[4] aller Jugendlichen ein solches Gerät – Das Handy.

Ich selbst war in dieser Pause aufsichtführende Lehrkraft und bemerkte die Schülergruppe in einem weniger gut einsehbaren Bereich des Pausenhofes. Mein Eingreifen und das Unterbinden des Konfliktes waren offensichtlich nötig, entsprechend begab ich mich dort hin. Etwas irritiert bemerkte ich bei meiner Ankunft, dass die Kontrahenten von mehreren «Zuschauern» umringt waren, die Mobiltelefone in der Hand hielten. Beide Streithähne wurden augenscheinlich gefilmt. Niemand aus der Gruppe der «Handyfilmer» machte auch nur ansatzweise den Versuch, die beiden zu trennen. Niemand begab sich zu den aufsichtführenden Lehrkräften, um Hilfe zu holen. Ich beendete den Konflikt, indem ich beide Kontrahenten trennte. Nachdem beide von ihren jeweiligen Klassenlehrern in Obhut genommen wurden, wendete ich mich den «Handyfilmern» zu. Ich machte den Schülern deutlich, dass ich ein solches Verhalten in hohem Maße verurteile und dass wir uns nun mit den gerade angefertigten Filmaufnahmen beschäftigen müssen. Der Hintergrund war natürlich, dass die Aufnahmen nicht weiter verbreitet oder anderweitig genutzt werden. Die Schüler willigten ein. So begaben wir uns in einen Klassenraum, um die Aufnahmen gemeinsam zu löschen. Dabei waren die Schüler außergewöhnlich kompromissbereit und halfen bereitwillig bei der Bearbeitung. Im Rahmen dieser gemeinsamen Arbeit, fielen mir sofort die auf mehreren Telefonen gespeicherten Aufnahmen mit den Titeln «Headshot» und «Russian-Soldier» auf. In beiden Dateien sind reale und äußerst grausame Tötungshandlungen zu sehen. Die unbedarfte Aussage eines Schülers, der mir gegenüber äußerte, «dass das doch jeder hat und kennt» (Schüler, 15 Jahre), motivierte mich sehr stark, vor dem Hintergrund der Gewaltprävention und der Medienerziehung aktiv zu werden.

Die schnelle grundlegende Information über das Internet, sowie eine entsprechende pädagogische und rechtliche Einschätzung war möglich, weil die Schüler[5]

---

4 Zum Vergleich: Im Jahr 2005 besaßen rund 92 % der Jugendlichen ein Mobiltelefon (Medienpädagogischer Forschungsverbund Südwest JIM-Studie 2005.).

5 Die von Beginn an vertrauensvolle Einbindung der Schüler scheint mir neben den technischen Aspekten ein ganz wichtiger, vielleicht entscheidender Grund für den Erfolg der Arbeit gewesen zu sein.

mir bereitwillig ein wenig Nachhilfe in Sachen Speicherkartenbearbeitung, Kartenadaptermöglichkeiten und Handy-Videoformate gaben. Die technische Ausstattung einiger der Schulrechner mit Kartenlesern gehörte im Jahr 2005 erst kurz zur Standardausrüstung unserer Schule und war somit ein zusätzlich glücklicher Umstand, der zur effektiven Bearbeitung beitrug. Nur so konnten die Videos, welche eindeutig Straftaten zeigten, angeschaut, bearbeitet und sehr zeitnah weiterführend beurteilt werden.

Warum gerade die hier beschriebene offensive und offene Bearbeitung der Thematik «Gewaltvideos auf Schülerhandys» auf ein solch großes Interesse stieß bzw. stößt, soll in diesem Beitrag aus Platzgründen nicht weiterführend thematisiert und analysiert werden. Die Kontaktaufnahmen vieler ebenfalls betroffener Schulen aus dem gesamten Bundesgebiet zeigten jedoch sehr deutlich, dass:

a) es sich nicht um ein Einzelphänomen in Gifhorn handelte.
b) ss bundesweit großen Handlungs- und Informationsbedarf gab und noch immer gibt.

Anzumerken ist hier, dass in der damaligen Zeit viele Schulen das Problem der strafbaren Inhalte auf Schülerhandys und die Schule als Ort des Tauschens oder sogar Erstellens als das Problem der «Anderen» sahen. Kritiker merkten auch bezüglich der hier beschriebenen offensiven Bearbeitung dieses Themas an, dass man nun möglicherweise den Ruf einer «Gewaltschule» hätte. Schule kann hier, entgegen der gesellschaftlichen Trends zum «Wegsehen», deutliche Zeichen setzen und Verantwortung übernehmen. Im Übrigen von der ersten Minute an, denn so funktioniert Gewaltprävention. Der um das Phänomen «Happy Slapping» entstandene Medienhype ab Januar 2006 machte deutlich, dass die Problematik in hunderten bundesdeutscher Schulen aller Couleur Thema war.

Gewaltvideos auf Schülerhandys – Schritte der präventiven Bearbeitung

Das grundlegende Arbeitskonzept, welches u. a. bundesweit veröffentlicht wurde, findet sich nachfolgend wieder:

In acht Schritten zu «sauberen Handys» an Ihrer Schule[6]:

1. Eine Projektgruppe zur Gewaltprävention gründen
2. Die Lehrer informieren

6 Siehe auch: Schlamp, K. (2006): «In 8 Schritten zu ‹sauberen Handys› an ihrer Schule» In: Schulleitung Intern – Der Managementbrief für Grund- und Hauptschulleiter Verlag Pro-Schule, Ausgabe 07/2006, Seite 6–7. Bundesprüfstelle für jugendgefährdende Medien (2006): «Gewalt- und Pornovideos auf Schülerhandys: Was können Fachkräfte tun?», letzter Abruf: 01.01.2010.

3. Auf die Verantwortung der Eltern bauen
4. Eine Handy-Ordnung beschließen
5. Gewaltprävention in den Stundenplan integrieren
6. Schüler als Experten einbeziehen
7. Medienkompetenz stärken
8. Weiträumig vernetzen und Nachhaltigkeit sichern

Information und Recherche

Der Grundstein der erfolgreichen Bearbeitung lag, neben der aktiveren Einbindung der beteiligten Schüler die umfassende Information über die Thematik «Gewaltvideos» über das Internet. Schnell waren die als «Happy Slapping» und «Snuff Videos» titulierten Phänomene gefunden. Die Erkenntnis, dass hier möglicherweise Straftaten nach Paragraf 131 StGB vorliegen, machte die Einbindung der örtlichen Polizei nötig. Dies erwies sich in der Bearbeitung als außerordentlich hilfreich. Im Rahmen der Recherchearbeiten erfolgte das Sammeln von Informationen und das Herausarbeiten der entscheidenden sachrelevanten Inhalte.

Auffällig war, dass beide Phänomene auf verschiedenen Internetseiten zwar definiert wurden, aber konkrete Hilfestellungen für Schulen in der präventiven Bearbeitung Mangelware waren. Auch aktuelle Studien zum Mediennutzungsverhalten von Jugendlichen enthielten zum damaligen Zeitpunkt keine Informationen zum Thema «Gewaltvideos». Allenfalls das Internet als Bezugsquelle bzw. Multiplikationsplattform jugendgefährdender Inhalte wurde angeführt (vgl. JIM-Studie 2005 MPFS).

Einzelphänomen oder gesellschaftliches Problem?

Um sicher zu sein, dass das Festgestellte nicht nur eine kleine Gruppe von Schülern betrifft und somit notwendige Maßnahmen auch weiter führend geplant und durchgeführt werden, wurden zwei Hauptschulklassen des Jahrgangs 8 anonym zum Thema «Gewaltvideos» befragt. Die Ergebnisse der Schülerbefragung und verschiedene bundesweit bestätigte Pressemeldungen über ähnliche Fälle an anderen Schulen begründeten die notwendige präventive Intervention[7]. Die Tatsache, dass sich die Phänomene «Happy Slapping» und «Snuff Videos» im nahen europäischen Ausland zu diesem Zeitpunkt viel deutlicher zeigten, unterstrich zusätzlich den präventiven Charakter der Arbeit. Eine umfassende Information des Kolle-

---

7 Wir konnten damals feststellen, dass 38 der befragten 41 Schüler ein Handy besaßen, 36 Schüler Kenntnis von Gewaltvideos hatten, teilweise selbst derartige Videos gefilmt hatten und ein Teil der Eltern das Handy als persönliches Gut der Jugendlichen nicht kontrolliert oder darüber Kenntnis hat, was ihre Kinder damit tun. Der Großteil der Befragten Schüler erhielt derartige Videos über Freunde und Bekannte oder lud die Dateien über Internetseiten herunter.

giums, der Schulleitung und des Schulelternrates[8] wurde entsprechend im Rahmen einer Dienstbesprechung durchgeführt. Hier wurde beschlossen, die gesamte Elternschaft der Schule verpflichtend im Rahmen eines Informationsabends über die Hintergründe zu informieren. Ein zweiter Beschluss war die Installation einer Anti-Gewalt AG, an der Eltern, Lehrkräfte und Schüler teilnahmen.

In Absprache mit den zuständigen Behörden (Landesschulbehörde, Schulträger, Staatsanwaltschaft, Polizei) wurde ein Elterninformationsabend[9] in der Sporthalle der Schule geplant und durchgeführt. Dabei wurden die rund 300 Anwesenden per Powerpointpräsentation über die wichtigsten Inhalte informiert. Nach der Veranstaltung wurde insbesondere den Eltern ermöglicht in einer offenen Diskussion Fragen zu stellen und Antworten zu erhalten.

Eltern, die keine Zeit hatten und sich entschuldigen ließen, erhielten an einem zweiten Termin die Möglichkeit sich zu informieren.

Handlungsfähig durch Information

Anschließend erfolgte die Multiplikation der Inhalte über das Medium Schulwebseiten. Hier wurden alle relevanten Informationen inklusive des Informationsvortrages zum Download für andere betroffene Schulen und Interessierte bereitgestellt und weiträumig vernetzt. Das Nutzen Schulwebseite erwies sich hier als sehr effektiv, da Informationen schnell und unkompliziert ausgetauscht werden konnten. Parallel dazu wurde eine Schülerarbeitsgemeinschaft (Medien AG mit dem Startprojekt «Saubere Handys»[10]) ins Leben gerufen, die sich bis in das Jahr 2009 hinein konstruktiv mit der Thematik einer sinnvollen Handynutzung und anderen weiterführenden Arbeiten rund um den Bereich «Neue Medien» in der Schule auseinandersetzte.

Gemeinsam voneinander Lernen – Erwachsene und Jugendliche im Team

Der Schulterschluss von Lehrkräften, Eltern und Schülern fußte in der Gründung einer Anti-Gewalt-AG. Diese Arbeitsgemeinschaft kam regelmäßig zusammen und beschäftigte sich mit strukturellen und inhaltlichen Aspekten der schulischen Gewaltprävention. Ein wichtiges erstes Arbeitsergebnis war die gemeinsam mit den Mitgliedern der Medien-AG entwickelte Handynutzungsordnung, die auf dem Schulgelände bis heute gültig ist und als Vorlage bundesweit weiter empfohlen wurde.

Schulorganisatorisch wurden verschiedene gewaltpräventive Maßnahmen beschlossen und durchgeführt:

---

8 Später auch die Schüler im Unterricht.

9 Vgl. Braunschweiger Zeitung, 09.12.2005 und 13.12.2005 sowie Allerzeitung, 9.12.2005.

10 Marco Fileccia (2008) In: «Knowhow für junge User – Mehr Sicherheit im Umgang mit dem World Wide Web – Materialien für den Unterricht», Initiative Klicksafe.

1. Regelmäßiges Durchführen des Programmes «Schritte gegen Tritte» für die Klassen der Hauptschule und eine entsprechende Anpassung der schuleigenen Stundentafel.
2. Regelmäßiges Durchführen des Programmes «Faustlos» für die Klassen der Grundschule.
3. Einladung von außerschulischen Experten für den Bereich der schulischen Gewaltprävention.

Die Schülerarbeitsgemeinschaft «Medien-AG», deren Mitglieder u. a. die ehemaligen Handyfilmer waren, wurde in dieser Zeit gegründet.

Nachhaltige Prävention durch das Arbeiten mit Neuen Medien

Die sogenannten «Neuen Medien» waren der wesentliche Inhalt der medienerzieherischen Arbeit, die in der Medien AG vollzogen wurde. Einmal wöchentlich traf sich die Gruppe, die aus Schülern der Jahrgänge 6 bis 10 bestand in der Zeit von 13:30–15:00 Uhr in der Schule. Ein Wunsch vieler Schüler war es sich selbst im Internet zu präsentieren und dieses Medium aktiv mit zu gestalten. Diesem Wunsch konnte durch die Möglichkeit die Schulwebseiten oder die Schulzeitung zu bearbeiten, entsprochen. Auch die Teilnahme an vielen außerschulischen Veranstaltungen, die meist mit einer Präsentationstätigkeit der Arbeitsergebnisse durch die Schüler verbunden waren, gehörte zur AG-Arbeit dazu. Die regelmäßigen und gemeinsam mit Schülern der AG durchgeführten Teilnahmen an Presseterminen, Fachsymposien oder Großveranstaltungen (u. a. Games Convention, Jugendforum NRW, Schülermedienwettbewerben, TV-Premiere des WDR Spielfilms «WUT») und die damit verbundenen elementaren Erfahrungen mit Menschen, die Medien «machen», waren ein ständiger Motor, der die konstruktive Medienarbeit der Jugendlichen vorantrieb. Bei der Arbeit mit Schülern standen vor allem die vorhandenen Fähigkeiten, die Interessen und das Technikwissen der Schüler im Vordergrund. Der inhaltliche Arbeitsrahmen der Medien AG beinhaltete dementsprechend folgende Bereiche:

- Spiel- und Lernsoftwaretests in der Schule
- Sinnvoller Einsatz von Mobiltelefonen in der Schule
- Schulzeitung «BlinG-BlinG»
- Sportunterricht und Neue Medien

Bis zum 27.03.2009[11] wurden weiterführend Materialien und Projekte auf den von Lehrkräften und Schülern der Medien AG gestalteten Schulwebseiten präsentiert

11 Löschung der Domain www.alfred-teves-schule.de.

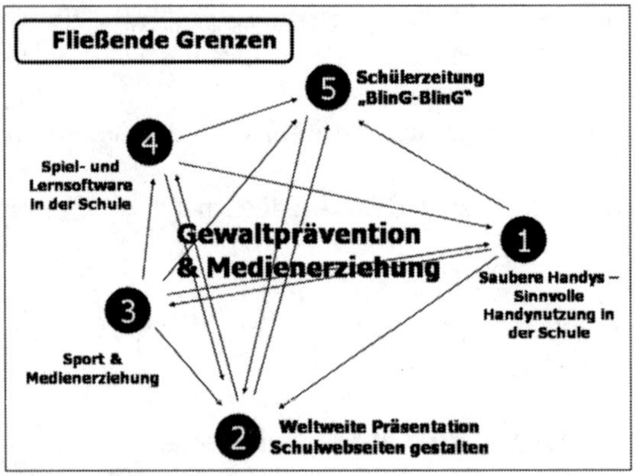

Abb. 1: Schematische Darstellung der Überschneidung der Arbeitsbereiche der Medien AG.
Die einzelnen Arbeitsbereiche der Schüler lassen sich durch die vielen möglichen Synergien im «Arbeitsalltag» nicht gänzlich voneinander trennen.

(Die für eine Schulwebseite ungewöhnlich hohen monatlichen Besucherzahlen bewegten sich zwischen 3.000 und 12.000 pro Monat. 2005 selbst konnten z.B. von Mai bis Dezember insgesamt 4466 Besucher verzeichnet werden).

Die thematisch unterschiedlichen Arbeitsbereiche, welche von den Schülern im Rahmen netzwerkorientierten Arbeitens miteinander verknüpft waren, sind nachfolgend aufgeführt.

Erstellung und Pflege der schuleigenen Webseiten

Die Schulwebseiten der Schule wurden mit Hilfe eines für Bildungseinrichtungen kostenlosen Content-Management-Systems (CMS)[12] gestaltet. Ein großer Vorteil dieser Technik für den Nutzer liegt darin, dass beispielsweise Schüler als Redakteure ihnen zugeordnete Bereiche des Schulwebs zu jeder Zeit und von jedem Ort der Welt ohne Programmier- oder HTML-Kenntnisse bearbeiten können.[13] Die grundlegende Voraussetzung dafür sind ein internetfähiger Rechner und ein Webhostingpaket, welches die Nutzung einer sogenannten MYSQL-Datenbank für die serverseitige Installation des CMS ermöglicht.

Für Besucher bietet ein CMS u. a. den Nutzen, dass über eine integrierte Suchfunktion der gesamte, möglicherweise inhaltlich sehr umfangreiche Content (Inhalt) eines Schulwebs schnell und unkompliziert durchsucht werden kann. Im Rahmen der medienpädagogischen Arbeit hat die Medien AG Schule sehr kreativ und vielseitig gearbeitet. Exemplarisch stehen die folgenden ungesetzten Inhalte, die den Besuchern zur Verfügung gestellt wurden:

- PDF-Dateien mit Elterntipps wurden gestaltet und zum Download bereitgestellt («Wie kann man Handys sinnvoll in der Schule einsetzen», «Daten-

12 CMS Webedition www.webedition.de 4.x. Die aktuelle Version 6.0 wird aktuell unter GPL-Lizenz als Open Source vertrieben.

13 Umfassende Informationen rund um das Thema Schulwebseiten bietet www.schulhomepage.de (vgl. Beitrag von M. Dange in dieser Publikation).

verstecke im Handy – So verstecken Jugendliche ihre Daten vor Eltern», «Schmuddelinternet – Was kann man dagegen tun?»).

- Die Schüler griffen beispielsweise einen Beitrag aus dem Gästebuch[14] der Schulwebseiten auf, um eine Downloadseite für Gewaltvideos zu gestalten. Inhaltlich wurden auf dieser Seite jedoch «nur» alle nötigen Infos aus dem Bereich des Jugendmedienschutzes in Form weiterführender Weblinks, sowie verschiedene eigene Materialien (selbst erstellte Handyvideos, Infotexte) präsentiert. Diese Seite war eine der am häufigsten aufgerufenen des gesamten Schulwebs. Wurde beispielsweise in der Suchmaschine Google nach dem Begriff «Gewaltvideos» gesucht, erschien der Verweis auf diese Seite an erster Stelle.
- Die Schüler nutzen ihre Mobiltelefone während einer Projektwoche als Diktiergeräte und Fotoapparate. Die entstandene Dokumentation wurde als zusammenfassende «Projektzeitung» im PDF-Format auf den Schulwebseiten präsentiert.

Das Projekt «Saubere Handys»

Schwerpunktmäßig wurde hier der Fokus auf den sinnvollen Einsatz von Mobiltelefonen in der Schule vor dem Hintergrund der Gewaltprävention gerichtet. Im Rahmen der medienpädagogischen Arbeit wurden die Mobiltelefone der Schüler in verschiedenen Unterrichtssituationen eingesetzt. Die Schüler konnten die Möglichkeiten einer sinnvollen Nutzung der Mobiltelefone direkt erproben und Erfahrungen ableiten. Einige ausgewählte Beispiele für erprobte Schülervorschläge für den sinnvollen Umgang mit Mobiltelefonen im Unterricht finden sich nachfolgend:

- Zur Dokumentation von Schulveranstaltungen und außerschulischen Aktivitäten (Schulfeste, Projektwochen, Fachtagungen, Informationsveranstaltungen u. a.)
- Zum Durchführen von Schülerinterviews (Schulzeitung, Pausenhofgespräch)
- Zur Dokumentationen von Experimenten im naturwissenschaftlichen Unterricht (Chemie, Biologie, Physik)
- Als Korrekturhilfe im Sportunterricht
- Als Musikanlage bei Schulsportveranstaltungen
- Als Dokumentationsgerät bei simulierten Bewerbungsgesprächen
- Zur Erstellung von Fotostories (z. B. über die Schule)
- Zur Videoerstellung (z. B. Schülerprotestvideo gegen die drohende Schließung der Schule im Jahr 2010)

14 Ein Besucher der Schulwebseiten trug am 02.02.2006 verärgert ein, dass er gerne Gewaltvideos downloaden möchte, diese jedoch nicht finden kann.

Weiterführend verfassten die Schüler auch frei verfügbare Informationstexte für Eltern. Zum einen wurde beschrieben, wie Schüler die Technik des Mobiltelefons nutzen, um Datenmaterial vor neugierigen Blicken zu schützen, zum anderen wurde beschrieben, wie und wo Jugendliche im Internet jugendgefährdende Inhalte (Videos) finden und aufrufen. Jugendliche nutzen beispielsweise große Suchmaschinen mit bestimmten, nicht unbedingt geläufigen Suchbegriffen, um jugendgefährdende Inhalte abzurufen. Eltern wurden dabei immer auch technische Möglichkeiten aufgezeigt, wie sie beispielsweise den Zugriff auf entsprechende Internetseiten auf einen internetfähigen PC oder Mobiltelefon beschränken können.

Schulzeitung «BlinG-BlinG»

Im Januar 2006 wurde das erste eigene Printmedium der Schule, die «BlinG-BlinG» produziert.[15] Als Schulzeitung war die mit 16 Seiten im Din A4 Format gedruckte Erstausgabe ein gemeinsames Produkt von Schülern und Lehrkräften der Schule. Neben der Präsentation von Inhalten auf den Schulwebseiten, hatten die Schüler nun auch ein eigenes Printmedium. Dort wurden neben aktuellen Informationen aus dem Schulleben auch die Arbeitsinhalte der Medien AG präsentiert. Alle in diesem Beitrag beschriebenen medienpädagogischen Inhaltsbereiche konnten dort nachvollzogen werden. Eine Vorgabe, welche die Schüler gern erfüllten, war jeweils die Erstellung mindestens eines Beitrages zur sinnvollen Handynutzung pro Ausgabe. Bis zum Jahr 2009 wurden insgesamt 5 Ausgaben in jeweils einer Auflage von 100 Stück mit bis zu 26 doppelseitig bedruckten Seiten über einen Internetdruckanbieter günstig in Farbe/Hochglanz gefertigt. Ziel war es jeweils, eine Ausgabe pro Schulhalbjahr zu erstellen, die einmal als Printversion und einmal als downloadbare PDF-Datei zur Verfügung stand[16].

Die entstehenden Druckkosten in Höhe von ca. 300-400 € wurden dabei zum Großteil über Sponsoren aufgebracht.

Bei der Erstellung konnten die Schüler auf vielfältige Kenntnisse und Erfahrungen zurückgreifen, die sie während der Arbeit im Rahmen der Arbeitsgemeinschaft machten (u. a. das Erstellen von Texten, digitale Bildbearbeitung, Internetrecherche, Gestaltung von Zeitungsseiten). Dieses von Schülern und Lehrkräften gestaltete Medium erfreute sich schnell großer Beliebtheit in der gesamten Schule und ermöglichte den Schülern erneut wertvolle Erfahrungen, die für die Schüler auch im Hinblick auf eine positive Persönlichkeitsentwicklung und die Identifikation mit der Schule wertvoll waren. Insbesondere die redaktionelle Arbeit an der Schulzeitung, die u. a. auch an gemeinsame Textkorrekturarbeiten, Textüberarbeitungen,

15 Alle 5 Ausgaben lassen sich unter www.marcus-luepke.de herunterladen, letzter Abruf: 01.01.2010.

16 Die Ausgaben 1–5 wurden im Zeitraum 2006 bis 2009 monatlich bis zu 800x im Internet abgerufen.

das Einhalten von Terminen (z. B. Redaktionsschluss), das Beantworten digitaler Post, gebunden war, bildete die Grundlage für transferreife Kompetenzen.

Einen würdigen Abschluss erhielt die Arbeit durch den Gewinn des Juniorenpressepreises 2008, der jährlich vom Verband der Niedersächsischen Jungredakteure für Bremen und Niedersachsen vergeben wird.

Computer- und Konsolenspiele

Arbeitet man mit Jugendlichen im Bereich der praxisorientierten Medienerziehung, kommt man um das Thema Computer- und Konsolenspiele schwerlich herum. Besonders vor dem Hintergrund der Gewaltprävention und dem Jugendmedienschutz ist es wichtig, dass Erwachsene mit Jugendlichen auf Augenhöhe im Gespräch bleiben und möglichen Risiken und Chancen gemeinschaftlich begegnet wird. Der Austausch mit den Jugendlichen schafft hier Handlungssicherheit auf beiden Seiten.

Im Rahmen der AG-Arbeit konnten die Schüler verschiedene Computer- und Konsolenspiele anhand selbst erarbeiteter Kriterien beurteilen. Dabei wurden die aktuellsten Spielekonsolen sowie Spiel- und Lernsoftware im Computerraum der Schule genutzt. Offensive Anfragen nach materieller Unterstützung[17] der Arbeitsidee wurden von vielen Spiele- und Konsolenherstellern positiv beantwortet, was die Arbeit erleichterte, vor allen Dingen aber auch erst ermöglichte. Diese Nähe zur Spiele herstellenden Industrie kann natürlich auch kritisch gesehen werden. Allerdings ist es aus meiner Erfahrung heraus schwerlich möglich, aktuelle Aspekte des Jugendmedienschutzes besonders im Hinblick auf das Thema «Computer- und Konsolenspiele» so praxisnah mit einer (wie hier beschriebenen) Schüler AG zu thematisieren, wenn diese Unterstützung fehlt. Die Weiterentwicklung dieser Medien und der entsprechend nutzbaren Technik vollzieht sich so schnell, dass «Schule» hier (vor allem vor dem Hintergrund fehlender finanzieller Ressourcen) nicht mithalten kann.

Arbeitsergebnisse wurden beispielhaft auf den Schulwebseiten bzw. in der Schulzeitung in Form von Beurteilungen oder Praxistests präsentiert. Hier zeigt sich eine der eingangs beschriebenen Synergiemöglichkeiten, die dadurch zustande kommt, dass innerhalb einer medienbearbeitenden Schülergruppe stark vernetzt gearbeitet werden kann. Eine besondere Würdigung erfuhr die Arbeit durch das Angebot, gemeinsam an einem professionellen Spieleratgeber[18] mitzuarbeiten.

Besonders vor den in den Medien omnipräsenten Diskussionen über den Zusammenhang des Spielens sogenannter «Killerspiele» und Gewalttaten von Ju-

17 z. B. Leihgaben von Spielkonsolen, Bereitstellung von Spiel- und Lernsoftware oder weiterführende Presseinformationen zu aktuellen Veröffentlichungen.

18 Bundesfamilienministerium (2008): Spiel- und Lernsoftware pädagogisch beurteilt, Band 18.

gendlichen, ist die pädagogische Begegnung von Schülern und Lehrkräften mit dem Thema «Computer- und Konsolenspiele» im unterrichtlichen Rahmen überaus fruchtbar[19].

Sport und Neue Medien

Die Arbeit mit neuen Technologien ermöglichte viele Arbeitsfelder. Ein sehr interessantes Arbeitsfeld war der Einsatz dieser Technologien im Sportunterricht. Wie schon zu Beginn des Beitrages angeführt, haben die Schüler beispielsweise ihre Handys bei der Suche nach Antworten auf die Frage nach Möglichkeiten der sinnvollen Nutzung in der Schule auch im Sportunterricht genutzt. Durch die Entwicklung innovativer Techniken[20], konnte jedoch auch der Einsatz von Spielekonsolen und entsprechender Spielsoftware vor dem Hintergrund eines bewegungsorientierten Spielens aufgegriffen werden. Die vielfältigen positiven Möglichkeiten des Sports (gerade auch vor dem Hintergrund der Gewaltprävention) sollten hier in Kombination mit der Einbindung neuer Technologien positiv genutzt werden. Drei herausragende und mehrfach multiplizierte Arbeitsprojekte waren die im Folgenden kurz skizzierten:

Trendsport «Parkour» im Sportunterricht

Im Rahmen mehrerer Projekttage hatten Schüler der Medien AG 2007 gemeinsam mit anderen die Möglichkeit den unter Jugendlichen beliebten Sport «Parkour» bzw. «Free Running» auf dem Schulgelände zu erproben. Ein ganz wichtiger Aspekt war bei diesem Projekt die Begleitung der Schüler mit Mobiltelefonen und Digitalkameras, um spektakuläre Aufnahmen der eigenen Bewegungssequenzen zu erstellen. Diese Videos wurden dann bearbeitet und im Internet auf den Schulwebseiten oder Videocommunities präsentiert. Da auf gängigen Videocommunities sehr viele Videos zu diesem Sport zu finden sind und so auch die Thematik innerhalb der Projektwochen von den Schülern gewünscht wurde, lag ein wichtiger Aspekt in der Bearbeitung auch darin, dass die Schüler diese Videos und die dargestellten Bewegungen auf der Basis eigener Erfahrungen im Sinne der Medienerziehung kritisch beurteilen.[21]

19 vgl. Beitrag Lüpke/ Eberlei in dieser Publikation.

20 Nintendo Wii Konsole inkl. innovativer Bewegungssteuerung und entsprechender Software Wii Sports/Wii Fit.

21 Die Bewegungen der sog. «Free-Runner» lassen sich aus gängigen Gerätturnübungen ableiten. Wie beim Gerätturnen ist beispielsweise die Verletzungsprophylaxe ein sehr wichtiger Aspekt, der in der Begeisterung für die spektakulären akrobatischen Bewegungen bei Jugendlichen häufig nicht berücksichtigt wird.

Fitnesstraining mit virtuellen Trainern

Bei diesem Inhalt wurde 2007 eine Wii Spielekonsole[22] zusammen mit der Wii Fit Software und einem speziellen, mit Bewegungssensoren versehenen «Balaceboard» in der Sporthalle mit einer Gruppe von 16 Schülern im Alter von 15 bis 17 Jahren gleichzeitig genutzt. An mehreren Projekttagen hatten die Schüler hier die Möglichkeit mit virtuellen Fitnesstrainern in der Sporthalle ein Muskeltraining bzw. einfache motorische Übungen und Geschicklichkeitsspiele zu erproben.[23] Auch hier wurden, genau wie im nachfolgend beschrieben Arbeitsteil «Baseball», persönliche Erfahrungen der Schüler in der Schulzeitung und auf den Schulwebseiten selbst erstellt und präsentiert.

Baseball virtuell und real

In diesem Unterrichtsteil hatten die Schüler die Möglichkeit sowohl in der Sporthalle als auch auf dem Außensportbereich das Sportspiel Baseball zu spielen. Zum Einsatz kam auch hier die Wii Konsole mit der Software Wii Sports.

Hinweis: Großteil der in diesem Beitrag angeführten Materialien und Arbeitsergebnisse (Schulzeitungen, Projektzeitungen, Schülerartikel, Spielkonsolenbeurteilungen, Spiel- und Lernsoftwarebeurteilungen u. a.) kann inkl. einer umfassenden Sammlung der Presseveröffentlichungen auf den Webseiten des Autors unter www.marcus-luepke.de abgerufen werden.

---

22 Hersteller Nintendo www.nintendo.de.

23 Eine detailliertere Darstellung des Unterrichtsprojektes findet sich in Marcus Lüpke (2009): Computerspiele im Sportunterricht, www.spieleratgeber-nrw.de (letzter Abruf: 01.01.2010).

Markus Dange

Pädagogische und rechtliche Aspekte der Gestaltung von Schulhomepages als Transportmedium schulischer Arbeit vor dem Hintergrund der Medienpädagogik

Unter «Schulhomepage» wird in diesem Artikel die offizielle Präsentation einer Schule im Internet verstanden. Sie ist von der Schulleitung genehmigt und stellt die Schule in ihrer Gesamtheit möglichst umfassend dar. Schulhomepage bezeichnet hier somit zum Beispiel nicht den Internetauftritt einer einzelnen Klasse oder aber eine von Schülern[1] initiierte Website ohne Genehmigung der Schulleitung.

Teil A – Pädagogische Aspekte

Ausgangslage

Die eigene Homepage ist Ende 2009 für die meisten Schulen in Deutschland selbstverständlich. Da Internetzugänge und der Umgang mit Inhalten aus dem Internet inzwischen auch in den Schulen zum Alltag geworden sind, ist auch die Schulhomepage Pflicht. Sie wird von Schülern, Eltern und zumindest der regionalen Öffentlichkeit erwartet – dies insbesondere, da viele Schulen ein Medienkonzept anbieten. Die Schulhomepage ist hierbei eine exzellente Möglichkeit die Medienkompetenz der Schüler und Lehrer zu beweisen und zugleich die Schule umfassend und leicht zugänglich in einer breiten Öffentlichkeit darzustellen.

Im Folgenden werden Ziele für eine Schulhomepage und besondere Merkmale einer guten Schulhomepage dargestellt, um dann darzulegen, welche pädagogischen Konsequenzen sich hieraus für die Praxis ergeben.

Ziele einer Schulhomepage

Mit der Veröffentlichung der Schulhomepage zeigt die Schule Medienkompetenz in einer breiten Öffentlichkeit und kann dadurch Pluspunkte im Vergleich mit an-

1 Zur Vereinfachung wird in diesem Artikel die inkludierte Form verwendet.

deren Schulen gewinnen. Ganz «nebenbei» identifizieren sich die beteiligten Schüler und durch die Erstellung der Schulhomepage stärker mit der Schule.

Folgende Ziele erscheinen für eine Schulhomepage besonders wichtig:

- Bereitstellung von Informationen über die Schule und das Schulleben
- Öffentlichkeitsarbeit und Veröffentlichung von Neuigkeiten
- Veröffentlichung von Schülerarbeiten und Anbindung an den Fachunterricht
- Bereitstellung von Materialien und Informationen für Schüler
- Erwerb von Medienkompetenz und Darstellung dieser Medienkompetenz: Sicherheit im Umgang mit Medien
- Positionierung gegenüber anderen Schulen
- Verbesserung der «Corporate Identity» (Identifizierung mit der Schule)
- Förderung von Kommunikations- und Sozialkompetenzen
- Fähigkeit zur Planung und Durchführung eines großen Projektes.

Elemente einer Schulhomepage

Folgende Elemente erscheinen für eine Schulhomepage besonders wichtig:[2]

1. **Inhalt**:
   Impressum und Kontaktmöglichkeiten, Lehrer und ggf. besondere Aufgaben in der Schule (zum Beispiel Schulleitung), Elternvertretung, Schülervertretung, Schulgeschichte, Schulprogramm/-profil, wichtige Termine; Umfang, Aktualität, Qualität der Texte; Berücksichtigung der Zielgruppen Eltern, Schülerschaft, Öffentlichkeit und Kollegium
2. **Design und Benutzerfreundlichkeit**:
   Ansprechende farbliche Gestaltung, klare und einfache Navigation, Übersichtlichkeit, Design passend zur Schule, eigenes Design statt Vorlage, einheitliches Design aller Seiten der Schulhomepage, keine toten Links
3. **Schüler**:
   Angebote für Schüler: Stundenplan, Arbeitsgemeinschaften, Förderunterricht, besondere Aktivitäten (Wettbewerbe usw.), Einbindung der Schüler in die Erstellung der Homepage
4. **Interaktivität und Kreativität**:
   Gästebuch, Bildergalerie, Online-Lernen, Forum, Tauschbörse, Linksammlung, kreative Inhalte

2 Vgl. http://www.schulhomepage.de/wiki/bewertungskriterien-fuer-den-schulhomepage-award am 22.11.2009.

5. **Technische Realisierung**:
   Fehlerfreiheit bei der Verwendung der Schulhomepage, möglichst weitgehende Einhaltung der Standards für CSS und (X)HTML,[3] barrierearmes Webdesign: wichtigste Punkte der Web Accessibility Initiative[4]; Ladezeit, Schutz vor Spam

Praktische Anregungen zur Realisierung der oben genannten Ziele und Elemente einer Schulhomepage mit den Schülern

1. Sicherheit im Umgang mit Medien

Computer und Internet üben eine magische Anziehungskraft auf Kinder und Jugendliche aus, doch im Umgang damit werden die meisten von ihnen immer noch allein gelassen. Bevor die eigene Mediengestaltung beginnt, sollten Schüler daher einen möglichst sicheren Umgang mit Internet, Handy und dem Computer erlernen, um sich so sicher im Netz bewegen zu können. Ziel ist es hierbei vor allem, den Schülern ein Bewusstsein dafür zu vermitteln, mit welchen Gefahren sie zum Beispiel rechnen müssen[5]:

- Ausspionieren von Daten und Passwörtern
- Datenverlust
- Viren, Trojaner und Spyware
- Missbrauch des eigenen Internetzugangs per WLAN
- Betrug beim Online-Banking
- Spam-Emails
- Pornographie, Gewaltdarstellung, Rechtsradikalismus und Rassismus
- Download und Weitergabe von urheberrechtlich geschützten Inhalten
- Trickbetrüger, die «kostenlos»-Masche und Abofallen
- Ausspionieren der Privatsphäre.

Zur Aufklärung und Vermittlung von praktischen und einfachen Schutzstrategien gibt es viele sehr gute Materialen, wie zum Beispiel:

- die umfassende Handreichung für Lehrkräfte und Fachkräfte in der außerschulischen Jugendarbeit und Polizei[6]

3 Vgl. http://validator.w3.org/ und http://de.selfhtml.org/ am 22.11.2009.

4 Vgl. http://de.wikipedia.org/wiki/Web_Accessibility_Initiative#Die_wichtigsten_Punkte am 22.11.2009.

5 Vgl. http://www.medien-sicher.de/wp-content/uploads/2009/02/gbs_medienratgeber-flyer.pdf am 22.11.2009.

6 http://www.polizei-beratung.de/file_service/download/documents/Im_Netz_der_neuen_Medien.pdf am 22.11.2009.

- die Websites www.sicherheit-macht-schule.de, www.jugendschutz.net, www.klicksafe.de oder www.medien-sicher.de.

2. Inhalt

- Die Schüler planen die Inhaltsbereiche der Schulhomepage mit den zentralen Fragestellungen «Wer macht was?» und «Was macht unsere Schule aus?». Diese Planung kann zum Beispiel mit Computer und Beamer geschehen. Dann entfällt auch das spätere Eintippen der Ideen. Hilfreich ist hierbei eine Übersicht über die verschiedenen Aufgaben der Personen in der Schule, die der Schulleitung meistens vorliegt.
- Vorstellung der geplanten Inhalte in der Schülervertretung, der Lehrerkonferenz und Elternpflegschaft. Dies sollte möglichst frühzeitig geschehen, da eine Schulhomepage ein wichtiger Bereich der Öffentlichkeitsarbeit ist und deshalb diese Gremien mitentscheiden, welche Inhalte dargestellt werden. Ferner kann so vermieden werden, dass bereits produzierte Seiten letztlich nicht veröffentlicht werden dürfen.
- Aufteilung der verschiedenen Bereiche auf die Schüler, Lehrer und Eltern. Dabei muss genau überlegt werden, wer welche Aufgaben sinnvoll übernehmen kann. Hierbei gilt der Grundsatz, Schüler möglichst stark einzubinden.
- Festlegen eines Termins zur Veröffentlichung der Homepage. Dieser Termin sollte nicht zu früh gewählt werden. Ein realistischer Termin ist etwa sechs Monate nach dem Beginn der Arbeit an der Schulhomepage, wenn wöchentlich hieran gearbeitet wird.
- Nachdem die Schulhomepage im Internet veröffentlicht wurde, ist die Arbeit jedoch noch lange nicht getan. Dann geht es darum, die Informationen auf einem aktuellen Stand zu halten und einzelne Bereiche weiterzuentwickeln. Dafür muss kontinuierlich weitergearbeitet werden. Gerade hieran mangelt es jedoch häufig. Bei vielen Schülern geht schnell die Lust an der Weiterarbeit verloren, sobald «ihr» Teil der Homepage im Internet steht. Ebenso verliert sich schnell der Reiz der «ersten Publikation im Internet».

  Um diesem Interessenverlust zu begegnen, gibt es vor allem die Möglichkeit, den Schülern mit wachsendem Können immer neue und anspruchsvollere Aufgaben bei der Schulhomepage zuzuweisen. Besonders wichtig ist es hierbei darauf zu achten, dass die Schüler weder unterfordert noch überfordert werden. Denn beides kann leicht dazu führen, dass die Schüler ihr Interesse vollständig verlieren.

  Ferner besteht die Möglichkeit, das Interesse der Schüler an der Schulhomepage durch Aktualisierungsaufgaben aufrechtzuerhalten. Die aktuelle Schülerzeitung auf der Schulhomepage, die letzten Klassenfahrten, Projekte und aktuelle Veranstaltungen usw. bieten beständig neue Aufgaben für «Schülerreporter».

- Die Erstellung der Schulhomepage lässt sich an viele Fächer anbinden: Der Informatik- oder Naturwissenschaftsunterricht übernimmt die technische Realisierung, im Kunstunterricht kann das Design entwickelt werden, der Deutschunterricht vermittelt Kenntnisse zum Schreiben für das Internet[7]. Auch alle anderen Fächer können Projekte auf der Schulhomepage präsentieren.

3. Design und Benutzerfreundlichkeit

Eine benutzerfreundliche Schulhomepage[8] ist besonders wichtig: Jeder Besucher sollte sich vor allem sehr leicht auf der Schulhomepage zurechtfinden. Ohne ein benutzerfreundliches Schulhomepage-Design werden die Besucher die Schule schlecht wahrnehmen. Hierbei muss besonders darauf geachtet werden, dass der Besucher sich nicht immer wieder fragen muss, wie die Webseite funktioniert oder was sich hinter einem Link verbirgt. Je weniger Fragen sich der Besucher stellt, desto besser wird er die Schulhomepage empfinden. Dadurch schafft eine benutzerfreundliche Schulhomepage auch Vertrauen in die Schule[9]. Um dies zu erreichen, muss die Schulhomepage immer wieder – am besten von unbeteiligten Personen – getestet werden. Die Fragen und Probleme, die diese Personen haben müssen geklärt werden. Eine praktische Anleitung hierzu gibt es zum Beispiel bei www.drweb.de/magazin/usability-tests-selber-durchfuhren/.

4. Schüler

Grundsätzlich sollten Schüler bei der Gestaltung der Schulhomepage möglichst oft und in möglichst vielen Bereichen integriert werden. Inwiefern dies realisiert werden kann, liegt zum einen an den Möglichkeiten der mitarbeitenden Schüler, zum anderen aber auch an der Förderung der Schüler. Sicherlich kann ein Grundschüler weniger Aufgaben übernehmen als ein Oberstufenschüler. Aber Schüler derselben Schulform und derselben Altersstufe können sehr unterschiedliche Fertigkeiten entwickeln, indem sie gezielt an Aufgaben herangeführt werden und schrittweise neue Felder kennenlernen. So lernt ein Schüler zuerst die Bildoptimierung für das Internet, während ein anderer erst die Struktur eines Teilbereichs optimiert und dann nach einiger Erfahrung die Strukturierung der gesamten Schulhomepage koordiniert. Nach und nach kann so immer mehr Verantwortung an die Schüler übertragen werden.

In jeder Schule stehen die Schüler im Mittelpunkt, daher sollte auch die Schulhomepage möglichst viele konkrete Angebote für Schüler bieten.

---

7 Vgl. http://www.schulhomepage.de/benutzerfreundlichkeit/schreiben/ am 22.11.2009.

8 Vgl. http://www.schulhomepage.de/benutzerfreundlichkeit/ am 22.11.2009.

9 Vgl. http://www.lehrer-online.de/die-schulhomepage.php am 22.11.2009.

5. Interaktivität und Kreativität:

Der Computer ist für die meisten Schüler ein großer Anziehungspunkt. Sie chatten, schreiben Emails, nutzen Online-Communitys, hören Musik aus dem Internet, spielen Computerspiele und vieles mehr.

Auffällig ist dabei, dass die Computer- und Internetnutzung fast ausschließlich in Form eines Konsumierens geschieht:

- Online-Chatrooms und E-Mail-Dienste werden genutzt, um schnell zu kommunizieren
- Spiele werden nicht selbst gestaltet, sondern durchgespielt
- Internetseiten werden aufgerufen und nur selten selbst erstellt.

Zwar wissen fast alle Schüler und Jugendlichen wie bei Communitys ein Persönlichkeitsprofil angelegt und eigene Bilder hochgeladen werden können, jedoch kann dadurch nicht von umfassender kreativer Gestaltung gesprochen werden. Es bleibt fast immer beim Konsumieren.

Die Tatsache, dass die meisten Schüler sehr viele Möglichkeiten des Computers und des Internets nutzen, kann berücksichtigt werden. Internetangebote können gemeinsam mit den Schülern besucht und anschließend kritisch hinterfragt werden, beispielsweise so:

- Welche Funktionen bietet eine erfolgreiche Online-Community? Wie kann ich selbst eine Community starten?
- Wie wird ein Computerspiel erstellt? Wie muss es gestaltet sein, um Spaß zu machen?
- Ist es schwierig eine eigene Internetseite zu gestalten? Was macht eine gute Website aus?
- Wie plane ich eine umfangreiche Website wie eine Schulhomepage im Team?
- Was ist ein Content Management System und wie hilft es mir?
- Welche rechtlichen Aspekte müssen beachtet werden?
- Was ist Benutzerfreundlichkeit? Worauf muss ich hierbei achten?
- Welche interaktiven Möglichkeiten können Besucher der Schulhomepage nutzen?

Das Hinterfragen führt in vielen Fällen dazu, dass Schüler die Funktion selbst ausprobieren und nach ihren eigenen Vorstellungen gestalten wollen. Auf diesem Wege können Schüler vom Konsumieren zur kreativen Gestaltung geführt werden. Schließlich lernen sie eigene Ideen zu realisieren und auf der Schulhomepage zu veröffentlichen.

Dabei muss jedoch darauf geachtet werden, dass durch Interaktion keine Personen verunglimpft oder aber rechtliche Aspekte[10] missachtet werden. Ein Gästebuch sollte zum Beispiel Inhalte erst nach vorheriger Kontrolle anzeigen. Die Möglichkeit Fotos zu «verzerren», sollte nur mit Einverständnis der Betroffenen gegeben werden.

6. Technische Realisierung:

Zu beachten ist, dass für die Erstellung einer Website mehrere funktionierende Computer (inklusive regelmäßiger Datensicherung) und spezielle Software zur Erstellung der Webseiten benötigt werden.[11] Vor der Produktion eigener Webseiten sollten Schüler Grundlagen der Webseitenerstellung erlernen. Hierzu eignen sich zum Beispiel die hervorragenden Anleitungen bei http://de.selfhtml.org und www.drweb.de sowie der Artikel «Layouten von Webseiten».[12] Sehr hilfreich zum Erstellen von Webseiten sind der kostenlose Webeditor KompoZer[13] und zur Bildbearbeitung das ebenfalls kostenlose Programm *Paint.Net*.[14]

Nun kann die eigentliche technische Realisierung der Schulhomepage in Angriff genommen werden: Zur Erstellung der Schulhomepage ist grundsätzlich der Einsatz eines Content Management Systems (CMS) sinnvoll. Mit diesem werden die Webseiten basierend auf Designvorlagen erstellt. Es müssen daher immer nur wenige Designvorlagen für die gesamte Schulhomepage erstellt und gepflegt werden. Dadurch wird der Arbeitsaufwand drastisch reduziert. Ein Content Management System lohnt sich vor allem für größere Schulhomepages mit mehr als 50 Seiten. Alternativ zu einem CMS können auch eigene «Bausteine» verwendet werden, um so wiederkehrende Elemente bequem verwenden zu können.[15]

Mit einem Content Management System kann darüber hinaus genau bestimmt werden, wer welche Inhalte erstellen, bearbeiten oder veröffentlichen darf. Teamarbeit wird dadurch sehr leicht.

Empfehlenswert und auch am beliebtesten ist das Content Management System Joomla,[16] da es komplett kostenlos und leicht bedienbar ist. Außerdem gibt es sehr guten Support und es bietet alles, was für eine Schulhomepage benötigt wird.

---

10 Siehe auch Teil B – Rechtliche Aspekte.

11 Vgl. http://www.schulhomepage.de/software/ am 22.11.2009.

12 http://www.schulhomepage.de/wiki/layouten-von-webseiten am 22.11.2009.

13 Vgl. http://www.nvu-composer.de/ am 22.11.2009.

14 Vgl. http://www.getpaint.net/ am 22.11.2009.

15 Vgl. http://www.schulhomepage.de/cms_test/argumente_gegen_cms.php am 22.11.2009.

16 http://www.joomla.de/

Ebenso hilft der Bereich http://www.schulhomepage.de/content_management/ das beste System auszuwählen. Auf www.schulhomepage.de/cms_test/ gibt es über 440 ausführliche Bewertungen von insgesamt 40 verschiedenen Content Management Systemen zur Eignung für eine Schulhomepage.

Aus technischer Sicht ist auch darauf zu achten, dass die gesamte Schulhomepage übersichtlich bleibt und einfach zu warten ist, da der Arbeitsaufwand ohnehin sehr hoch ist: je nach Größe der Schulhomepage zwischen 3 und 10 Stunden pro Woche. Hilfreich ist ein gut durchdachtes System von Ordnern sowie eine einheitliche Strukturierung der unterschiedlichen Bereiche[17]. Etwas mehr Arbeit und Mühe bei der ersten Erstellung der Schulhomepage zahlt sich auf lange Sicht vielfach aus.

Teil B – Rechtliche Aspekte

Die folgenden Hinweise stellen keine Rechtsberatung dar, sondern sollen lediglich praktische Hinweise geben. Zur Schaffung von Rechtssicherheit ist die Beratung durch einen Rechtsanwalt zwingend notwendig. Sehr gute Rechtsinformationen rund um die Erstellung einer Schulhomepage bietet www.lehrer-online.de/faqs-schulhomepage.php.

Einige besonders wichtige Aspekte werden hier vorgestellt:

1. Impressum[18]

Auch Schulhomepages müssen ein rechtlich einwandfreies Impressum haben. Da dies gar nicht so einfach ist, droht leider vielen Schulen eine teure Abmahnung von «findigen» Juristen. Informationen, um ein rechtlich einwandfreies Schulhomepage-Impressum zu erstellen, gibt es bei www.schulhomepage.de/recht/schulhomepage_impressum.php. Außerdem hilft es das Impressum in einer Grafik zu veröffentlichen. Selbst wenn ein Fehler vorhanden sein sollte, kann es so nicht so leicht von Abmahnern gefunden werden.

2. Fotos der eigenen Schüler

Streng genommen müssen vor jeder Veröffentlichung die Eltern aller darauf abgebildeten Schüler schriftlich um Erlaubnis gebeten werden. In der Praxis wird es aber oft so gehandhabt, dass die Fotos vor der Veröffentlichung mit gesundem Menschenverstand aussortiert und falls es dennoch ein Problem geben sollte umgehend gelöscht werden. Manche Schulen holen sich auch bei der Anmeldung der Schule eine pauschale Erlaubnis von den Eltern, Fotos ihrer Kinder auf der Schulhomepage veröffentlichen zu dürfen.

---

17 Vgl. auch http://www.schulhomepage.de/benutzerfreundlichkeit/orientierung/richtig_verlinken.php am 22.11.2009.

18 Siehe auch Teil III, 1 – Inhalte einer Schulhomepage.

3. Lehrerfotos

Lehrerfotos sind immer wieder ein Streitfall. Viele Lehrer fürchten, dass ihre Fotos von der Schulhomepage zur Verunstaltung genutzt werden. Erfahrungsgemäß stoßen daher Lehrerfotos auf weniger Unmut, wenn entweder Porträt-Fotos nur von den Kollegen veröffentlicht werden, die zugestimmt haben oder aber nur ein gemeinsames Kollegiumsfoto veröffentlicht wird. Bei diesem sind dann die Kollegen zu klein dargestellt, um verunstaltet werden zu können.

4. Urheberrecht

Schüler suchen gerne nach Bildern und Fotos im Internet. Diese dürfen auch auf der Schulhomepage nur mit Erlaubnis des Urhebers veröffentlicht werden.

Fazit

Die Erstellung und der Betrieb einer Schulhomepage bieten ein enormes Potential medienpädagogisch mit Schülern zu arbeiten. Es werden sehr viele Schüler und fast alle medienpädagogischen Gebiete einbezogen, sodass bei der Ausgestaltung kaum Grenzen bestehen. Das Besondere der Schulhomepage besteht außerdem darin, dass jede Schule diese benötigt. Somit wird das Betätigungsfeld zur Vermittlung von Medienkompetenz nicht künstlich erzeugt, sondern ergibt sich automatisch aus der schulischen Wirklichkeit.

Diese beiden Faktoren – sehr breite Einsatzmöglichkeiten und enger Bezug zur schulischen Wirklichkeit – sind entscheidende Faktoren, die dafür sorgen, dass die Vermittlung von Medienkompetenz durch die Schulhomepage mit großer Wahrscheinlichkeit gelingt. Somit bietet die Schulhomepage eine hervorragende Möglichkeit, zum Beispiel das nach den Vorschriften des Schulministeriums NRW zu vermittelnde Medienkonzept erfolgreich umzusetzen.

Voraussetzung bleibt jedoch, dass die Medienkompetenzvermittlung mit viel Zeiteinsatz, in mehreren Schritten und mit umfangreicher Kenntnisvermittlung einhergeht. Dies können die verantwortlichen Lehrer nur im Rahmen von Arbeitsentlastung schaffen. Sie benötigen je nach Einsatz und Aufwand mindestens drei Wochenstunden Arbeitszeitentlastung, um damit zumindest einen Teil des hohen Arbeitsaufwandes bewältigen zu können. Dies zu realisieren, ist Aufgabe der Schulministerien und Schulleitungen.

Meike Isenberg

Spiel, Spaß und Verantwortung: Computerspiele und virtuelle Welten als Herausforderung für Eltern und Pädagogen

Eine exemplarische Vorstellung medienpädagogischer Projekte und Forschungsaktivitäten der Landesmedienanstalten

Computerspiele und virtuelle Welten sind ein fester Bestandteil im Alltag von Heranwachsenden. Wie die aktuelle JIM-Studie des Medienpädagogischen Forschungsverbundes Südwest (mpfs) zeigt, besitzen Jugendliche mittlerweile eher einen Computer als einen Fernseher und über die Hälfte verfügt über einen eigenen Internetanschluss (JIM 2008). Der Computer wird vornehmlich zum Arbeiten für die Schule, zum Spielen von Computerspielen und zum Kommunizieren via E-Mail, Chat und Instant Messaging genutzt. Ebenfalls beliebt sind sogenannte Web 2.0-Angebote, also Social Networks wie StudiVZ und SchülerVZ, Videoplattformen wie YouTube und MyVideo sowie Online-Enzyklopädien wie Wikipedia, also Angebote, bei denen Internetnutzer aktiv Medieninhalte gestalten und online einstellen können. Die zitierte JIM-Studie zeigt jedoch auch Problemfelder im Kontext der Computernutzung auf. Mit Blick auf das Thema Computerspiele zeigt sich unter anderem, dass die Mehrheit der Jugendlichen schon Spiele gespielt haben, die eine nicht für sie geeignete Altersfreigabe (USK-Kennzeichnung) besaßen. Darüber hinaus ist festgestellt worden, dass bei den jüngeren Jugendlichen, den 12- bis 13-Jährigen, oftmals Vereinbarungen mit den Eltern bezüglich Spielauswahl und -dauer bestehen, es jedoch mit zunehmendem Alter der Heranwachsenden keine Absprachen gibt. Hieraus leitet die Studie einen deutlichen Informationsbedarf der Eltern ab.

Wie Computerspiele und die verschiedenen Anwendungen des Internets zu bedienen sind, wissen Kinder und Jugendliche meist recht gut. Sie wissen, wie man Videos online bei YouTube einstellt, sie kennen die Internetseiten, auf denen die neusten Filme schon vor ihrer eigentlichen Veröffentlichung heruntergeladen werden können und sie wissen, wie man das Dateiformat eines Films aus Tauschbörsen entsprechend umwandelt, um ihn auf DVD brennen und auf dem Fernsehbildschirm anschauen zu können. Heranwachsende sind zumeist technisch fit und damit den Erwachsenen nicht selten weit voraus. Dies führt – sowohl aufseiten der Erwachsenen als auch Heranwachsenden – häufig zu dem Trugschluss, dass Kinder und Jugendliche sich bestens und risikolos in der Medienwelt zurechtfinden und Medienerziehung obsolet sei. Heranwachsende sind im Umgang mit Medien somit in oft hohem Maße technikkompetent. Da Technikkompetenz nicht mit Medienkompetenz gleichzusetzen ist, besteht ein Bedarf an Medienkompetenzförderung. Kinder und Jugendliche müssen lernen, kritisch, reflektiert und selbstbestimmt mit Medien umgehen zu können. So zeigt beispielsweise ein Blick in die Social Networks StudiVZ und SchülerVZ, dass die jungen Nutzer sich oftmals nicht bewusst sind, dass das Internet ein öffentlicher, für jedermann einsehbarer Raum ist und dass mitunter Gesetze und Rechte (ihre eigenen und die anderer) verletzt werden. Heranwachsende brauchen eine altersgerechte Begleitung ihrer Mediennutzung, die sowohl die Chancen als auch Risiken mit in den Blick nimmt.

Den Erwachsenen – Eltern, Pädagogen und Personen mit Beratungsfunktion gegenüber Familien – kommt hierbei eine Schlüsselfunktion zu. Es gibt viele verschiedene Beratungsangebote, um das eigene Wissen über einzelne Medien und deren Inhalte zu erweitern oder Unterstützung in der Medienerziehung zu erfahren. So findet man beispielsweise in den Jugendämtern, Familienbildungseinrichtungen und den örtliche Medienzentren kompetente Ansprechpartner. Für alle Fragen rund um das Thema Medienerziehung, sowohl für Eltern als auch für Multiplikatoren, sind auch die Landesmedienanstalten der einzelnen Bundesländer, zu deren zentralen Aufgaben die Förderung von Medienkompetenz gehört, ein zentraler Ansprechpartner. Angeboten werden eine Vielzahl meist kostenloser und nach verschiedenen Medien sowie Altersgruppen aufbereiteter Informationen und Materialien, die Eltern und Pädagogen in der Medienerziehung unterstützen. Darüber hinaus beauftragen die Landesmedienanstalten Forschungsprojekte zu verschiedenen Medienthemen, um aus Untersuchungen zu insbesondere medienpädagogischen Fragestellungen praktische Handlungsbedarfe ableiten und in medienpädagogische Maßnahmen umsetzen zu können.

Medienpädagogische Informationsangebote zum Thema «Computerspiele und virtuelle Welten»: Die Projekte «klicksafe», «Internet ABC» und die Broschüre «Computerspiele – Wissenswertes für Kinder, Jugendliche und Erwachsene»

Exemplarisch werden folgend einige Projekte vorgestellt, die unter anderem von Landesmedienanstalten getragen werden. Sie enthalten zielgruppengerechte Informationen und medienpädagogische Materialien zu den Themenschwerpunkten Computerspiele und virtuelle Welten (Bezugshinweise im Anhang).

klicksafe – Die Initiative für mehr Sicherheit im Netz

klicksafe versteht sich als zentrale Anlaufstelle für Informationen über einen sichereren Umgang mit dem Internet. klicksafe wird gemeinsam von der Landeszentrale für Medien und Kommunikation (LMK) Rheinland-Pfalz (Projektkoordination) und der Landesanstalt für Medien Nordrhein-Westfalen (LfM) umgesetzt. Das Projekt ist Teil des Verbundes der deutschen Partner im Safer Internet Programm der Europäischen Union. Neben klicksafe gehören diesem die Internet-Hotlines internetbeschwerdestelle.de (durchgeführt von eco und FSM) und jugendschutz.net sowie das Kinder- und Jugendtelefon von Nummer gegen Kummer (Helpline) an. Mit dem Projekt klicksafe sollen Heranwachsende, Eltern, Pädagogen, mit Medienbildung befasste Organisationen und Institutionen, aber auch Unternehmen und Betreiber von Internetseiten angesprochen werden. Als deutsches Safer Internet Centre bietet klicksafe den genannten Zielgruppen praktische Hilfestellung zum Surfen im Netz und informiert umfassend über Sicherheitsthemen im Internet. Hierbei werden bestehende Informationsangebote und Initiativen bundesweit vernetzt und verlinkt. Neben grundlegenden Informationen, Tipps und aktuellen Meldungen gibt es viele praktische Materialien in Form von Flyern und Broschüren.

Zu den Materialien, die sich explizit an Eltern richten, gehören die Flyer «Computerspiele-Tipps für Eltern», «Internet-Tipps für Eltern» und «Sicherer in Social Communities: Tipps für Eltern». Der Computerspiele-Flyer gibt Eltern praktische Hinweise, auf was sie bei der Computerspielnutzung ihres Kindes achten sollten. Beispielsweise wird Eltern angeraten, sich mit ihrem Kind über die Spiele, die es spielt, auszutauschen und mitzuspielen. Aktiv an der Medienwelt der Heranwachsenden teilzunehmen, und sei es nur probeweise, hilft, ein Verständnis für die Faszinationskraft des jeweiligen Medieninhalts zu gewinnen. Wenn man sich beispielsweise zeigen lässt, wie das Lieblingscomputerspiel funktioniert, dann erlebt man schnell selbst, wie zügig die Zeit beim Spielen vergehen kann. Neben weiteren Tipps, wie das Achtgeben auf die Alterskennzeichnung von Spielen und dem Vereinbaren (und Einhalten!) von Spielzeiten, verweist der Flyer auf weiterführende Informationsquellen, wo Eltern sich unter anderem über Spielgenres und medienpädagogisch aufbereitete Spielrezensionen informieren können. Der Flyer «Internet-Tipps für Eltern», der auch in türkischer Sprache erhältlich ist, differenziert nach Tipps für Eltern von Kindern unter und über zehn Jahren. Vor allem Eltern von jüngeren Kindern stellt sich oft die Frage, wie sie das Surfen, Chatten und Mailen für ihre Kinder sicherer gestalten können. Der Flyer rät dazu, das Kind bei seinen ersten Besuchen ins Internet zu begleiten und sich auch in der Folge für dessen Netzaktivitäten zu interessieren. Es erfolgen ganz praktische Tipps, beispielsweise die Einrichtung eines eigenen Benutzerkontos mit eingeschränkten Zugriffsrechten auf System- und Programmeinstellungen und das Einstellen einer speziellen Kindersuchmaschine als Startseite. Darüber hinaus wird auf verschiedene Internetangebote, die sich speziell an Kinder richten und als unbedenklich eingestuft werden können, sowie auf weiterführende Informationsangebote für Eltern jüngerer Kinder verwiesen. Eltern älterer Kinder benötigen entsprechend andere Tipps. Um das Kind zur Quellenkritik anzuleiten, also Informationen dahingehend kritisch zu hinterfragen, welche Ideologien und Interessen hinter einem Angebot stehen und wie man sich damit auseinandersetzen sollte, wird empfohlen, das Impressum zu untersuchen und die Informationen mit denen in anderen Medien zu vergleichen. Weitere Themenbereiche betreffen die Wahrung von Urheber- und Persönlichkeitsrechten sowie die Vermeidung von unerwünschten Werbebotschaften und problematischen Inhalten. Ein weiterer Aspekt virtueller Welten wird mit dem Flyer «Sicherer in Social Communities: Tipps für Eltern» behandelt, der über soziale Netzwerke im Internet sowie über die damit verbundenen Risiken informiert. Da diese Netzwerke insbesondere genutzt werden, um Freunde oder Gleichgesinnte zu treffen und den Kontakt mit ihnen zu halten, funktionieren diese vor allem über die Selbstdarstellung ihrer Nutzer anhand selbst angelegter Profile, die – oftmals freizügig – Auskunft über Hobbys, Interessen sowie die derzeitige Partnerschaftssituation geben. Der Flyer gibt beispielsweise darüber Auskunft, welche Community-Anbieter für Kinder und Jugendliche geeignet sind, was Eltern zum Schutz der Privatsphäre ihrer Kinder beachten sollten und was Eltern von Cyber-Mobbing-Opfern tun können.

Neben den genannten Elternmaterialien gibt es auch Arbeitsunterlagen, die sich explizit an Multiplikatoren richten. Das klicksafe-Lehrerhandbuch «Knowhow für junge User» bietet, aufbauend auf dem Konzept und den Erfahrungen der klicksafe-Lehrerfortbildungen, für Lehrer und Multiplikatoren eine Vielzahl von Hilfestellungen und praxisbezogenen Tipps für den Unterricht, wobei die Einheiten leicht verständlich und eine vorherige Schulung oder Fortbildung nicht notwendig sind. In neun Bausteine zu verschiedenen Jugendmedienschutzthemen unterteilt, enthält das Handbuch verschiedene Unterrichtseinheiten und Arbeitsblätter. Die dort behandelten Themen reichen von Fragen des Persönlichkeits- und Urheberrechts über Beachtenswertes beim Online-Shopping bis hin zum Thema

Cyber-Mobbing. Darüber hinaus gibt es, als Arbeitshilfe, die klicksafe-Handreichung für Referenten zur Durchführung von medienpädagogischen Elternabenden zu den Themen Internet und Handy. Neben vielen praktischen Hinweisen zur Organisation von Elternabenden und thematischen Basisinformationen beinhaltet die Handreichung eine Vielzahl methodischer Hinweise.

klicksafe hält ferner Informationen bereit, die sich unmittelbar an Heranwachsende richten. Der in Kooperation mit der Verbraucherzentrale NRW herausgegebene Flyer «Musik im Netz: Runterladen ohne Reinfall!» beispielsweise gibt in altersgerechter Ansprache Tipps für den legalen Umgang mit Musik aus dem Netz und der Flyer «Internet-Tipps für Jugendliche», in deutscher und türkischer Sprache erhältlich, will Jugendliche bei der sicheren, kompetenten Nutzung des Internets unterstützen.

Neben den projekteigenen Materialien wird auch auf Materialien anderer Projekte und Institutionen hingewiesen, wie beispielsweise auf Informationsmaterialien zum Thema «Chatten» von jugendschutz.net. Die Plattform www.klicksafe.de hält darüber hinaus viele aktuelle Informationen und Links zu verschiedenen Schwerpunktthemen bereit – unter anderem zu den Themen Handy, Spam, Instant Messenger, Computerspiele, Computerspielsucht und problematische Internetinhalte wie Pornographie und Rechtsradikalismus.

Das Internet-ABC – Wissen, wie's geht! Zeigen, wie's geht!

Das Internet-ABC, getragen vom Verein Internet-ABC e.V., zu deren Mitgliedern zwölf Landesmedienanstalten gehören, und das unter der Schirmherrschaft der Deutschen UNESCO-Kommission e. V. steht, will Internetkompetenz auf breiter gesellschaftlicher Ebene fördern und Kindern spielerisch Wissen rund um das Netz vermitteln. Die werbefreie Plattform richtet sich an Kinder von 6 bis 12 Jahren, Eltern und Pädagogen und bietet zielgruppenspezifisch aufbereitetes Basiswissen sowie konkrete Hilfestellung und Informationen über den sicheren Umgang mit dem Internet an.

Die Internetpräsenz des Projekts besteht aus zwei Portalen, in denen Kinder und Erwachsene zielgruppengerecht angesprochen werden. Auf der Kinderseite finden die jungen Nutzer vertonte «Wissen, wie's geht!»-Lernmodule, mit denen sie sich Schritt für Schritt Grundlagen aneignen können – beispielsweise zu Suchmaschinen und Chats. Darüber hinaus können Kinder ihre Kenntnisse mit dem Surfschein testen oder spielerisch üben, wie man zielgerichtet Informationen für Hausaufgaben sucht. Außerdem können Kinder im Forum ihre Meinung äußern, E-Cards verschicken oder an der «Unendlichen Geschichte» mitschreiben. Linktipps für empfehlenswerte Internet-Kinderseiten runden das Angebot ab. Die Angebote werden redaktionell betreut und zu jedem Thema können die Kinder die Internet-ABC-Experten um Rat fragen. Pinguin Eddie, Ameisenbär Percy und

Eichhörnchen Flizzy begleiten die Kinder durch die Angebote. Die Seite für Eltern und Pädagogen bietet Laien und Fortgeschrittenen Tipps zum sicheren Umgang mit dem Internet. Erwachsene können darüber hinaus ihr eigenes Wissen testen, verbunden mit Tipps, wie dieses Wissen Kindern vermittelt werden kann. Ferner gibt es einen Internet-ABC-Newsletter, der vierteljährlich über ein für Eltern und Pädagogen relevantes Schwerpunktthema informiert. Pädagogen erhalten zudem gezielte Unterrichtsanregungen in Form von Informationen, Projektvorstellungen und fachgerecht aufbereiteten Unterrichtseinheiten für die Primarstufe. Die Kinderseiten, insbesondere die «Wissen, wie's geht!»-Module, sind so konzipiert, dass sie sich im Unterricht einsetzen lassen.

Neben der Internetplattform bietet das Projekt verschiedene Informationsmaterialien an, die insbesondere Eltern von jüngeren Kindern Hilfestellung beim Umgang ihrer Kinder mit dem Internet und mit Computerspielen bieten wollen. Die Broschüre «Wissen, wie's geht! Zeigen, wie's geht!» gibt anhand von Beispielen aus dem Alltag zu den jeweiligen Problemstellungen Tipps, wie Eltern vorgehen können, um ihre Kinder sicher auf dem Weg ins Netz zu begleiten. Es werden sowohl Grundbegriffe wie «Surfen», «Chatten» und «ICQ» erklärt, als auch der Umgang mit Suchmaschinen, E-Mail oder Chat behandelt. In zehn kompakt aufbereiteten Themenbereichen werden Hintergrundinformationen und die wichtigsten Tipps zur Vermittlung von Onlinewissen aufbereitet, wobei jeder Abschnitt mit einer Alltagssituation oder einer typischen Kinderfrage beginnt. Eltern erhalten Antworten auf die Fragen, auf welchen Seiten das Kind zum Beispiel mit der Online-Suche beginnen soll, wenn es zur Erledigung der Hausaufgaben etwas im Internet recherchieren will, oder was beim Anlegen einer E-Mail-Adresse zu beachten ist. Als besonderen Service gibt es im Kinderbereich auf www.internet-abc.de zu jedem in der Broschüre besprochenen Thema ein weiterführendes «Wissen, wie's geht!»-Lernmodul, das von Kindern auf spielerische Weise alleine bearbeitet werden kann.

Der Flyer «Suchen, was gut ist! Finden, was gut ist! Software für Kinder zum Spielen und Lernen» begegnet dem Informationsbedarf von Eltern, die Tipps für empfehlenswerte Computerspiele suchen – oder auch gute Lernsoftware oder kindgerechte Webseiten, die Kinder für den schulischen Kontext nutzen können. Das Internet-ABC gibt hierzu nicht nur praktische Tipps, sondern hält zudem umfangreiche und laufend aktualisierte Datenbanken und Linksammlungen bereit. In dem Flyer werden die Datenbanken für die Suche nach geeigneten Spielen und empfehlenswerter Lernsoftware sowie der Schulfachnavigator vorgestellt. Unter anderem bietet das Internet-ABC ein Verzeichnis mit einer Positivauswahl von rund 520 für Kinder im Alter von bis zu 12 Jahren empfohlenen Spielen, wobei die Computer- und auch Konsolenspiele nach Qualität und Zielgruppe ausgewählt werden und unter Berücksichtigung des angegebenen Alters bedenkenlos von Kindern gespielt werden können. Die Spielebewertung erfolgt durch ausgewiesene Expertinnen und

Experten. Das Software-Verzeichnis des Internet-ABC bietet fortlaufend aktualisierte Informationen zu mehr als 200 Programmen, die vorab ausgiebig getestet werden. Es werden qualitative Empfehlungen für Vokabeltrainer, Rechenprogramme und digitale Lexika ausgesprochen, die für den Einsatz im Unterricht oder als Nachhilfe zu Hause geeignet sind. Der Internet-ABC-Schulfachnavigator versteht sich als Ausgangspunkt, um altersgerechte Seiten mit Lernwert zu finden. Der nach Schulfächern differenzierte Navigator weist wie ein Kompass den Weg zu nützlichen Linktipps, die für Hausaufgabenrecherchen genutzt werden können. Um jüngere oder ältere Kinder von den Lerninhalten nicht zu über- oder unterfordern, ist jedes Angebot mit einer Altersempfehlung versehen.

Broschürenreihe «Mit Medien leben – gewusst wie!»: Computerspiele – Wissenswertes für Kinder, Jugendliche und Erwachsene

Mit der Broschürenreihe «Mit Medien leben: gewusst wie!» will die Landesanstalt für Medien Nordrhein-Westfalen (LfM) den Informationsbedarf zu unterschiedlichsten Medienthemen aufgreifen und, ausgehend von exemplarischen Fragen und Zitaten der Mediennutzer, kurz, kompakt und klar verständlich die wichtigsten Fragen beantworten und Sachverhalte erläutern.

Den Auftakt der Reihe bildet die Broschüre «Computerspiele – Wissenswertes für Kinder, Jugendliche und Erwachsene», die im August 2008 erschienen ist. Für viele Kinder gehören Computerspiele zum Alltag, wohingegen Eltern häufig diese Alltagserfahrung fehlt und es ihnen schwer fällt, sich angesichts des großen Spieleangebots zu orientieren. Die Broschüre gibt Auskunft zu zentralen Fragen rund um das Thema Computerspiele: Welche möglichen Risiken können von den Spielen ausgehen? Welche positiven Lerneffekte können mit ihnen verbunden sein? Welche verschiedenen Arten von Spielen gibt es überhaupt? Und nicht zuletzt: Wie lässt sich der Umgang von Kindern mit Computerspielen verantwortungsvoll regeln?

Angefangen von kurzen Erläuterungen der verschiedenen Spielegenres und der USK-Alterskennzeichnung informiert die Broschüre beispielsweise über Werbung in Spielen, sogenannte In-Game-Werbung, und diskutiert die Aspekte Computerspielabhängigkeit und Gewaltwirkung. Die Broschüre eignet sich zum Einstieg in das Thema für Eltern und Pädagogen und bietet diesen zugleich eine Basis, mit Heranwachsenden über Computerspiele ins Gespräch zu kommen.

Computerspiele und virtuelle Welten als wissenschaftlicher Untersuchungsgegenstand: Drei exemplarische Forschungsprojekte

Die Themen Computerspiele und virtuelle Welten sind ein wichtiges Thema für die Landesmedienanstalten, da sie in ihrer beratenden und informierenden Tätigkeit zunehmend damit konfrontiert werden. Eltern sind oftmals verunsichert und können nicht mehr einschätzen, ob die Computerspielnutzung und das Surfverhalten ihres Kindes unbedenklich oder schon problematisch sind. Auch unter Lehrern und pädagogischen Fachkräften gibt es, nicht zuletzt aufgrund der divergierenden öffentlichen Diskussion über die Gefahren und Potentiale von Computerspielen, oftmals ein hohes Maß an Verunsicherung. Um stets bedarfsgerecht zu den einzelnen Aspekten von Computerspielen und virtuellen Welten medienpädagogisch arbeiten und Aufklärungsarbeit leisten zu können, sind wissenschaftlich fundierte Informationen erforderlich.

Vor diesem Hintergrund hat beispielsweise die nordrhein-westfälische Landesmedienanstalt, die Landesanstalt für Medien NRW (LfM), gegenwärtig drei Forschungsprojekte zu Einzelaspekten des Themas beauftragt, deren Fragestellungen und Konzepte im Folgenden kurz vorgestellt werden sollen.

Kompetenzerwerb, exzessive Nutzung und Abhängigkeit. Chancen und problematische Aspekte von Computerspielen aus medienpädagogischer Perspektive

Ein zunehmend problematischer Aspekt von Computerspielen ist, wie die medienpädagogische Praxis zeigt, in der exzessiven Nutzung zu sehen. Dies wird häufig unter dem Begriff der Computerspielsucht diskutiert, wobei Computerspielsucht bislang nicht als eigenständiges Krankheitsbild anerkannt ist. Ob von einem Suchtverhalten gesprochen werden kann, ist in der – zumeist neurowissenschaftlichen – Forschung umstritten. Vor dem Hintergrund definitorischer Mängel nicht vergleichbarer Methoden liegen keine konsensualen wissenschaftlichen Ergebnisse zur Häufigkeit vor.

Das Phänomen der exzessiven Computerspielnutzung bzw. der Computerspielabhängigkeit ist bislang aus medienpädagogischer Perspektive weitestgehend unerforscht. Zu den zentralen Fragen, die sich stellen, gehören: Wie und wo lassen sich medienpädagogisch Trennlinien zwischen unbedenklicher, exzessiver und abhängigkeitsbedingter Computerspielnutzung ziehen? Welche Spielgenres sind möglicherweise abhängigkeitsfördernder als andere und warum? Gibt es Korrelationen zwischen exzessiver Computerspielnutzung bzw. Computerspielabhängigkeit und Alter, Geschlecht, Bildung und Familie? Mit Blick auf die Potentiale ist zu fragen: Welche Kompetenzen können anhand welcher Computerspiele erworben werden? Welche medienpädagogischen Handlungsempfehlungen lassen sich aus den Erhebungen für die praktische Arbeit ableiten? Können solche medienpädagogischen Hinweise auch für medizinische Einrichtungen und Suchtberatungsstellen hilfreich sein?

Um Antworten auf diese Fragen zu erhalten und auf deren Grundlage – dann wissenschaftlich fundierte – Informationen und Materialien aufbereiten zu können, die insbesondere Eltern und Pädagogen in ihrer Erziehungs- bzw. Bildungsarbeit unterstützen sollen, hat die LfM ein Forschungsprojekt zum Thema «Kompetenzerwerb, exzessive Nutzung und Abhängigkeit. Chancen und problematische Aspekte von Computerspielen aus medienpädagogischer Perspektive» ausgeschrieben. Mit der Durchführung beauftragt worden sind Prof. Dr. Jürgen Fritz (Fachhochschule Köln) sowie Prof. Dr. Uwe Hasebrink (Hans-Bredow-Institut für Medienforschung). Die Ergebnisse sollen voraussichtlich Mitte 2010 vorliegen.

Computerspiele und virtuelle Welten als Reflexionsgegenstand von Unterricht

Die Medienalltagswirklichkeit von Heranwachsenden macht vor dem Lebensbereich Schule nicht halt. Da Kinder und Jugendliche vielfach im Elternhaus in ihrer Computerspiel- und Internetnutzung allein gelassen werden, muss sich Schule zunehmend mit diesem Thema auseinandersetzen. Dies sollte immer unter Beachtung sowohl der Chancen als auch der Problemlagen erfolgen, um – auch vor dem Hintergrund der mitunter extremen öffentlichen Debatte – eine differenzierende Perspektive einzunehmen und zu fördern. Die zentrale Frage hierbei ist, in welcher Form diese Auseinandersetzung sinnvoll erfolgen kann und unter didaktischen Gesichtspunkten erfolgen sollte.

Dies zu klären, ist ein zentrales Anliegen der LfM-Expertise «Computerspiele und virtuelle Welten als Reflexionsgegenstand von Unterricht». Das Projekt zielt darauf, sowohl fachliches Lernen zu ermöglichen, als auch zugleich die Reflexion von Schülern über Computerspiele und virtuelle Welten sowie deren Nutzung zu fördern. Schüler sollen über die positiven und problematischen Aspekte von Computerspielen und virtuellen Welten informiert werden. In einem ersten Schritt wird für Lehrer relevantes Grundwissen zum Thema Computerspiele ermittelt. Zu fragen ist: Was müssen Lehrer grundlegend beispielsweise über Spielgenres, die Verteilung von männlichen und weiblichen Spielern (Genderaspekt), die Mediennutzung und -ausstattung von Kindern und Jugendlichen wissen? Daran anschließend sollen mögliche Anknüpfungspunkte an curriculare Vorgaben der verschiedenen Fächer untersucht werden. Hierdurch sollen Möglichkeiten aufgezeigt werden, Computerspiele als Reflexionsgegenstand so in den Unterricht zu integrieren, dass zugleich fachliches Lernen ermöglicht wird. So ließen sich beispielsweise die Besonderheiten virtueller Kommunikation im Deutschunterricht behandeln, wenn das Thema Kommunikation in allgemeiner Weise im Lehrplan vorgesehen ist. Der erste und zweite Weltkrieg ließen sich – als weiteres Beispiel – möglicherweise im Geschichtsunterricht thematisieren, wenn über den medialen Umgang mit historischen Ereignissen oder das Thema Quellenkritik gesprochen wird, da die Weltkriege die Kulisse für verschiedene Action-Shooter sowie Strategiespiele bilden.

Darüber hinaus soll, als zusammenführender Untersuchungsschritt, recherchiert werden, in welcher Form didaktische Handreichungen, Lernmodule und Projektkonzepte vorhanden sind, welche die identifizierten relevanten Inhalte fachspezifisch und an curricularen Vorgaben orientiert aufgreifen. Die hierbei recherchierten Materialien sollen in Form eines «Best Practice-Kompass» aufbereitet werden, der nach Unterrichtsfächern und deren entsprechenden curricularen Lerninhalten sortiert ist. So sollen Lehrer eine praktische Hilfe erhalten, die ihnen als Übersicht geeigneter Materialien zur Reflexion relevanter Aspekte im Kontext Computerspiele zur Einbindung in die Planung und Umsetzung des jeweiligen Fachunterrichts dient.

Mit der Expertise beauftragt worden sind Prof. Dr. Johannes Fromme (Otto-von-Guericke-Universität Magdeburg), Marco Fileccia (Oberstudienrat, Oberhausen) sowie Jens Wiemken (Medienpädagoge, Vechta). Die Ergebnisse sollen voraussichtlich Anfang 2010 vorliegen.

In-Game-Werbung – Erscheinungsformen, aufsichtsrechtlicher Regulierungsbedarf und medienpädagogische Handlungsoptionen

Der Computer- und Konsolenspielemarkt ist nach wie vor im Wachstum begriffen und bedient zudem eine breit gefächerte Zielgruppe. Auch für die Werbewirtschaft ist diese Industrie von großem Interesse: Werbung in Spielen, sogenannte In-Game-Werbung, kommt ein zunehmender Stellenwert zu, der sowohl datenträgerbasierte Spiele als auch insbesondere Online-Spiele umfasst, da sich in letztere aktuelle, auf den Spieler zugeschnittene Werbebotschaften einspeisen lassen. Es lassen sich zwei Werbeformen unterscheiden: statische und dynamische In-Game-Werbung. Statische Werbung ist fest ins Spiel programmiert. Ein Beispiel für diese Werbeform ist die Bandenwerbung in Sportspielen. Bei dynamischer In-Game-Werbung hingegen sind Werbeplätze vorgesehen, die ihre Werbebotschaften während des Spiels stets neu aus dem Internet laden. So können aktuelle Werbekampagnen ins Spiel integriert werden. Neben der ständigen Aktualisierung von Werbeinhalten bietet dynamische In-Game-Werbung somit die Möglichkeit, die Werbebotschaften auf den Spieler individuell zuzuschneiden. Da eine breite Zielgruppe (Kinder, Jugendliche, Erwachsene) erreicht werden kann, die über klassische Werbeplattformen (Fernsehen, Print) immer schlechter erreicht wird, gilt In-Game-Werbung als ein wachsender Industriezweig. Es gibt eigene In-Game-Werbeagenturen, die Wirtschaftsunternehmen und die Spieleindustrie zusammenbringen und für Unternehmen Werbung für ihre Produkte in Spielen platzieren. Es gibt zahlreiche Erscheinungsformen von In-Game-Werbung. Somit ist in Bildschirmspielen platzierte Werbung nicht nur ein Thema für die Spiele- und Werbeindustrie, sondern somit auch für die Nutzer. Neben der Frage nach den verschiedenen Erscheinungsformen von In-Game-Werbung stellt sich somit die Frage nach dem medienpädagogischen sowie aufsichtsrechtlichen Handlungsbedarf.

Anders als im Fernsehen und Printbereich ist Werbung in Bildschirmspielen zumeist nicht als solche gekennzeichnet. Im Gegenteil: Aufgrund einer bislang fehlenden Kennzeichnungspflicht für Werbung erfolgt in der Regel keinerlei Hinweis.

Hierdurch kann es zu einer Vermischung von redaktionellen Inhalten und Werbung kommen, die von Spielern gar nicht oder nur unzureichend wahrgenommen wird. Dies gilt insbesondere für Kinder und Jugendliche, die oftmals noch nicht in der Lage sind, zwischen Werbung und Spieleinhalt zu unterscheiden. Aus medienpädagogischer Sicht werden zudem durch dynamische In-Game-Werbung datenschutzrechtliche Aspekte bedeutend. Insbesondere junge Spieler sind sich zumeist nicht darüber im Klaren, welche Daten sie von sich preisgeben und welcher Weiterverwendung sie mitunter durch einen einfachen Klick zustimmen. Somit gilt es aus medienpädagogischer Sicht, vor allem Heranwachsende für das Thema In-Game-Werbung zu sensibilisieren. Aus juristischer Perspektive ist es darüber hinaus angezeigt, die verschiedenen Erscheinungsformen von In-Game-Werbung im Spiegel der relevanten Rechtsbereiche zu diskutieren und zu bewerten sowie ggf. Regelungsdefizite und Verantwortlichkeiten zu identifizieren.

Vor diesem Hintergrund befasst sich ein Forschungsprojekt der LfM aus den Perspektiven Medienaufsicht und Medienkompetenzförderung mit dem an Bedeutung stetig zunehmenden Phänomen «In-Game-Werbung» und soll Erscheinungsformen sowie Handlungsbedarfe und -möglichkeiten aufzeigen. Auf Basis einer Auswertung relevanter wissenschaftlicher Literatur, Studien, Veröffentlichungen von Akteuren der Spiele- und Werbeindustrie sowie anhand identifizierter praktischer Spielbeispiele sollen zunächst die verschiedenen Erscheinungsformen von In-Game-Werbung identifiziert und systematisiert werden. Anschließend sollen die identifizierten Erscheinungsformen aus juristischer Perspektive im Spiegel sämtlicher relevanter Rechtsbereiche, wie beispielsweise Werberecht, Verbraucherrecht, Datenschutzrecht und der Jugendmedienschutz, diskutiert und bewertet werden. Einerseits soll erörtert werden, welche Formen möglicherweise gegen geltendes Recht verstoßen. Zu klären ist hierbei, wer in solchen Fällen entsprechende Verstöße feststellt und ahndet, also wie die Zuständigkeiten geregelt sind, und ob es ggf. Regulierungsdefizite gibt. Andererseits sollen die Bereiche beleuchtet werden, die bislang nicht geregelt sind. Mögliche Ansatzpunkte und Bedarfe für eine Regelung sowie die Frage nach einer erforderlichen Zuständigkeitenverteilung sollen erörtert und Verfahrensvorschläge formuliert werden. Neben der juristischen soll die medienpädagogische Sichtweise dadurch beleuchtet werden, dass geklärt wird, welche Problemkontexte sich für die verschiedenen Nutzergruppen, also sowohl für sehr junge, jugendliche als auch für erwachsene Spieler, ergeben. Im Anschluss sollen die sich aus der Untersuchung ergebenden Handlungsbedarfe benannt und – daraus abgeleitet – konkrete Handlungsempfehlungen formuliert werden.

Mit der Expertise beauftragt worden sind Jun.-Prof. Dr. Christoph Kilmmt und Prof. Dr. Gregor Daschmann (Johannes Gutenberg-Universität Mainz) sowie Prof. Dr. Dieter Dörr (Mainzer Medieninstitut). Die Ergebnisse sollen voraussichtlich Ende 2010 vorliegen.

Weitere Informationen zu laufenden oder bereits abgeschlossenen Forschungsaktivitäten der Landesmedienanstalten zu verschiedenen Medienthemen werden in der ALM-Datenbank «Forschungsprojekte der Landesmedienanstalten» bereitgestellt.

Links zu den im Text genannten medienpädagogischen Projekten und Studien:

- Die beiden repräsentativen Langzeitstudien des Medienpädagogischen Forschungsverbundes Südwest (mpfs) «Kinder und Medien» (KIM) und «Jugendliche und Medien» (JIM) untersuchen die Mediennutzung von Kindern und Jugendlichen in Deutschland. Sie können kostenlos bestellt werden und stehen zum Download bereit: www.mpfs.de.
- klicksafe – Die Initiative für mehr Sicherheit im Internet, www.klicksafe.de, bietet umfassende Informationen zu verschiedenen Aspekten der sicheren Internetnutzung, darunter beispielsweise zum Umgang mit Urheberrechten, zum Datenschutz und zu «Abzocke-Angeboten» im Netz sowie zum Thema Chat, Instant Messaging, Onlinespiele und Spielkonsolen. Viele Informationen liegen darüber hinaus als Flyer und Broschüre vor, die kostenlos bestellt werden können.
- Das Internet-ABC – Wissen, wie's geht! Zeigen, wie's geht!, http://www.internetabc.de, richtet sich an Kinder von 6 bis 12 Jahren, Eltern und Pädagogen und bietet zielgruppenspezifisch aufbereitetes Basiswissen sowie konkrete Hilfestellung und Informationen über den sicheren Umgang mit dem Internet an.
- Die Broschüre «Computerspiele – Wissenswertes für Kinder, Jugendliche und Erwachsene» aus der LfM-Reihe «Mit Medien leben – gewusst wie!» kann kostenlos bestellt werden und steht zudem als Download bereit: www.lfm-nrw.de/publikationen/article/205.
- Weiterführende Informationen zu den genannten Forschungsprojekten «Kompetenzerwerb, exzessive Nutzung und Abhängigkeit. Chancen und problematische Aspekte von Computerspielen aus medienpädagogischer Perspektive», «Computerspiele und virtuelle Welten als Reflexionsgegenstand von Unterricht», «In-Game-Werbung – Erscheinungsformen, aufsichtsrechtlicher Regulierungsbedarf und medienpädagogische Handlungsoptionen» sowie weiteren Forschungsaktivitäten der LfM finden sich unter: www.lfm-nrw.de/forschung/projekte/aktuell.
- Eine Übersicht der Medienkompetenzaktivitäten sämtlicher Landesmedienanstalten sowie eine Übersicht der Informations- und Beratungsangebote finden sich auf den Seiten der Arbeitsgemeinschaft der Landesme-

dienanstalten (ALM): http://www.alm.de/250.html. Die Datenbank «Forschungsprojekte der Landesmedienanstalten» ermöglicht Recherchen zu sämtlichen Medienforschungsprojekten der Landesmedienanstalten: http://www.alm.de/77.html.

- Projekte und Angebote zur Förderung von Medienkompetenz in Nordrhein-Westfalen werden im Medienkompetenzportal NRW vorgestellt: www.medienkompetenz-nrw.de.

Wolfram Hilpert

Faszination Computerspiele

Hintergründe und Fakten zum Themenbereich «virtuelles Spielen»

Stellen Sie sich bitte folgendes vor: *Kinder und Jugendliche halten sich exakt an die vorgegebenen Regeln und identifizieren sich problemlos mit neuen, ihnen vorgegebenen Rollen. Sie zeigen ein hohes Pflichtbewusstsein und erfüllen ihre Aufgaben innerhalb ihrer Gemeinschaft penibel. Sie erledigen die Arbeitsaufträge mit hoher Konzentration und steigern Schritt für Schritt ihre Leistungsfähigkeit.*

Ein solches Engagement wünschen sich viele Eltern und Lehrer in der Schule oder bei anderen Gelegenheiten. Wenn ihre Kinder am Computer spielen, können sie es beobachten. Hier wird ihr Engagement aber oft negativ bewertet. Und tatsächlich kann die Faszination, die Computerspiele ausüben, auch zu einem Spielverhalten verführen, in dem die positiven Lerneffekte durch Wirkungen überlagert werden, die für die Entwicklung des jungen Menschen negativ sind. Mögliche Gefährdungen sollten jedoch nicht den Blick darauf verstellen, dass beim Computerspielen Kinder in einer manchmal erstaunlichen Weise konzentriert, kreativ, lernbereit und lernwillig sind. Forscher, die sich mit Computerspielen befassen, bestätigen, dass Computerspiele eine Vielzahl erwünschter Lernprozesse auslösen oder zumindest auslösen können: Schulung der Hand-Auge Koordination, des räumlichen Vorstellungsvermögens, der strategischen Planung, zielorientierten Handelns und anderes mehr.[1] Inwieweit welche Lernergebnisse auch im täglichen Leben umgesetzt werden, ist nicht abschließend erforscht. Sicher aber ist: Medien wirken! Es gibt Lerneffekte von Computerspielen, auch wenn das Erlernte zunächst einmal nur auf das Spiel selbst angewendet und nicht eins zu eins auf andere Lebensbereiche übertragen wird.

Lernprozesse lassen sich in der Regel auf unterschiedliche Weise hervorrufen. Dies gilt auch für Lerneffekte, die durch Computerspiele auslöst werden. So kann die Hand-Auge-Koordination natürlich nicht nur beim Computer-, sondern

1 Einen guten Überblick über Risiken, aber auch Chancen von Computerspielen gibt: Rothmund (2008).

auch beim Tennisspielen trainiert werden. Und dennoch leistet die Faszination für Computerspiele auch etwas, das nur schwer zu ersetzen ist: Sie motiviert Kinder und Jugendliche, mit dem Computer und der virtuellen Welt vertraut zu werden. So können sie die digitalen Kompetenzen erwerben, die heute in Schule, Beruf und Alltag erwartet werden.

Computerspielnutzung von Jungen und Mädchen

Computerspiele sind heute vor allem für Jungen zur medialen Selbstverständlichkeit geworden: 70 Prozent aller 6- bis 13-jährigen Kinder (Mädchen: 65 %, Jungen: 75 %) spielen zumindest hin und wieder, 56 Prozent aller Kinder sogar täglich oder mehrmals die Woche am Computer oder an der Konsole. Betrachtet man nur die 12–13-jährigen Kinder, sind es sogar 86 Prozent, die hin und wieder spielen.[2]

Jedoch auch wenn 81 Prozent der Jugendlichen zwischen 13- und 19 Jahren zumindest hin und wieder einen Computer oder eine Konsole zum Spielen nutzen, ist vor allem für Mädchen die regelmäßige Nutzung elektronischer Spiele keinesfalls so selbstverständlich wie es etwa die Kommunikation mit einem Handy ist. Denn über die Hälfte der Jugendlichen (55 %) nutzen höchstens hin und wieder einen Computer oder eine Konsole zum Spielen. Von diesen 55 Prozent spielen 7 Prozent aller männlichen und 32 Prozent aller weiblichen Jugendlichen sogar nie Computer-, Konsolen- und Internetspiele. Dennoch ist festzustellen, dass immerhin 45 Prozent aller 12- bis 19-Jährigen mindestens mehrmals pro Woche alleine oder mit anderen elektronisch spielen – 22 Prozent der Mädchen und 67 Prozent der Jungen.[3] Computerspiele faszinieren offensichtlich Jungen weitaus stärker als Mädchen. Auch die Inhalte der von Jungen bzw. Mädchen genutzten Computerspiele zeigen große geschlechtsspezifische Unterschiede: «Mädchen und junge Frauen begeistern sich vor allem für Strategie-, Geschicklichkeits- und Karaokespiele und finden zunehmend auch an Sportspielen mit der Wii-Konsole Gefallen. Jungen präferieren nach wie vor Shooter- und Actionspiele und können sich für Fußball oder Autorennen begeistern»[4].

Richtet man den Blick auf diejenigen Spieler, die regelmäßig Computerspiele nutzen, dann zeigt sich, welche Form der Spiele die größte Alltagsrelevanz hat. «Die gemeinsame Nutzung onlinebasierter Spiele ist am stärksten im Alltag Jugendlicher verankert. Knapp die Hälfte der 12- bis 19-Jährigen, die überhaupt zusammen mit anderen Internetnutzern Online-Spiele spielen, tut dies mindestens mehrmals pro Woche, Jungen (58 %) zu einem sehr viel größeren Anteil als Mädchen (22 %). Etwas weniger verbreitet sind Spiele, die man alleine im Internet spielen kann,

2 Vgl. KIM-Studie 2008, S. 28.

3 Vgl. JIM-Studie 2009, S. 15 und 39.

4 Vgl. JIM-Studie 2009, S. 42.

hier liegt der Anteil der regelmäßigen Nutzer bei 39 Prozent.»[5] Onlinespiele prägen also die Welt des Computerspiels immer mehr. Sie erweitern die Möglichkeiten des virtuellen Spielens beträchtlich und beinhalten besondere Attraktivitätsmomente, aber auch Gefahren. Deshalb bedürfen sie im Erziehungshandeln einer besonderen Aufmerksamkeit.

Lust und Frust des Computerspielens

Was fasziniert an Computerspielen? Wer dies erfahren möchte und sich deshalb darauf einlässt, sich mit den Regeln eines ihm unbekannten Computerspieles vertraut zu machen, der wird die Antwort auf seine Frage nicht unmittelbar nach Spielbeginn erhalten. Denn in der Phase, in der ein Spieler herauszufinden versucht, wie ein neues Spiel «funktioniert», erlebt er häufig Misserfolge und Frustrationen. Dies gilt vor allem dann, wenn das Spiel, an dem er sich versucht, zu einem ihm noch unbekannten Spielgenre gehört. Wenn allerdings der Frust überwunden ist und Erfolge erzielt wurden, dann verführen Computerspiele häufig zu einem Verhalten, für das hohe Konzentration und das Vergessen der Zeit typisch ist. In dieser Phase des Dahinfließens der Zeit («Flow») möchte der Spieler die Lust des Erfolges wiederholen oder kurzfristige Misserfolge wieder in Erfolge umbiegen. Es ist jedoch keinesfalls selbstverständlich, dass Kinder, Jugendliche oder auch Erwachsene bis zu einer Phase vordringen, die durch Erfolgserlebnisse geprägt ist. Wenn das Spiel durch Spielgestaltung, Aufmachung und abverlangten Fähigkeiten für den Spieler wenig attraktiv oder an mindestens einer, für den Spielverlauf entscheidenden Stelle zu kompliziert ist, wird es uninteressant. Auch wenn die Erfolge zu leicht eintreten und das Spiel keine Herausforderung darstellt, fasziniert es nicht.

Leichte Verfügbarkeit und Ablenkung

Manchmal ist es zwar durchaus mühsam, ein neues Computerspiel kennen zu lernen und nicht selten wird der Versuch abgebrochen. Ist dies aber geschehen, reicht es aus, den Computer zu starten, mit einem Spiel zu beginnen und schon ist man von der Langeweile befreit oder abgelenkt von dem Unangenehmen, das es zu tun gilt. Manchmal ist es gut, ein solches Medium greifbar zu haben. Anderseits sollten nicht nur Erziehende beachten: Jedes Medium, das leicht erreichbar ist und mit dem man einfach Langeweile vertreiben kann, lädt auch zur unkontrollierten Nutzung ein.

5 Vgl. JIM-Studie 2009, S. 51.

Interaktivität und Vielfältigkeit

Wenn Computerspiele faszinieren, dann immer auch deshalb, weil der Spieler sich durch die Interaktivität des Mediums als jemanden erlebt, der etwas bewirkt. Wenn sich durch sein Eingreifen nicht nur die Spielsituation geändert hat, sondern auch ein angestrebtes Spielziel erreicht wurde, erlebt der Spieler mit dem Spielerfolg seine Fähigkeit, ein ihm gestelltes Problem zu lösen.

Auch wenn für Außenstehende das Computerspielen sich auf mehr oder weniger schnelles Klicken mit Tastatur und Maus beschränkt, so verlangt das Spiel dem Nutzer doch eine Vielzahl unterschiedlicher Fähigkeiten ab: Manuelle Geschicklichkeit, Reaktionsschnelligkeit, taktisches Geschick, räumliche Orientierungsfähigkeit, Ressourcenmanagement und Planungsgeschick.

Da die Spieler aus unterschiedlichen Spielen auswählen und im einzelnen Spiel unterschiedliche Levels (Schwierigkeitsgrade) nutzen können, können sie zielgerichtet ihre Fähigkeiten anwenden und erweitern.

Das Computerspiel bietet dem Nutzer zudem die Möglichkeit, eigene Hobbys oder eigene Wunschträume virtuell zu erleben: Man kann in einem ***Fußball-Simulationsspiel*** wie FIFA 2009 die Nationalmannschaft trainieren, sich in einem ***Autorennspiel*** in die Rolle eines Formel 1 Stars begeben, in ***Strategiespielen*** Schlachten der Römer- oder Ritterzeit nachvollziehen oder in einem ***Rollenspiel*** wie Sims eine eigene Familie «managen».

In Computerspielen können die Eigenschaften anderer Medien (Comics, Filme, TV, Brettspiele, Rollenspiele) miteinander kombiniert werden. Wer eine Vorliebe für eine der genannten Medienformen und Medienhelden (z. B. Star Trek, Herr der Ringe) hat, kann Spiele wählen, die dieser Leidenschaft entsprechen.

Kontrolle und Wettbewerb

Menschen spielen, weil sie Aufgaben lösen, Erfolge erleben und sich so ihrer eigenen Fähigkeiten vergewissern möchten. Im Computerspiel hat derjenige sich bewährt, der sein Bleiberecht im Spiel erkämpft, die Spielsituation kontrolliert und die Aufgabe zu Ende geführt hat. Wie im Sport, so ist auch im (Computer-)Spiel der Wunsch typisch, Mitspieler oder auch nur eigene Leistungen übertreffen zu wollen.

«Bis zum Ende im Spiel bleiben», «Kontrolle ausüben» und «sich im Wettbewerb bewähren» stellt sich natürlich in den einzelnen **Computerspielgenres** unterschiedlich dar:

- Im ***Strategiespiel*** kontrolliert der Spieler einen Teil des virtuellen Spielfeldes oder der Spielgegenstände (Gebiete, Gebäude, Schiffe etc.). Spielziel ist es, den «Besitz», das «Reich» zu behalten und unter Beachtung der zum Teil komplexen Zusammenhänge weiter aufzubauen und zu vergrößern. Durch

Siege über gegnerische Truppen sichert der Spieler sein Überleben, erweist Geschick als «Herrscher» und erweitert den Bereich seiner «Kontrolle».

- In einem ***Shooter***, Ego-Shooter (Schießspiel mit Ich-Perspektive) oder Third Person Shooter (Schießspiel mit einer Figur, die als Akteur gesteuert wird), hat der Spieler die Aufgabe, sich bzw. seine Figur am Leben zu erhalten. Durch immer schnelleren oder gezielteren Abschuss von Gegnern stellt er dies sicher und beweist zugleich seine Leistungsfähigkeit.
- In ***Jump 'n Run-*** (Spring- und Rennspiel), ***Renn-*** (z.B. Auto-, Skirennen) oder ***anderen Sportspielen*** (z.B. Golf) ist es das Bestreben des Spielers, den Parcours und seine Hindernisse zu überstehen und entweder schneller ans Ziel zu kommen oder die Aufgaben an den Zwischenstationen jeweils besser zu lösen (gemessen an einem Gegner oder an eigenen vorherigen Ergebnissen).
- In ***Sportspielen wie Tennis, Fußball, Eishockey,*** aber auch bei vielen kleinen ***Minispielen*** werden rundenbasierte Wettkämpfe ausgetragen. Die Zahl der Siege und die Qualität des (computergenerierten oder menschlichen) Gegners zeigen, wie leistungsstark der Spieler ist. Rundenbasierte Wettkämpfe werden auch bei Shootern (z.B. Counter Strike) veranstaltet.
- In ***Rollen-*** oder ***Abenteuerspielen*** ist die Weiterentwicklung der Figur oder das Erreichen eines definierten Spielzieles an das Lösen von Aufgaben geknüpft. Zum Teil werden diese Spiele mit für Shooter typischen Elementen verknüpft. Sind Shooterspielelemente prägend, ist die Bezeichnung ***Actionspiele*** geläufig.
- In ***virtuellen Gesellschaftsspielen*** werden die Spiel- und Wettkampfregeln der nichtvirtuellen Ursprungsspiele übernommen.

Welches Genre der Spieler auch bevorzugt und wählt: Computerspiele bieten dem menschlichen Bedürfnis, im Spiel Ohnmacht zu überwinden, Macht zu erfahren, Kontrolle auszuüben und sich im Wettbewerb zu bewähren eine Bühne.

Im Offline-Modus eines Computerspieles, aber auch bei vielen einfachen Minispielen, die man auch im Internet in unübersehbarer Zahl finden kann, ist der Spieler im Wettbewerb mit einem computergenerierten Gegner oder mit seiner vorherigen Spielleistung. Spielen z.B. Freunde oder Geschwister das gleiche Spiel, können die Zeiten, in denen man etwa einen Parcours im Rennspiel bewältigt hat, verglichen werden. Für einige (Konsolen-)Spiele haben die Spielehersteller zudem die Möglichkeit geschaffen, eine zweite Steuerung anzuschließen und so z.B. bei dem Besuch eines Freundes mit einer weiteren Person in den Wettkampf einzutreten.

Wird ein Strategiespiel, Shooter, Sport- oder Rollenspiel aber im Internet gespielt, sind es immer andere, reale Menschen, mit denen der Spieler im Wettbewerb steht.

Dies hat auch spielimmanente Bedeutung: Im Offline-Modus kann der Spieler sein Spiele problemlos abspeichern und dann am selben Punkt zu einem gewählten Zeitpunkt weiterspielen. Wenn der Spieler sich vom Onlinespiel für eine Zeit zurückzieht, wird im ***Online-Rollenspiel*** seine Spielfigur verglichen mit denen, die mit ihm angefangen haben, schwächer und kann vergleichsweise weniger erfolgreich agieren. Im ***Shooter*** oder im ***Rennspiel*** rutscht – bezogen auf die Vergleichsgruppe – der Highscore (der höchste Punktestand) des Spielers auf niedrigere Ränge ab. Bei einem ***Browser-Strategiespiel*** kann es geschehen, dass der Spieler von Feinden angegriffen wird, seine Besitzung in der virtuellen Welt verliert und er aufhören oder ganz von vorne anfangen muss. Dieser permanente Wettbewerb schafft eine intensive Verbundenheit mit dem Onlinespiel, die häufig dazu führt, dass der Spieler sich auch dann gedanklich mit dem Spiel beschäftigt, wenn er offline ist.

Gewalt: Spielprinzip und Inszenierung

Es kann schnell langweilig werden, vom Computer gestellte Spielaufgaben mühsam abzuarbeiten. Die Variationen dessen, was zu tun ist, sind häufig nicht so sehr groß. Ein wirksames Mittel der drohenden Langeweile zu entgehen, ist es, um einen sehr hohen Einsatz zu spielen: um die Existenz in der virtuellen Welt. Durch die Drohung, aus dem Spiel «herausgeschmissen» zu werden, sieht sich der Computerspieler mit der Alternative konfrontiert: Vernichtung des Gegners oder Tod der eigenen Spielfigur bzw. der Soldaten-Einheit! Mit dem virtuellen Tod der gegnerischen Figur ist nicht nur die Drohung des eigenen virtuellen Todes abgewendet, sondern auch die Überlegenheit und der Sieg eindeutig definiert. Gewalttätigkeit begründet sich in Computerspielen immer auch in der Absicht, Spannung aufzubauen und zu halten sowie Sieg und Überlegenheit endgültig zu dokumentieren. Wer über Gewalt in Computerspielen redet, darf diese Seite der Gewalt, die das virtuelle mit vielen nicht-virtuellen Spielen gemein hat, nicht außer Acht lassen.

Doch tritt Gewalt im Computerspiel nicht nur als ein Spielprinzip und Teil des Regelwerkes auf. Sie ist auch Teil einer Story und Teil einer szenischen Inszenierung. In dieser Inszenierung kann virtuelle Gewalt in den unterschiedlichsten Formen auftreten: Sie kann sich in eher comicartigen Szenen oder in eher abstrakt dargestellten Gefechtshandlungen zeigen, aber auch in detailreich ausgespielten Gewaltorgien. Wie Gewalt im Rahmen der Spielhandlung dargestellt und begründet wird, ist unter den Gesichtspunkten von Pädagogik und Jugendschutz von entscheidender Bedeutung.

Menschen entwickeln die Fähigkeit, zwischen Spielwelt, Filmwelt, virtueller Welt, Traumwelt und realer Welt zu unterscheiden. Der Spieler eines Ego-Shooters ist lange noch kein Mörder. Allerdings ist virtuelle Gewalt keineswegs unproblematisch. Denn eine eingeübte Haltung, eine Verhaltensdisposition, die in der virtuellen Welt durch häufiges Spielen gefestigt und ganz selbstverständlich geworden ist, ist dem Spielenden auch in der realen Welt leichter zugänglich und kann – vor allem, wenn weitere ungünstige Bedingungen wie Gewalterfahrung im sozialen Umfeld und eigene hohe Aggressivität hinzukommen – leichter handlungsbestimmend werden. Die Hemmung vor der Ausübung realer Gewalt wird leichter überwunden.[6]

Es ist davon auszugehen, dass die Gefahr von unerwünschten Wirkungen bei Jugendlichen umso größer wird, wenn diese regelmäßig Computerspiele nutzen,

- in denen Gewalttaten gegen Menschen oder menschenähnliche Wesen realistisch und detailreich dargestellt werden,
- in denen die Gewalt das Spiel prägt, also automatisch, wie selbstverständlich vom Spieler verlangt wird,
- in denen mehr oder weniger offen kriminell motivierte Gewalttaten oder Selbstjustiz legitimiert werden bzw.
- in denen ein brutales Vorgehen noch belohnt wird.

Wenn virtuelle Gewalt eher abstrakt und wenig detailreich dargestellt ist und die «Opfer» kaum Ähnlichkeit mit Menschen haben (z.B. Monster darstellen), wenn zudem das Spiel in einer dem eigenen Erleben fernen Realität (z.B. einer Fantasywelt) spielt, ist davon auszugehen, dass diese distanzierenden Elemente die Gefahr negativer Wirkungen verringern.[7]

Für die Abgabe an Kinder und Jugendlichen benötigen Spiele auf Datenträgern eine Altersfreigabe der Unterhaltungssoftware Selbstkontrolle (USK), die in Verbindung mit den Obersten Landesjugendbehörden erteilt wird. Mit der Altersfreigabe für ein bestimmtes Alter (0, 6, 12, 16 oder 18 Jahre) wird Eltern und anderen Erziehenden zugleich eine wichtige Orientierung gegeben, ob ein Spiel aufgrund seines Gewaltgehaltes für das Kind geeignet ist oder nicht.

Kommunikation und soziale Gemeinschaft

Wer ein Strategiespiel, Shooter, Sport- oder Rollenspiel online spielt, begibt sich in einen sozialen Raum. Er trifft auf andere – bekannte oder unbekannte – Menschen, die auf ihn reagieren, die ihn bewerten und mit ihm kommunizieren. Durch die Möglichkeit der schriftlichen Kommunikation mit spielinternen Mails, im Chat und in

6 «Die Ausbildung einer aggressiven Persönlichkeit und die Nutzung gewalthaltiger Computerspiele bedingen sich also gegenseitig. Im Zeitverlauf summieren sich die geringen bis mittelstarken kurzfristigen Effekte der Nutzung gewalthaltiger Computerspiele über die große Anzahl einzelner Spielesitzungen auf und stabilisieren auf diese Weise aggressiv verzerrte Gedankenstrukturen und Gefühle der Nutzer, was wiederum aggressives Verhalten (und eine Minderung prosozialen Verhaltens) begünstigt.» Vgl. Hartmann (2006) S. 92.

7 Vgl. Hilpert (2008).

Foren sowie die akustische Kommunikation mittels Headset erweitert sich das (Produkt-)Angebot «Computerspiel» und es entsteht neben dem eigentlichen regelbasierten Spiel eine soziale Gemeinschaft als ein zweiter Produktbestandteil. Der Spieler hat die Möglichkeit, dieses Angebot der «sozialen Gemeinschaft» unterschiedlich intensiv zu nutzen. Erste Kontakte in Rollen- oder Strategiespielen können sich auf den Austausch von Grußformeln beschränken. Im Verlauf des Spieles stellt sich aber zumeist heraus, dass die Kommunikation mit anderen beim Lösen von Spielaufgaben von Vorteil ist und der Spieler wenig Chancen hat, das Spiel erfolgreich zu spielen, wenn er sich ganz aus dem virtuellen sozialen Leben zurückzieht.

In vielen Onlinespielen können Spieler Gefechte oder Spielrunden gemeinsam austragen oder vergleichbare Aufgaben im Team lösen. In dem bekanntesten Rollenspiel, dem MMORPG (=Massively Multiplayer Online Role-Playing Game) «World of Warcraft», und einigen anderen MMORPGs werden solche Teams «***Gruppen***» genannt werden. Einen längerfristigen sozialen Zusammenhalt bilden ***Gilden***, ***Stämme*** und ***Allianzen*** (in Rollen- und Strategiespielen). In Shooter-Tournieren (Quake, Counter Strike etc.) treten die längerfristig agierenden Gemeinschaften, die sich dort ***Clans*** nennen, mit eigenen Mannschaften an.

In den sozialen Gemeinschaften werden Ämter wie Diplomat oder Kriegsminister vergeben und es entwickeln sich differenzierte soziale Strukturen. Gilden, Allianzen und Clans können demokratisch oder autoritär geführt sein, die Regeln können im Detail festgelegt oder nur in groben Grundzügen formuliert sein, sie können niedrige oder hohe Hürden für eine Mitgliedschaft errichten und einen mehr oder weniger hohen Zeiteinsatz für das Spiel und die soziale Gemeinschaft verlangen. Die Kommunikation in Online-Computerspielen und das Miteinander in sozialen Gemeinschaften schaffen gerade für junge Menschen attraktive Möglichkeiten, sich in neuen Rollen auszuprobieren. Aber vor allem für die, die in Schule, Ausbildung oder Beruf Außenseiter sind und wenig sonstige soziale Bezugspunkte haben, bieten Online-Spiele auch Versuchungen, sich vom «wirklichen» sozialen Leben zurückzuziehen und in die virtuelle Welt zu flüchten. Dies gilt insbesondere dann, wenn die vom Spieler gewählte virtuelle Gemeinschaft durch sozialen Druck eine lange Anwesenheit im virtuellen Raum einfordert. Deshalb gilt auch im Onlinespiel: Suche Deine «Freunde» genau aus.

Held sein und fantastische Welten erleben

In der Spielewelt können sich Menschen begegnen, miteinander kommunizieren und soziale Netzwerke aufbauen, ohne dass sie sich in der realen Welt je begegnet sind. Dass diese Treffen im virtuellen Raum und nicht in der realen Welt stattfinden, hat Vorteile. Man kann zum Beispiel agieren, ohne sein wirkliches Alter oder Aussehen preisgeben zu müssen. Aber der virtuelle hat gegenüber dem realen Raum auch gravierende Mängel. Auch eine realitätsnahe Grafik kann Sinneseindrücke wie Geruch und Temperatur noch nicht ersetzen. Und noch ist nicht der Mensch selbst in virtuellen Welten aktiv, sondern wird in der Regel durch Avatare genannte Spielfiguren vertreten. Der Spieler spürt in der virtuellen Welt im Guten wie im Schlechten seinen Körper nicht.

Weil dies so ist und die Mängel auch nicht gänzlich aufgehoben werden können, verzichten die Macher von ***Strategie-Browserspielen*** wie «OGame» und «Die Stämme» auf jede detaillierte graphische Darstellung. Strategie-Browserspiele schaffen eine Spannung, die Menschen monatelang – zum Teil wie fiebrig – an das Spiel bindet: Dies geschieht dadurch, dass sie 1.) durch Echtzeitereignisse, die auch eintreten können, wenn der Spieler nicht online ist, eine hohe Spielbindung erzeugen und 2.) weil Kommunikation und soziale Organisation in dem Spiel besondere Bedeutung haben, sie Gefahren abwenden und Siege herbeiführen können.

Einen anderen Weg beschreiten die Macher von ***Online-Rollenspiele (MMORPG)***: Die Spieleentwickler statten ihre Welten mit einer Vielzahl von Eigenschaften und Erlebnismöglichkeiten aus, die sich auch in der realen Welt finden. Und manchmal, vor allem wenn man mit seinem Körper und seiner Umwelt unzufrieden ist, erscheint die virtuelle Welt attraktiver als die «wirkliche» Welt.

Die erste spielrelevante Handlung eines Spielers in Online-Rollenspielen ist, seinen Avatar nach den persönlichen Wünschen (Geschlecht, Figur, Haarlänge und Farbe etc.) zu gestalten und ihm durch Auswahl von Rassen (z.B. Mensch, Zwerg etc.) und Klassen (Krieger, Priester etc.) Eigenschaften und Fähigkeiten zuzuweisen. Im weiteren Verlauf des Spieles sammelt der Avatar durch das Lösen von Aufgaben («Quests») und den Sieg über computergesteuerte «Monster» Erfahrungspunkte. Hat er genügend Punkte erhalten, steigt die Figur jeweils eine Stufe auf und der «Held» verfügt über mehr Kraft bzw. andere Fähig- und Fertigkeiten. Dieser durch viel Arbeit und Mühen erworbene Rang schafft eine hohe Bindung des Spielers an den individuell gestalteten Avatar. Die Weiterentwicklung des «Alter Ego» und damit das Spielen selbst wird zum Spielziel.

Dies wird möglich, weil die Welt, in der der Avatar sich bewegt, real und attraktiv erscheint. Die schier unendliche Größe der Welten zum Beispiel von «World of Warcraft» oder «Herr der Ringe online» und die Vielfalt der Möglichkeiten, die sie bieten, laden ein, sie als zweite Heimat zu betrachten. Die meisten der gewohnten Verrichtungen und Rituale kann der Spieler auch in der virtuellen Welt vollziehen: Laufen, schwimmen, klettern, sitzen, essen, trinken, sich ankleiden, Berufe erlernen, Pflanzen pflücken und verarbeiten, Tiere jagen, deren Fell gerben und Fleisch zubereiten, einkaufen, verkaufen und ersteigern (z.B. Nahrung, Kleidung, Waffen, Haus- und Reittiere, ja sogar Häuser, die dann individuell eingerichtet werden können). Er kann Jahrmärkte oder Gasthäuser besuchen und dort Wein und Bier trinken oder tanzen. Und er kann mit anderen, die er dort trifft, über die Welt und über das, was er dort gemacht hat, reden.

Quintessenz

Am Computer zu spielen ist faszinierend, weil man Fähigkeiten und neue Rollen ausprobieren, Abenteuer erleben und vom Stress des Alltags in andere aufregende Welten entfliehen kann. Doch wenn Konflikte in der realen Welt nicht angegangen und bei sozialen Ausgrenzungen und psychischen Problemen Hilfen nicht angeboten werden, können Menschen auch im Computerspiel verloren gehen. Oder sie können (aggressive) Verhaltensweisen übernehmen, die ihnen und der Gesellschaft schaden. Die verstärkte Unterstützung von Familien und Schulen durch eine gute Sozial-, Familien- und Bildungspolitik ist auch deshalb vonnöten. Aber notwendig ist auch die Förderung einer Medienerziehung, die Eltern ermutigt, einerseits die Faszination ihrer Kinder für Computerspiele nachzuvollziehen und zu verstehen, andererseits aber auch bei der Auswahl der Spiele und den Spielzeiten Grenzen zu vereinbaren.

Links zu weiterführenden Informationen

- Rubrik «Jugendmedienschutz: Medienerziehung/Computer- & Konsolenspiele» der Website der Bundesprüfstelle für jugendgefährdende Medien
- www.bundespruefstelle.de/bpjm/Jugendmedienschutz-Medienerziehung/computer-konsolenspiele.html
- «Wissen was gespielt wird» – Pädagogischer Ratgeber für Computer- und Konsolenspiele www.spieleratgeber-nrw.de
- Spielraum – Institut zur Förderung von Medienkompetenz www.fh-koeln.de/spielraum
- Klicksafe: Computerspiele www.klicksafe.de/themen/spielen/index.html
- spielbar.de – Informieren, Beurteilen, Diskutieren www.spielbar.de

Literatur

Hartmann, Tilo: Gewaltspiele und Aggression. Aktuelle Forschung und Implikationen. In: Winfried Kaminski, Martin Lorber (Hrsg.), *Clash of Realities. Computerspiele und soziale Wirklichkeit* (München 2006) S. 81–99 (Zitat: S. 92)

Hilpert, Wolfram (2008): Jugendgefährdung und Computerspiele (als PDF herunterzuladen von www.bundespruefstelle.de/bmfsfj/generator/bpjm/ Jugendmedienschutz-Medienerziehung/computer-konsolenspiele [aufgerufen am 30.11.2009])

– Medienpädagogischer Forschungsverbund Südwest (Hrsg.) (November 2009): JIM-Studie 2009. Jugend, Information, (Multi-)Media. Basisstudie zum Medienumgang 12–19-Jähriger in Deutschland. Stuttgart

– Medienpädagogischer Forschungsverbund Südwest (Hrsg.) (2008): *KIM-Studie 2008. Kinder + Medien, Computer + Internet.* Stuttgart

Rothmund, Tobias (2008), Chancen und Risiken von Videospielen für die jugendliche Entwicklung: Der Stand der empirischen Wirkungsforschung. Vortrag beim 2. Medienkongress Villingen-Schwenningen am 17.4.08 (herunterzuladen von www.mediaculture-online.de/Computer-Internet.1499+M50da0761f37.0.html, [aufgerufen am 22.11.2009])

Daniel Heinz / Torben Kohring

Quest in Mittel-Mühlheim: Gaming meets LARP

«...virtuelle Realität hat eine bemerkenswerte Eigenschaft, in der Weise, dass es Personen eine Erfahrung vermittelt, welche fast schon ‹Engelhaft› ist...»
(Jaron Lanier)

Online-Rollenspiele, wie z. B. «World of Warcraft», «Warhammer Online» oder «Star Trek Online» sind heute bei vielen Jugendlichen beliebt. Sie ermöglichen es den Spielern, gemeinsam mit Anderen als Held in einer fiktiven Abenteuerwelt zu agieren, den Alltag für eine gewisse Zeit hinter sich zu lassen oder einfach mal «abzuschalten». Neben den drastisch steigenden Nutzerzahlen werden auch die Stimmen von Kritikern, Pädagogen und Eltern zunehmend lauter. Besonders besorgniserregend ist laut den kulturpessimistischen Dauerprognosen der hohe Zeitaufwand, den manche Spieler dafür aufbringen, um in der virtuellen Spielwelt langfristig erfolgreich zu sein. Viele Eltern nutzen das Beratungsangebot des Spieleratgebers-NRW[1] und berichten von ihrer Unsicherheit im Umgang mit dem Spielkonsum ihrer Kinder. Laut einiger Aussagen verdränge das Spiel andere Hobbys und sie lassen sich kaum noch oder nur mit großem erzieherischen Kraftaufwand zu anderen Freizeitaktivitäten bewegen. Neben der Kritik an ausufernden Spielzeiten fällt in diesem Zusammenhang auch vermehrt der Begriff «Realitätsflucht» («Eskapismus»), da sich Spieler in virtuellen Welten bewegen, die augenscheinlich nur wenig mit der Realität zu tun haben.

Aufgrund der kritischen öffentlichen Diskussion und den scheinbar vorhandenen problematischen Aspekten von Online-Rollenspielen entstand das hier beschriebene präventive Projekt *«Quest in Mittel-Mülheim»*. In einer einwöchigen Ferienaktion galt es Jugendliche in ihrer Lebenswelt «abzuholen» und ihnen auf spielerische Art die Realität wieder «schmackhaft» zu machen.

1 Pädagogischer Ratgeber zum Thema «Computer- und Videospiele» (www.Spieleratgeber-NRW.de)

Was sind überhaupt Rollenspiele?

Als Rollenspiel wird grundlegend eine Spielform bezeichnet, in der ein Spieler die Rolle einer fiktiven Figur (Charakter) übernimmt und in dieser Rolle möglichst authentisch agiert. Schon seit langem gibt es so genannte Pen&Paper-Rollenspiele, bei denen sich mehrere Abenteurer räumlich versammeln, um ein gemeinsames fiktives Abenteuer zu bestreiten. Die jeweilige Handlung wird hierbei von einem Spielleiter erzählt, der gleichsam die Einhaltung des Regelsystems überwacht. Die Handelnden sind hier – wie der Name schon sagt – meist nur mit Papier und Stift ausgestattet und bei dem Erleben des Abenteuers stark auf ihre Imagination beschränkt. Diese Fantasiewelten auch real erfahrbar zu machen haben sich Live-Rollenspieler [2] zum Ziel gesetzt. Ähnlich eines Improvisationstheaters verkörpern alle Mitwirkenden ihre Rolle physisch, versammeln sich kostümiert vor einer abenteuerlich anmutenden Kulisse, die der jeweiligen fiktiven Handlung entspricht. Die Eintrittsschwelle in die LARP-Szene ist verhältnismäßig hoch, da gleichsam die Organisation solcher Events wie auch die Einkleidung oft sehr aufwendig und kostenintensiv sind und die Abenteuer zudem nicht in den eigenen vier Wänden, sondern für Jedermann sichtbar an öffentlichen Orten stattfinden. Auch zahlreiche Computer- und Konsolenspiele bieten Interessierten fantasievolle Abenteuerwelten, bei denen sie einen Charakter steuern und verbessern sowie eine fiktive Handlung nachspielen können.

Virtualität und Realität – Ein Gegensatz?

Dass Bildschirmspiele auch abseits der Mattscheibe zum Thema in Schule und Jugendarbeit werden können, haben in der Vergangenheit bereits zahlreiche medienpädagogische Projekte erfolgreich bewiesen. Ein Beispiel für die gelungene Verbindung von Computerspielen und Sportunterricht ist in diesem Band beschrieben[3]. Zahlreiche weitere Praxisberichte finden sich auf unserem Beratungsangebot[4]. Die meisten Projekte bedienen sich hierbei Spielen, die sich bereits durch den Anspruch kennzeichnen, realweltliche Kontexte (mehr oder weniger) realitätsgetreu abzubilden oder zu simulieren. Doch was ist mit den Spielangeboten, welche die Realität beinahe komplett verlassen? Die eine Fantasiewelt mit phantastischen Gegenständen, Lebewesen oder Vorkommnissen abbilden, welche mit der Unseren nur noch wenig zu tun haben scheint, wie es bei den Online-Rollenspielen der Fall ist? Auch diese lassen sich, trotz ihres fiktionalen Anspruches, durchaus von der realen Welt inspirieren und greifen Aspekte auf, die in der Entwicklungsphase

2 Live-Action-Role-Player, im Folgenden kurz LARPer genannt.

3 Vgl. Beitrag «Gewaltprävention und Neue Medien – Vom Pausenkonflikt zur aktiven Medienerziehung« in dieser Publikation.

4 www.spieleratgeber-nrw.de

von Jugendlichen eine wichtige Rolle spielen. Reale Wünsche und Träume, wie z. B. «Held sein», «Macht und Stärke demonstrieren», «sich gegen andere durchsetzen», «von einer Gemeinschaft akzeptiert zu fühlen» werden in Online-Rollenspielen in einem anonymen und geschützten virtuellen Raum erfahrbar.

Diese virtuelle Faszination aufzugreifen und diese in reale Erfahrungen umzumünzen war das Ziel des Projektes «Quest in Mittelmülheim». Es galt, die Begeisterung von Jugendlichen für ihre virtuellen Welten nicht zu verurteilen, sondern die beiden zunächst differenten Erfahrungswelten «Virtualität» und «Realität» sinnvoll miteinander in Verbindung zu setzen. So kann es möglich sein, Vielspielern einen Ausgleich und Alternative zu ausufernden Medienzeiten zu bieten. Das Projekt sollte Jugendlichen die Erfahrung ermöglichen, sich Dinge auch außerhalb des geschützten Rahmens eines Computerspiels zuzutrauen, zu erkennen, dass «Held sein» nicht immer etwas mit Superkräften zu tun hat und wie wertvoll ihre individuellen Fähigkeiten für eine Gemeinschaft auch außerhalb der Virtualität sind.

Konzeption

Um ein solches planungs-, zeit-, und kostenintensives Projekt stemmen zu können bedarf es einer Vielzahl an Partnern mit differenten Schwerpunkten, die ihre jeweiligen Kompetenzen gleichberechtigt einfließen lassen. Projektverantwortliche der Ferienaktion war das *«Amt für Kinder, Jugend und Schule»* in Mülheim an der Ruhr. Das *«ComputerProjekt Köln e. V.»* sowie das Institut *«Spielraum»* der Fachhochschule Köln[5] übernahm die Planung, Evaluation und medienpädagogische Begleitung des Projektes sowie die technische und inhaltliche Koordination. Die Durchführung der erlebnis- und theaterpädagogischen Bausteine war Aufgabe des *«Waldritter e. V.»*[6]. Als Veranstaltungsort dienten 5 verschiedene Mülheimer Jugendeinrichtungen, die gleichsam Material und Verpflegung für die Teilnehmer stellten. Die durchgängige Betreuung der Jugendlichen wurde durch jeweils einen Betreuer seitens der Institution sowie jeweils zwei Sozialpädagogik-Studenten der Fachhochschule Köln gewährleistet. Letztere bereiteten während eines zweiwöchigen Seminars im Allgäu im Vorfeld des Projektes zahlreiche Spielaktionen vor und wurden gleichsam in der pädagogischen Betreuung geschult.

Als Zeitpunkt für die Aktion wurden die Herbstferien gewählt, da gerade in einer schulfreien Zeit die Nachfrage nach spannenden Aktionen, welche relevante Themen jugendlicher Lebenswelten aufgreifen, erfahrungsgemäß besonders hoch ist. Natürlich stellt das wechselhafte Herbstwetter für eine Spielaktion um Freien einen nur schwer kalkallkulierbaren Faktor dar, dies wurde jedoch bewusst in Kauf genommen. Abseits von realweltlichen Verpflichtungen, die der Schulalltag mit

5 www1.fh-koeln.de/spielraum.de

6 www.waldritter.de

sich bringt, sollte es den Teilnehmern ermöglicht werden, in eine Fantasiegeschichte einzutauchen, sich mit einer differenten Rolle auseinander zu setzen und diese bei einem Live-Rollenspiel schließlich authentisch zu verkörpern.

Organisatorischer Rahmen

Die Erfahrungen aus dem Jahr 2008, als ein ähnliches Projekt bereits in kleinerem Umfang vom «ComputerProjekt Köln e.V.» mit der «Kreativitätsschule Bergisch-Gladbach» durchgeführt wurde, dienten als Grundlage für das Konzept[7]. Viele Ansätze wurden aus diesem Pilotprojekt übernommen, weiterentwickelt und den gestiegenen Anforderungen der Teilnehmerzahl von beinahe 90 Jugendlichen angepasst. Hieraus ergab sich folgender Ablaufplan:

Montag (Tag 1)	Ausgiebige Kennenlern-Phase mit zahlreichen Spielen medienpädagogisch betreute Erprobung von Computer-Rollenspielen; gemeinsame Reflektion des virtuellen Spielerlebnisses Auseinandersetzung mit dem Thema «Held sein»
Dienstag (Tag 2)	Erschaffung eines Helden auf dem Papier Planung der eigenen Kostümierung & erste Nähversuche (Kurze) medienpädagogisch betreute Spielphasen
Mittwoch (Tag 3)	Gestaltpädagogische Herstellung von Kostümen Theaterpädagogisches Kampftraining und Einübung mittelalterlicher Benimmregeln (Kurze) medienpädagogisch betreute Spielphasen Gemeinsames Essen mit allen beteiligten Jugendlichen Gemeinschaftliche Filmvorführung von «BenX» mit anschließender Diskussion
Donnerstag (Tag 4)	Reflektion des Films «BenX» in den einzelnen Kleingruppen Vertiefung der theaterpädagogischen Bausteine Planung einer Aufgabe (Gilden-Quest), die den anderen Gruppen gestellt werden soll Letzter Feinschliff bei der Kostümgestaltung
Freitag (Tag 5)	Abstimmung über einen Gildennamen zur Förderung der Gruppenidentität Kreation eines eigenen Gildenwappens Abschließende Vorbereitungen für den Samstags-Event
Samstag (Tag 6)	Gemeinschaftlicher Abschlussevent in Form eines ganztägigen Live-Rollenspiels als Highlight der Aktion

7 Projektbericht: www.spieleratgeber-nrw.de/?siteid=2149.

Projektbeschreibung

Der erste Tag begann in jeder der fünf verschiedenen Jugendeinrichtungen mit einer ausgiebigen Kennenlernrunde, um eine vertraute Atmosphäre zu schaffen. Anschließend stand das gemeinsame Spielen auf dem Plan. Bewusst wurden zwei Offline-Rollenspiele ausgewählt, um spielunerfahrene Jugendlichen einerseits nicht direkt mit den sehr komplexen und vielschichtigen Forderungen zu konfrontieren und sie andererseits nicht dem hohen Bindungspotenzial auszusetzen, welches von MMORPGs ausgehen kann. Vielmehr sollte die gemeinsame Erfahrung der räumlich präsenten Gruppe im Vordergrund stehen, nicht der Kontakt zu Mitspielern aus dem Internet.

Die Spielwahl unterschied sich erwartungsgemäß deutlich. Während Mädchen und eher unerfahrene Spieler lieber zu «*The Legend of Zelda – The Twillight Princess*»,[8] einem bewegungsintensiven, bunten und im Comiclook gehaltenen Abenteuerspiel auf der Konsole «Wii» griffen, präferierten ältere Rollenspielprofis das wesentlich komplexer und kampfbetonter gestaltete «*Gothic 2*».[9] Beide Spiele haben eines gemein: Im Zentrum der Handlung steht eine zunehmend handlungsmächtiger werdende Figur, die ein Fantasyreich vor dem nahenden Untergang bewahren muss. Diese Tatsache aufgreifend, wurde nach der anregenden Spielphase in den Gruppen munter darüber diskutiert, welche Attribute einen Helden auszeichnen. Nannten die Jugendlichen anfangs viele Merkmale bekannter und beliebter Medienfiguren, wie z. B. «Magiebegabung» oder «Superkräfte», fiel ihnen schnell auf, dass man nicht gleich den gesamten Planeten retten muss, um ein Held zu sein. Denn auch Abseits von TV und Games gibt es viele Helden, deren Taten sich durch Tapferkeit, Mut oder Uneigennützigkeit auszeichnen. Gerade für männliche Jugendliche auf der Suche nach Vorbildern sind dies entscheidende Fragen, die ihnen ohne eigene Reflexion oftmals allein durch Medieninhalte beantwortet werden.

Die anschließende Transformation eines 15-jährigen in einen mittelalterlichen Helden innerhalb von 5 Tagen ist genauso aufwendig und spannend, wie man es sich vorstellt. Auf einem Charakterbogen konnten sich die Jugendlichen zunächst – ähnlich wie in den «Pen & Paper-Rollenspielen» – eine fiktive Heldenfigur gestalten, die sie in den kommenden Abenteuern zu verkörpern wünschten. Vom Namen ihres Alter-Egos über die Einkleidung bis hin zu seiner Klasse und den dazugehörigen Fähigkeiten standen zahlreiche Individualisierungsoptionen parat. Doch bei einem Entwurf auf Papier sollte es nicht bleiben – die nächsten Tage standen immer wieder im Zeichen der Kostümierung/Gewandung. Statt ausschließlich auf vorgefertigte Verkleidungen zurückzugreifen, sollten die Jugendlichen selbst gestalterisch tätig werden und sich ihre ganz individuelle Einkleidung gemäß ihren

8 Pädagogische Beurteilung: siehe http://www.spieleratgeber-nrw.de/?siteid=1603.

9 Pädagogische Beurteilung: siehe http://www.spieleratgeber-nrw.de/?siteid=598.

Vorstellungen schaffen. Wider Erwarten zeigten selbst «coole» Jungs nicht nur in der virtuellen Welt mit Schwert, Pfeil und Bogen große Hingabe, sie griffen auch sehr motiviert und akribisch zu Stoff, Schere und Nähmaschine, ging es doch um ihre Heldeneinkleidung und schließlich um ihre Ehre beim großen Abschluss-Abenteuer. So wurde ein Stock zum mächtigen Zauberstab und Kunstleder zu einem magischen Köcher. Der kreative Akt der Gestaltung von Kostümen wurde von Jugendlichen erwartungsgemäß sehr unterschiedlich aufgenommen. Während einige von ihnen neue Fähigkeiten entdeckten und förmlich nicht mehr von der Nähmaschine zu trennen waren – was ein Ziel alles bewegen kann – waren andere Jugendliche weiterhin auf die Inhalte fixiert und dementsprechend in den gestalterischen Phasen eher unmotiviert. Doch genau hier liegt eine der Stärken dieser Projektform: Allen Jugendlichen wird die Möglichkeit geboten, sich mit ihren Interessen und Fähigkeiten einzubringen und sich in einem der Projektteile wiederzufinden. Nur eine Ausgewogenheit der Projektanteile kann jedoch verhindern, dass das Projekt in bestimmten Projektphasen kippt, d.h. eine Überfrachtung der jeweiligen Teile kann in bestimmten Gruppenkonstellationen problematischen Prozessen führen, wenn Teilnehmer zu sehr die für sie wichtigen Anteile einfordern.

Besonders viel Wert legten die jugendlichen Teilnehmer auf das «Kampftraining» mit den erfahrenen Theater- und Erlebnispädagogen von «Waldritter e. V.». Den Transformationsprozess der Spielfigur auch abseits von Bildschirm und Nähmaschine actionreich auszuleben ist ein Kernelement dieser Übung. Wichtig an dieser Erfahrung war die Tatsache, dass ihre Power dahingehend kanalisiert werden sollte, dass sie zu kreativen Manövern fähig sind, ohne dabei dem Gegenüber zu schaden. Der Gegner bekommt im Live-Rollenspiel ein Gesicht und wird so zum Partner. Sehr bewusst sollten Jugendliche hier an ihre eigenen Grenzen herangeführt werden, konnten erleben, wie wichtig es ist, in bestimmten Situationen zusammenzuarbeiten und dem anderen auch einmal zu vertrauen. Besonders im Schwertkampf kann die Bedeutung von Regeln für ein rücksichtvolles Miteinander erprobt werden Dinge, die ein Computerspiel nicht leisten kann.

Sichtlich begeistert griffen die Jugendlichen zu Schwert und Schild und so gerüstet traten jeweils zwei von ihnen in eine Arena. Hier wurde ihnen von den erfahrenen Theaterpädagogen Kampfelemente beigebracht. Die Schaumstoffschwerter geschickt und unter wildem Kampfgeschrei zu schwingen und das Ganze möglichst realistisch wirken zu lassen, auch ohne sich «wirklich» zu verletzen, konnten die Jugendlichen schnell umsetzen. Auch die Bogenschützen erfuhren eine Schießübung, bei der ihre Geschicklichkeit und ihre Zielgenauigkeit auf die Probe gestellt wurde und Magier lernten die Handhabung ihres Zauberstabs – alles sollte schließlich möglichst «echt» wirken.

Bedroht zu werden, sich gegen andere durchsetzen zu müssen, die eigene Handlungsmacht demonstrieren zu wollen sind Themen, die nicht nur in Rollenspielen Relevanz haben. Im Anschluss des Kampftrainings wurde daher über reale Gewalterfahrungen, alltägliche Ängste, Probleme und auch Wünsche ergebnisoffen diskutiert.

Weiterhin standen mittelalterliche Benimmregeln auf dem interessanten Lehrplan: «Wie begrüße ich den König?», «Wie sprachen die Menschen im Mittelalter?», «Welche Essensregeln gibt es an ritterlichen Tafeln?» – Alles wurde akribisch einstudiert und geprobt. Diese Regeln stellten den Grundstein für das mittelalterliche Abenteuer dar. Nur wer sie verstanden hat, kann in der Lage sein, sich von dem eigenen Ich loszulösen, in die Rolle eines fiktiven Avatars zu schlüpfen und die aus den Spielen bekannten Handlungen real zu erfahren. So musste auch der Barbar oder der Schurke zuerst wissen, wie man sich im Mittelalter «normalerweise» verhält, um die gesetzeswidrige Rolle glaubwürdig ausspielen zu können.

Ihre Kontrahenten beim großen LARP-Event lernten die einzelnen Gilden am Mittwoch bei einem gemeinschaftlichen Treffen kennen. Neben eines ausgiebigen Essens stand auch die Vorführung des Films «Ben X» auf dem Programm. Hier wird die Geschichte eines am Asperger Syndrom leidenden Außenseiters erzählt, der von Mitschülern gemobbt wird und sich zunehmend in die virtuelle Fantasiewelt eines Online-Rollenspiels flüchtet. In den einzelnen Gruppen wurden die hier behandelten Inhalte, welche die Probleme des heutigen Erwachsenwerdens, wie z. B. Cybermobbing, Drogen, etc., auf mehreren Ebenen thematisieren, ausführlich reflektiert. Die Erfahrung aus den Gruppen zeigt, dass dies nicht nur im Hinblick auf das Alter der Teilnehmer ein notwendiger Schritt sein muss, wenn man diesen (empfehlenswerten Film) in der pädagogischen Arbeit einsetzt.

Nicht zuletzt wurde an der Gruppenidentität gefeilt. Um sich von Teilnehmern aus den anderen Institutionen deutlich zu differenzieren und um das interne «Wir-Gefühl» zu stabilisieren, wurde über einen Gildennamen abgestimmt und ein individuelles Logo auf ein Schild gezeichnet. Die Abenteurer agierten fortan als Einheit, wollten sie sich doch beim Wettstreit im abschließenden LARP gegen die anderen Gilden durchsetzen.

Live-Rollenspiel-Event

Am Samstag gipfelte die Wochenaktion schließlich in einem abenteuerlichen Live-Rollenspiel am Schloss Broich in Mülheim, dem ältesten erhaltenen, frühmittelalterlichen Wehrbau der späten Karolingerzeit nördlich der Alpen. Eine ovale Ringmauer umschließt zahlreiche Gebäude, vor den Toren des Schlosses befindet sich der MüGa-Park – eine Grünanlage mit der Ausdehnung von mehr als sieben Kilometern, die zur Landesgartenschau 1992 geschaffen wurde. Dieser imposante historische Schauplatz, der einst den Wikingern als Lagerplatz diente und im Laufe der Zeit mehrmals belagert und sogar zerstört wurde, blickte an diesem Tag auf sein wohl größtes Schicksal entgegen – Denn die gefährlichen Orks wollten Mittel-Mülheim erobern!

Um interessierten Spielern ein glaubwürdiges Erlebnis zu bieten orientierten sich Charaktere, Ortsbezeichnungen und Teile der Fantasie-Handlung an dem aus der Woche bekannten Computer-Rollenspiel «Gothic 2». So wurden die gemachten Medienerfahrungen aufgegriffen und in einem neuen, veränderten Kontext erlebbar gemacht. Ähnlich wie in der virtuellen Welt kennzeichnet sich auch die Hintergrundgeschichte des Geländespiels durch politische, religiöse, emotionale Konflikte in einem mittelalterlich anmutenden Fantasiereich. Auf Geheiß des Königs wurden die mutigsten und tapfersten Gilden des gesamten Reiches bestellt, um den nahenden Untergang zu verhindern. Nach ihrer Ankunft baute eine jede Abenteuergilde zunächst ihr Lager vor den Toren der Burg auf und wartete auf Einlass zum Thronsaal des Königs. Dieser rief schließlich einzelne Gilden zu sich und bat sie um Hilfe. Die untereinander zerstrittenen Fraktionen «Söldner», «Banditen», «Wassermagier», «Feuermagier» sollten als Gruppe bereist und in seinem Namen um Unterstützung beim Kampf gegen die nahende Ork-Invasion gebeten werden. Auf ihrem gefährlichen Weg sollten sie sich vor zahlreichen Gefahren in Acht nehmen und zudem so viel wie möglich wertvolles Erz besorgen, was die königliche Magierin zur Errichtung einer magischen Barriere zum Schutz gegen die Orks benötigt. Diejenige Gilde, welche am meisten magisches Mineral sammelt, sollte gewinnen. Diesen tapfersten Gefolgsmännern versprach er zudem eine großzügige Belohnung.

Getreu nach dem Motto «Gemeinsam sind wir stark» stürzten sich die Jugendlichen ins Abenteuer und bereisten die einzelnen Fraktionen. Doch deren Anführer zu überzeugen gestaltete sich für die einzelnen Heldengruppen sehr komplex. Zu groß war das Misstrauen gegenüber dem König und zu tief saßen die Wunden aus vergangenen Konflikten. So mussten sie den einzelnen Fraktionen zunächst helfen bzw. ihre Fähigkeiten in abwechslungsreichen erlebnispädagogischen Herausforderungen unter Beweis stellen, bevor ihnen Gehör geschenkt wurde. Auch war geschicktes Verhandeln gefragt, um die teils verbitterten Anführer von dem Vorhaben zu überzeugen.

Die Erfahrungen der vergangenen Woche schweißten die einzelnen Gilden sichtlich zusammen, gerade jetzt galt es ihren Teamgeist unter Beweis zu stellen und in ca. 20 unterschiedlichen Spielsituationen ihre Einheit zu demonstrieren. Hier erfolgten die Spielhandlungen nicht mittelbar durch die Steuerung einer Figur, vielmehr musste ein jeder Abenteurer seine körperlichen Fähigkeiten in die Waagschale legen. Seine Körperbeherrschung, sein Geschick entschieden maßgeblich über Sieg und Niederlage einer Bewährungssituation für die gesamte Gruppe. Kooperativ mussten sie versteckte Gegenstände finden, Rätselaufgaben lösen, möglichst lautlos an Ork-Wachen vorbei schleichen, sich geschickt durch ein Spinnennetz winden, einen Tiefseilgarten überqueren, sich im Umgang mit dem Bogen beweisen oder ein spontan improvisiertes Theaterstück zur Belustigung einer Adeligen aufführen. Bei manchen Aufgaben galt es, ein geeignetes Mitglied der Gruppe entsprechend der Charakterfähigkeiten «Magier», «Krieger», «Priester» auswählen, welches sich einer heiklen Aufgabe stellen musste. Auch hier kam es dennoch auf Kooperation an. So wurden einem Spieler die Augen verbunden und er musste mittels richtungweisender Zurufe durch ein Labyrinth (Dungeon) zu einer Schatztruhe navigiert werden.

Auch kampfbetonte Aufgaben durften natürlich nicht fehlen. Mancherorts traten zwei Gilden zu einem Schwertkampf an, wobei das Gelernte der Woche umgesetzt werden konnte. Auch die Sicherheit der Burg wurde immer wieder durch bedrohlich inszenierte Orkangriffe erschüttert, die es abzuwehren galt. Lord Hagen, oberster Paladin des Königs, schwor immer wieder einzelne Gilden ein, all ihre erlernten Fähigkeiten mit Schwert und Magie zu nutzen, um der Bedrohung Herr werden zu können. Aus den actionreichen Schlachten gingen schließlich die Abenteurer als Gewinner hervor und die Orks suchten das Weite. Diese Actioneinlagen stellten besonders für die Jungs ein überaus spannendes, immer wiederkehrendes Highlight des Fantasieabenteuers dar. «Wir haben schon 4 Mal gegen die Orks gewonnen», jubelte z. B. eine Gilde. Hier konnten sie sich austoben, ihre Power unter Beweis stellen und als Belohnung war ihnen der aufrichtige Dank des Königs gewiss.

Durch Gold und Erzbrocken wurden die Teilnehmer entsprechend ihrer Leistung honoriert. Solche direkt und gehäuft auftretenden, emotional belohnenden Rückmeldungen über die eigene Kompetenz stellt eine Erfahrung dar, die Jugendliche im Alltag eher selten, in Rollenspielen dafür umso öfter machen und als überaus faszinierend beschreiben. Auch weil durch die Menge an gesammelten Schätzen letztendlich die Gewinnergilde ermittelt werden sollte, war es für sie ein wesentlicher Motivationsanreiz, die einzelnen Stationen zu bereisen, sich den Herausforderungen zu stellen, um letztendlich die Wettkampfsituation für sich zu entscheiden.

Auch abseits des Haupthandlungsstranges gab es zahlreiche abwechslungsreiche Dinge zu sehen und zu bestaunen. Bogenschützen boten an der Schlossmauer ein Training an, Taschenspieler Salvatore zog durchs Land und forderte die Abenteuer zu Glücksspielen auf, ein wandelnder Gaukler wollte unterhalten werden (und versorgte nebenbei die einzelnen Helfer mit Kaffee), beim Mülheimer Geschichtsverein erfuhren die Jugendlichen mehr über die «reale» historische Entwicklung von Schloss Broich. Außerdem feierte eine mittelalterliche Tanzgruppe ein Fest und die tapferen Abenteuer waren eingeladen, sich an einer Tafel zu stärken und sich bei Gesang und einer «Tanzquest» zu erholen.

Das Abenteuer endete schließlich, als der König alle Gilden herbeirief, um ihnen für die meisterlich bestandenen Herausforderungen zu bedanken und das gesammelte Erz auszuzählen. Feierlich fanden sich die verschiedenen Fraktionen im

Burghof ein, um an der Abschluss-Zeremonie beizuwohnen. Voller Ehrgeiz zählten alle Gilden ihr erwirtschaftetes Erz. Alle Steine wurden schließlich gesammelt und in einem Ritual, an dem alle teilnahmen, wurde die magische Barriere errichtet und somit das Königreich gerettet. Ein ritterliches Festmahl stellte den feierlichen Abschluss einer gelungenen Ferienwoche dar – durfte hier doch wie im Mittelalter gerülpst, geschmatzt und mit den Fingern gegessen werden.

Fazit

Viele Spielinhalte, welche von Jugendlichen in virtuellen Welten als faszinierend erlebt werden, verweisen auf reale Kontexte und können auch außerhalb des Bildschirms erlebbar gemacht werden. Elemente aus der klassischen Jugendarbeit, heute oftmals z. B. in Spiel- oder Erlebnispädagogik eingeteilt, haben nichts von ihrer Faszination verloren, sie müssen lediglich in ein neues Gewandt gekleidet werden, um Jugendliche mit ihren durchaus veränderten Lebenserfahrungen einen Zugang zu ermöglichen. In Anlehnung an die Online-Rollenspielwelten waren es bei diesem Projekt das gemeinschaftliche Erleben eines fiktiven Abenteuers, das kooperative Meistern von Herausforderungen, der Wettstreit mit Anderen sowie die Kreation, Gestaltung, Entwicklung und damit verbunden die authentische Verkörperung eines fiktiven Helden. Selbst aktiv zu werden, das Geschehen maßgeblich zu beeinflussen und somit auch für den Erfolg (oder Misserfolg) der Handlung selbst verantwortlich zu sein war eine Herausforderung, die für sie eine überaus spannende und reizvolle Erfahrung darstellte. Die zahlreichen Belohnungsmechanismen, das klare Feindbild in Form von Orks sowie das fokussierte Streben nach dem Sieg stellten ebenfalls einen wesentlichen Motivationsanreiz dafür dar, der Handlung folgen zu wollen. Die Regeln einer mittelalterlichen Welt zu akzeptieren und sich dadurch über einige Normen und Werte der heutigen Gesellschaft hinwegzusetzen (was im Alltag mit Sanktionen einhergehen würde) gelang ihnen dank schauspielerischen Trainings ohne große Probleme. Die Akteure der Spielwelt vermittelten ihnen außerdem das Gefühl, an diesem Tag keine Minderjährigen zu sein, sie wurden während des Abenteuers als Helden geachtet und für ihr Handeln respektiert. In einem geschützten Rahmen wurden ihnen so Erfahrungen ermöglicht, welche im Alltag nur schwer zugänglich sind und oft auch mit Attributen des Erwachsenseins verbunden werden.

Insgesamt waren die ca. 90 Jugendlichen sehr zufrieden mit der abenteuerlichen Woche – dies zeigten gleichsam ihre Reaktionen wie auch eine abschießende anonyme Befragung. Welche Aspekte einzelne Teilnehmer als besonders reizvoll beschrieben, unterschied sich erwartungsgemäß stark. Wie Oben erwähnt nimmt ein Spieler immer auch einen Teil seiner Persönlichkeit, somit seiner individuellen Vorlieben, mit in ein Abenteuer. Je nach Präferenz wurden so teils die theaterpädagogischen, teils die gestalterischen, teils die spielerischen Aspekte des Projektes gelobt. Bemerkenswert war, dass keiner der Jugendlichen das Computerspielen selbst als Highlight der Aktion bezeichnete. Dennoch war es für einige Kenner des zugrundeliegenden Spiels «Gothic 2» immens wichtig, zentrale Charaktere, politische und soziale Konflikte während des Live-Abenteuers glaubhaft präsentiert zu bekommen. Daher sollten sich auch Organisatoren einen genauen Einblick in die virtuellen Welten verschaffen, arbeiten sie pädagogisch mit dem Thema «Bildschirmspiele».

Sich zu verkleiden, eine fiktive Rolle schauspielerisch zu verkörpern, in dieser über Stunden glaubwürdig zu verharren und gleichzeitig auf spontan auftretende, unvorhersehbare Situationen angemessen zu reagieren – dies war nicht nur für die Jugendlichen eine spannende und herausfordernde Erfahrung, auch für alle beteiligten Organisatoren und Helfer stellte der Abschlussevent ein ganz besonderes Highlight dar. Gerade solche interdisziplinären Projekte bedürfen allerdings einer langen Vorbereitungszeit, sind gleichsam zeit- wie kostenintensiv und können nur im Verbund mit mehreren unterschiedlich spezialisierten Institutionen durchgeführt werden. Doch auch einzelne Aspekte des Projektes bieten sich auch außerhalb eines Gesamtkonzeptes zur pädagogischen Arbeit an und bedürfen keiner aufwendigen Vorbereitungszeit. Eine nicht verurteilende Haltung gegenüber dem Freizeitmedium «Bildschirmspiele» sollte allerdings bei der Durchführung eines Projektes gegeben sein: Jugendliche in ihrem Hobby ernst zu nehmen und den gemeinsamen Dialog zu suchen ermöglicht es Erwachsenen viel eher, problematische Aspekte gemeinsam und auf Augenhöhe mit den Spielern konstruktiv und objektiv zu thematisieren. Das «ComputerProjekt Köln e.V.» hilft gerne bei der Konzeption und Durchführung von medienpädagogischen Projekten.[10]

10 Kontakt: info@Spieleratgeber-NRW.de.

Marcus Lüpke / Susanne Eberlei

Computerspiele, Interview und Analyse

Die Gamer-Generation aktiv im Unterricht

Welche Computer- und Konsolenspiele spielen Kinder und Jugendliche? Wie spielen Kinder und Jugendliche? Die Ergebnisse einschlägiger wissenschaftlicher Studien (KIM-und JIM-Studie 2009, vgl. auch den Beitrag Rathgeb in dieser Publikation) sind eindeutig: Es spielt ein sehr großer Teil der heutigen Jugendlichen Computerspiele[1]. Doch betrifft das auch Schüler im näheren Umfeld? Warum ist das möglicherweise so? Welche Spiele bevorzugen unsere Schüler? Und über welche Kenntnisse und Erfahrungen verfügen die Eltern dieser Kinder? Lässt sich die Suche nach Antworten in einem unterrichtlichen Gewand bearbeiten oder nutzt man die bundesweit erhobenen Daten der renommierten Institute?

Im Rahmen eines Unterrichtsprojektes der Jahrgänge 5 und 9 wurde im Herbst 2009 an einer niedersächsischen Hauptschule versucht, Antworten auf diese Fragen zu finden. Gemeinsam mit Schülern und Eltern wurde die Mediennutzung Jugendlicher am Beispiel der Nutzung von Computer- und Konsolenspielen im Rahmen eines Unterrichtsprojektes thematisiert. Dabei stand im Vordergrund, dass das Mediennutzungsverhalten der Jugendlichen und der Eltern im Hinblick auf Computer- und Konsolenspiele an unserer Schule im Rahmen von Umfragen analysiert und kritisch hinterfragt wird. Die Schüler sollten dabei möglichst aktiv an der Planung und Durchführung des Unterrichtsgeschehens beteiligt sein, damit der eigene Medienkonsum sinnvoll beurteilt und das oftmals rein konsumierende Mediennutzungsverhalten in einen verantwortungsvolleren Umgang mit neuen Medien mündet.

Natürlich lassen sich für eine Bearbeitung des Themas im Unterricht auch bereits vorliegende wissenschaftliche Studien bzw. die allgemeingültigen Ergebnisse nutzen. Sind die Schüler jedoch durch das selbsttätige Erarbeiten von Ergebnissen aus ihrem persönlichen Umfeld heraus aktiv beteiligt, erhöht dies sicherlich die

1 Im weiteren Verlauf sind mit dem Begriff der Computerspiele auch Konsolenspiele und Online-Spiele gemeint.

bereits vorhandene themenimmanente Akzeptanz und Leistungsbereitschaft. Zudem erfolgt schülerseitig eine direkte Identifikation mit den Unterrichtsergebnissen. Einem unterrichtlichem Vergleich mit Daten, die sich auf die Allgemeinheit der Jugendlichen in der Bundesrepublik beziehen, steht jedoch nichts im Wege und stellt einen weiteren, sehr interessanten Anknüpfungspunkt für die unterrichtliche Bearbeitung dar.

Computerspiele in der Schule – warum nicht ?

Das Thema Computerspiele ist zur Zeit eines der vieldiskutiertesten in der Medienpädagogik. Es bietet sich im Rahmen des projektorientierten Arbeitens idealerweise an, da, wie wir in den Analysen herausfanden, nahezu alle Schüler und Schülerinnen beider Jahrgänge, aktiv Computerspiele spielen. Sie verfügen somit über einen enormen Umfang persönlicher Erfahrungen zum Thema. Besonders die Jungen nutzen dieses Medium weitaus häufiger und zeitintensiver als die Mädchen.[2] Auf der Basis unserer selbst erhobenen Ergebnisse und somit dem erfassten Mediennutzungsverhalten der Jugendlichen lassen sich auf vielfältige Weise medienerzieherische Phänomene mit den Schülern bearbeiten. Einige Inhalte sollen im weiteren Verlauf dieser Arbeit dargestellt werden. Weitere Anknüpfungspunkte zur Weiterarbeit finden sich im Abschnitt «Fazit». Vor dem Hintergrund verschiedener Gewaltphänomene[3] oder der zur Zeit vieldiskutierten zeitlichen Reglementierung der «Spielzeit» in Bezug auf die Gefahren der sogenannten «Spielsucht» , die häufig in Zusammenhang mit abfallenden Schulleistungen diskutiert werden[4], muss zunehmend auch Schule einen Teil der verantwortungsvollen Medienerziehung in unserer Gesellschaft übernehmen. Nach unserer Meinung gehört auch die Thematik «Computerspiele» zwingend dazu, denn sie stellen häufig die einzige Begegnungsplattform zwischen Computer und Schüler dar. Dabei sollten allerdings genau diese oft postulierten negativen Phänomene mit dem nötigen Weitblick und Sachverstand betrachtet werden. Wichtig erscheint uns der Aspekt, dass es neben Risiken auch Chancen bei der Nutzung von Computerspielen, insbesondere in der unterrichtlichen Begegnung, gibt. Medienpopulistisch wird die Thematik «Computerspiel» leider nur allzu oft im Rahmen der «Killerspieldiskussion» behandelt. Dass allerdings gewaltverherrlichende Spiele im gesamten Bundesgebiet jährlich nur einen relativ kleinen Teil der auf dem Markt befindlichen und zugelassenen Spiele ausmachen, wird häufig nicht erwähnt. Besonders die Tatsache, dass genau

2 Dieses Ergebnis entspricht tendenziell auch den Ergebnissen größer angelegter wissenschaftlicher Studien (vgl. KIM- und JIM-Studien 2009 des Medienpädagogischen Forschungsverbundes Südwest).

3 Amokläufe, Schulmassaker.

4 Vgl. KFN-Studie 2008.

diese wenigen, als jugendgefährdend eingestuften Spiele, unter Jugendlichen sehr begehrt sind, macht aktives Handeln auf der Seite der Erwachsenen umso notwendiger. Mögliche negative Effekte, die sich durch ein zu exzessives Computerspielverhalten ergeben können, werden in der Öffentlichkeit jedoch allem Anschein nach stärker wahrgenommen und entsprechend häufiger multipliziert. Die Unterhaltungssoftware Selbstkontrolle (USK) stellt auf ihrer Webseite dar,

> «dass Ego-Shooter 2008 lediglich 2,9% der Gesamtzahl der bei der USK eingereichten Prüfanträge (…) ausmachte und die anderen Shooter-Formen nicht über den 1-Prozent-Anteil gemessen am Auftragsvolumen insgesamt hinaus kamen.»[5]

Richtet man also den Blick weg von den durchaus gerechtfertigten möglichen Risiken, die sich häufig in Kombination mit anderen Sozialfaktoren ergeben können, so stehen die Chancen im Vordergrund.

Eine leitende Vorstellung bei der Bearbeitung des Themenbereiches «Computerspiele» war außerdem, dass man gerade als erzieherisch tätiger Erwachsener das Thema Computerspiele keinesfalls als jugendspezifisches Phänomen des Freizeitverhaltens negieren darf, sondern dass es, genau hierdurch, zu einem fruchtbaren Austausch auf Augenhöhe mit der vielspielenden Generation der Jugendlichen kommen kann. Hier ergeben sich vielfältige Möglichkeiten auch erzieherisch so auf Jugendliche einzuwirken, dass mögliche Risiken gemindert und neue Chancen genutzt werden können. Denkt man an die altbekannten Maxime ... «die Schüler dort abzuholen, wo sie sich befinden», ergeben sich Weg und Relevanz von selbst. Eine entsprechende medienerzieherische Präventivwirkung kann sich aus unserer Sicht nur dann einstellen, wenn neben dem Sachwissen auch der Austausch zwischen Jugendlichen, Pädagogen und Eltern im Fokus steht. In diesem Sinne wurden auch die Eltern mit in die Umfragen[6] und Unterrichtsprozesse einbezogen, indem sie einen eigenen Fragebogen zur Beantwortung erhielten. Weiterführend wurden die Eltern zum Projektende am gemeinsamen Spieletag mit den Ergebnissen konfrontiert und hatten die Möglichkeit gemeinsam mit Jugendlichen zu spielen, sich auszutauschen und Erfahrungen zu sammeln. Die Autoren des Beitrages möchten in diesem Sinne zwei unterrichtspraktische Projekte vorstellen, bei dem die positiven Lerneffekte und das kritisch-konstruktive Mediennutzungsverhalten deutlich vor den vielfach publizierten negativen Effekten zum Thema «Computerspiele» stehen.

---

5 www.usk.de (Abruf: 14.01.2010)

6 Schulrechtliche Informationen rund um das Thema Schulumfragen, Umfragen und Erhebungen in Schulen finden sich im Runderlass des Niedersächsischen Kultusministeriums RdErl. d. MK v. 5.12.2005 – 24-81 402 (SVBl. Nr.2/2006 S.35) – VORIS 22410 –

Projektgruppen und Projektablauf

Die insgesamt 40 Schüler beider Lerngruppen verfügten, wie zu erwarten, bereits schon bei Projektbeginn über vielfältige, aber zumeist unreflektierte Erfahrungen mit Computerspielen. Der Vorschlag sich mit diesem Thema einige Zeit intensiver zu befassen, stieß auf eine selten erlebte positive Resonanz und beide Lerngruppen arbeiteten in der Folge durchweg motivierter und mit mehr Engagement als dies bei anderen Themenstellungen häufig der Fall war. Am Beginn des Projektes stand der Erfahrungsaustausch, um den Kenntnisstand abzugleichen und eine gemeinsame Arbeitsbasis zu finden. «Was spielt ihr eigentlich?» und «Wie spielt ihr?» waren die zentralen Fragestellungen. Nachfolgend arbeiteten die beiden Lerngruppen inhaltlich getrennt an unterschiedlichen Schwerpunkten weiter. Während der Jahrgang 5 sich mit dem Spielverhalten von Jugendlichen befasste und hierfür einen «Spielenachmittag» plante, war es Aufgabe der älteren Schüler sich mit dem Für und Wider des Spielens auseinander zu setzen und eine Informationsveranstaltung für die Elternschaft durchzuführen. Nach der Bearbeitung eines theoretischen Blocks zum jeweiligen Schwerpunkt wurde im weiteren Verlauf ein gemeinsamer Spielenachmittag veranstaltet. Im Anschluss daran erfolgte dann die Erarbeitung zweier Fragebögen, die sowohl an Schüler als auch an Eltern ausgeteilt wurden. Der sich anschließenden Auswertung folgte die intensive Besprechung und inhaltliche Analyse der Umfrageergebnisse. Basierend auf diesen neuen Erkenntnissen wurde inhaltlich am jeweiligen Schwerpunkt gearbeitet. So rückten zum Beispiel im Arbeitsfeld des 9. Jahrgangs die Fragen der Eltern nach der Kennzeichnung von Computerspielen und den Möglichkeiten einer sinnvollen Begrenzung der Spielzeit in den Vordergrund des geplanten Elternabends. Am großen «Tag der Computerspiele» hatten die Eltern, Lehrkräfte und Schüler einen Nachmittag lang die Möglichkeit, an den unterschiedlichsten Konsolen gemeinsam zu spielen und sich auszutauschen. Auf dem sich anschließenden schülergeleiteten Elternabend wurden zunächst die Ergebnisanalysen der Umfragen präsentiert und anschließend u. a. über die USK- Kennungen, den Einsatz von Mediengutscheinen und das Erkennen von Spielsucht informiert. Den Abschluss bildete eine offene Fragerunde unter Einbeziehung eines Medienpädagogen und die Verteilung ihres selbstverfassten Elternratgebers durch die Schüler.

Zum Projektende erfolgte eine gemeinsame Evaluation der Unterrichtsarbeit. Sie war vor dem Hintergrund der konstruktiven Weiterentwicklung der Projektidee und der genutzten Arbeitsformen ein wichtiger Bestandteil der gesamten Arbeit. Die Schüler hatten hier in einem ausführlichen Unterrichtsgespräch die Möglichkeit sich über den Ablauf, die Eindrücke, mögliche Verbesserungen und aufgetretene Probleme auszutauschen. Es bietet sich auch an, diesen Punkt in Form einer Befragung in Orientierung an den kennengelernten Projektablauf durchzuführen.

Projektziele

- Die Schüler lernen verschiedene digitale Spiele, Spielekonsolen, Alterskennzeichnungen und Spielegenres kennen.
- Sie befassen sich mit Fragestellungen und erarbeiten einen Fragebogen.
- Sie sind in der Lage Zahlen/Daten in Bildform (Diagramme) zu übertragen und zu interpretieren.
- Sie setzen Gelerntes in Form einer Präsentation an einem Informationstag für Eltern um.
- Sie nutzen Computer und entsprechende Software für Recherchearbeiten und Datenanalyse.
- Sie untersuchen ihre Lebensumgebung und erproben sozialwissenschaftliche Methoden.
- Sie lernen verschiedene Darstellungsformen von Sachverhalten kennen und entwickeln ein kritisches Medienbewusstsein.
- Sie bewerten und reflektieren den Projektablauf kritisch.

Während der gesamten Projektphase war an vielen Stellen fächerübergreifendes Arbeiten möglich und notwendig. So wurden im Rahmen der Unterrichtsarbeit beispielsweise die Fächer Mathematik, Kunst, Deutsch und Politik aktiv mit eingebunden.

Fachbereich	
Mathematik	Berechnen und Erstellen von Diagrammen zur Verdeutlichung der erfassten Daten aus den Schüler und Elternfragebögen
Deutsch	Sinnerfassendes Lesen (selektives Leseverfahren und textsortenspezifisches Arbeiten) Verfassen und Gestalten von adressatengerichteten Sachtexten Gruppendiskussion Präsentation planen, vortragen und Inhalte visualisieren Sortieren, Analysieren und Interpretieren nichtlinearer Texte Unterscheiden zwischen Information und Intention in Texten
Kunst	Erstellen von Informationsplakaten zum Spieletag (USK-Logos, Diagramme, Wegweiser, Spielesite)
Informatik/ Medienerziehung	Themenorientiert Medieninhalte finden, vergleichen und bewerten Präsentationstechniken kennen lernen und anwenden Erstellen von Texten mit gängiger Textverarbeitungssoftware Analyse und Interpretation von Umfragedaten mit Analysesoftware

Politik	Eigen- und Fremdinteressen wahrnehmen und beurteilen eigene Meinung argumentativ-sachlich und unter strategischen Überlegungen in Wort und Schrift darlegen unterschiedliche Sichtweisen und Lösungsansätze erkennen und bewerten Kritik äußern und sich mit Kritik auseinandersetzen Kompromisse entwickeln und akzeptieren Gesellschaftliche Verantwortung übernehmen

Tabelle 1: Kurz gefasste Darstellung der wichtigsten fächerübergreifenden Synergieeffekte im Rahmen der Projektarbeit

Die Abbildungen 1 und 2 zeigen eine exemplarische und reduzierte Darstellung der Inhalte der Projektstunden für den 5. bzw. 9. Jahrgang. Es erfolgt an dieser Stelle aufgrund der Fülle an Inhalten keine detaillierte Auflistung aller durchgeführten Inhalte.[7]

Im Anschluss an die Umfrageplanung- und Durchführung erfolgte in Kleingruppen die Planungsarbeit für den großen Spielenachmittag[8] mit Eltern und Lehrkräften. Dabei relevante, im Vordergrund stehende Fragestellungen waren u. a. «Welche Spiele spielen wir mit den Erwachsenen?», «Warum spielen wir diese Spiele?», »Welche technischen Gerätschaften benötigen wir?»

Ergebnisse der Schülerbefragungen und Elternbefragung

Folgende Fragen wurden in den Schüler- bzw. Elternfragebögen für die 5. und 9. Jahrgänge erarbeitet und verwendet:

Schülerbefragung: Computerspiele

1. Schüleralter
2. Geschlecht
3. Klasse
4. Frage 1: Spielst Du Computer- oder Konsolenspiele?
5. Frage 2: Nenne 3 Deiner Lieblingsspiele an Konsole oder Computer!
6. Frage 3: Was gefällt Dir an Computer- und Konsolenspielen?
7. Frage 4: Was gefällt Dir an Computer- und Konsolenspielen weniger?

7 Eine sehr gute Orientierung zur Planung und Durchführung dieses Projektes bietet die Ausschreibung der Bundeszentrale für politische Bildung zum Schülerwettbewerb 2009 (www.schuelerwettbewerb.de, 12.01.2010), an dem beide Projektgruppen mit ihren Beiträgen teilnahmen.

8 Außerunterrichtliche Veranstaltung: Spielenachmittag der Klassen 5 und 9 mit Experten, Eltern, Lehrkräften und Schülern.

Organisationsübersicht Schulumfrage

Minuten

Einführung des Themas in den Unterricht (90)
- Vorstellen des Themas, Erfahrungsaustausch zum Thema Computerspiele
- „Was spielt ihr?“, „Wie spielt ihr?“
- Besprechung von Ziel, Ort und Zeit der Umfrage
- Bildung von Arbeitsgruppen

Die Alterskennzeichnungen (90)
- „Welche gibt es?“, „Was bedeuten sie?“, „Wozu gibt es Alterskennzeichnungen?“
- Betrachtung ausgewählter Computer- und Konsolenspiele
- „Was können wir über unsere Lieblingsspieletitel herausfinden (Internetrecherche)

Gemeinsam Computer- und Konsolenspiele spielen (120)
- Außerunterrichtlicher Spielenachmittag
- Austausch, Spaß und ausprobieren

Planung und Vorbereitung der Umfrage (90)
- Fragen entwickeln & Fragebogenentwurf (PC)
- Testumfrage in der Klasse
- „Was werden wir genau tun?“ (Ablaufplanung)

Durchführung der Umfrage (45)
- Befragung & Ausfüllen der Bögen in den Klassen
- Interviewteams bilden (mind. 2 Schüler)

Auswertung der Umfrage (90)
- Leerbögen/PC zur Auswertung nutzen (Software: Grafstat)
- In Teamarbeit Ergebnisse zusammenfassen
- Erstellung von Diagrammen (Zeichnen + Auswertungssoftware)
- Fächerübergreifend arbeiten

Ergebnispräsentation (90)
- Plakatform, Webseite oder Powerpoint-Präsentation
- Besprechung von Arbeitsergebnissen

Abb. 1: Planungsübersicht Jahrgang 5

Organisationsübersicht Elternumfrage/-information

Minuten

90 – **Einführung des Themas in den Unterricht**
- Themenvorstellung und Erfahrungsaustausch
- Mindmap „Computerspiele/Eltern"
- Zielvorgabe: Elternabend planen, Ratgeber erstellen
- Bildung von Arbeitsgruppen

120 – **Arbeitsbasis finden**
- Umfragegrundlagen erarbeiten
- Gruppenarbeiten: Fragenkatalog entwickeln, Layout: Aufbau/Gestaltung, Verteilung/Auswertung

120 – **Gemeinsam Computer- und Konsolenspiele spielen**
- Außerunterrichtlicher Spielenachmittag
- Austausch, Spaß und ausprobieren,
- Ablauf/ Zeitmanagement: Was dauert wie lange? Was müssen wir noch organisieren/besorgen?, Wer betreut welche Station? etc.

45 – **Durchführung der Umfrage**
- Verteilung, Hinweis auf Abgabefrist, Rücklauf

270 – **Auswertung der Umfrage**
- Ergebnispräsentation der AG „Auswertung" (Grafstat Diagramme)
- Arbeitsschwerpunkte der AG „Elternabend" und „Elternratgeber" festlegen und erarbeiten (gruppen- und fächerübergreifendes Arbeiten)
- Einladungsschreiben erstellen und verteilen

90 – **Ergebnispräsentation/Probe**
- Ratgeber vorstellen/überarbeiten/vervielfältigen
- Moderation/Ablauf des Elternabends proben
- Equipment überprüfen

150 – **Tag des Computerspiels**
- gemeinsame Spielphase mit den Eltern/Schülern der Klassen
- schülergeleitete Infoveranstaltung

Abb. 2: Planungsübersicht Jahrgang 9

8. Frage 5: Wie viel Zeit verbringst Du mit Computer- und Konsolenspielen?
9. Frage 6: An welchen Wochentagen spielst Du am meisten?
10. Frage 7: Spielst Du auch Spiele, die für ältere Spieler zugelassen sind?
11. Frage 8: Wenn ja, welche ?
12. Frage 9: Wenn ja, warum hältst Du Dich nicht an die Alterskennzeichnung?

Elternbefragung: Computerspiele

1. Wie alt sind Sie?
2. Ihr Geschlecht?
3. Spielen Sie selbst?
4. Spielt Ihr Kind?
5. Welche Spiele spielt ihr Kind?
6. Wie bekommt Ihr Kind die Spiele?
7. Worüber streiten Sie sich am meisten mit Ihrem Kind, wenn es spielt?
8. Schätzen Sie auf einer Skala von 1 (sehr gering) bis 10 (sehr gut) Ihr Wissen über Computerspiele ein.
9. Welche drei Fragen würden Sie gerne an einen Experten für Computerspiele richten?
10. Was interessiert Sie am meisten? (10 vorgegebene Fragen)

Einige Ergebnisse sollen im Folgenden exemplarisch dargestellt werden und bieten dem interessierten Leser einen Orientierungsrahmen über die Art der Ergebnisse und die Interpretationsmöglichkeiten. Wir beschränken uns in der Betrachtung der Umfragen im Jahrgang 5 auf das Merkmal «Spielst Du Computerspiele?». Aus dem Jahrgang 9 stammt das Arbeitsergebnis zur Frage «Wie bekommt Ihr Kind Spiele?». Auf eine ausführlichere Darstellung der anderen Ergebnisse muss aus Platzgründen leider verzichtet werden. Die Auswertung aller Daten erfolgte durch die Schüler zum einen ganz klassisch ohne digitale Medien (Auszähl- bzw. Strichliste und Plakate), zum anderen wurden die Daten mittels der in diesem Rahmen sehr zu empfehlenden Software Grafstat Version 4.16[9] von Schülern problemlos auch digital am PC ausgewertet und die Ergebnisse in Form von anschaulichen Schaubildern oder/und einer Webseite präsentiert[10]. Die dargestellten Ergebnisse erheben keinen Anspruch auf Allgemeingültigkeit. Allerdings lassen sich auf der Basis der Erkenntnisse weitreichende Thematisierungen zum Jugendmedienschutz im Unterricht ableiten. Häufig bestätigen die von uns erarbeiteten Trends die Ergebnisse aus umfassenderen und wissenschaftlich durchgeführten Untersuchungen.

9 www.grafstat.de, Autor: Uwe W. Diener.

10 Besonders interessant für die wertende Betrachtung der Ergebnisse war die Option, Filter einzustellen und so beispielsweise nur die Jungen- oder nur die Mädchenantworten bei der Analyse zu berücksichtigen.

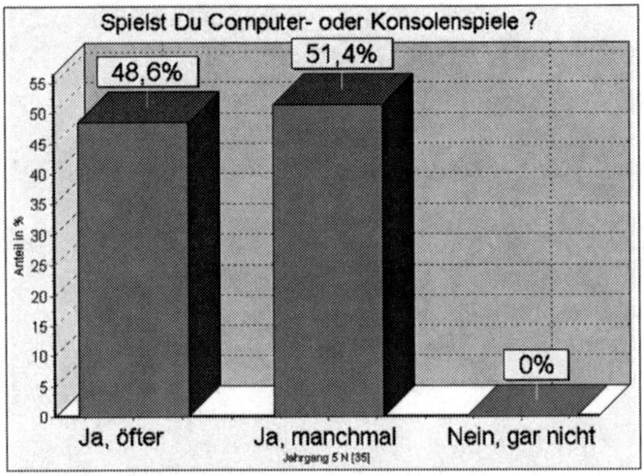

Abb. 3: Darstellung der Schülerantworten Jahrgang 5 (n = 35)

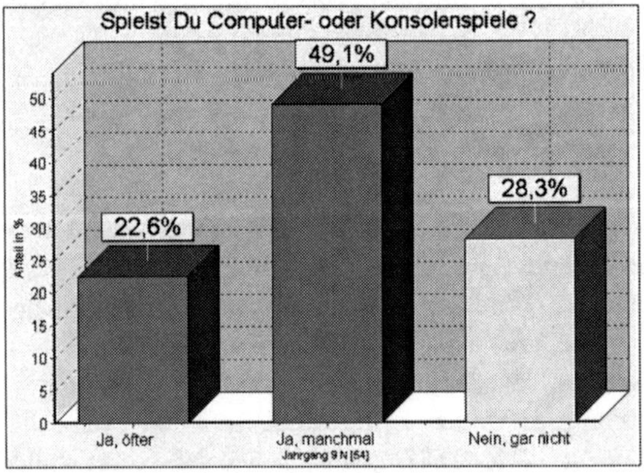

Abb. 4: Darstellung der Schülerantworten Jahrgang 9 (n = 54)

Bei der Betrachtung und Besprechung der Ergebnisse überraschte uns insbesondere die Tatsache, dass 100 % der 35 befragten 5-Klässler im Alter von 10 bis 13 Jahren «öfter» oder «manchmal» Computerspiele spielen. Dies bestätigt nochmal, wie wichtig Kindern und Jugendlichen auch das digitale Spielen ist. Berücksichtigt man nun, dass in der weiterführenden Auswertung 54,3 % dieser Befragten sogar angaben, dass sie auch «manchmal» oder «öfter» Spiele spielen, die für ältere Kinder zugelassen sind, findet sich erneut ein Grund für eine medienpädagogische Thematisierung[11]. Kinder spielen in ihrer Freizeit, ob uns Erwachsenen dies gefällt oder nicht. Leider nicht immer ihrem Lebensalter entsprechend und oft auch zu häufig.

Im höheren Jugendalter scheint die Spielaktivität etwas abzunehmen, trotzdem konnten wir feststellen, dass auch 71,7 % der befragten Jugendlichen im Alter von 14 bis 17 Jahren spielen. Interessanterweise spielten 28,3 % nach eigenen Angaben gar nicht. Vor dem Hintergrund der pubertätsbedingten Reifungs- und Entwicklungsprozesse aber eine erklärbare Veränderung der Ergebnisse. «Was fasziniert Kinder und Jugendliche an Computerspielen?», «Welche Spiele werden von wem gespielt?» und die Frage nach dem zeitlichen Umfang des Spielens sind in diesem Bezug von weiterer Bedeutung.

11 Besonders die Analyse der Antworten bei der Frage danach, welche Spieletitel genau gespielt werden, gab vor dem Hintergrund des Jugendschutzes Anlass zur Thematisierung im Unterricht.

Eine weiterführende und sehr interessante Analyse ergibt sich bei der Betrachtung der Ergebnisse nach Geschlecht und Jahrgang. Hier zeigt sich, dass beispielsweise der Mädchenanteil bei den Nichtspielerinnen viel höher ist, als bei den Jungen.

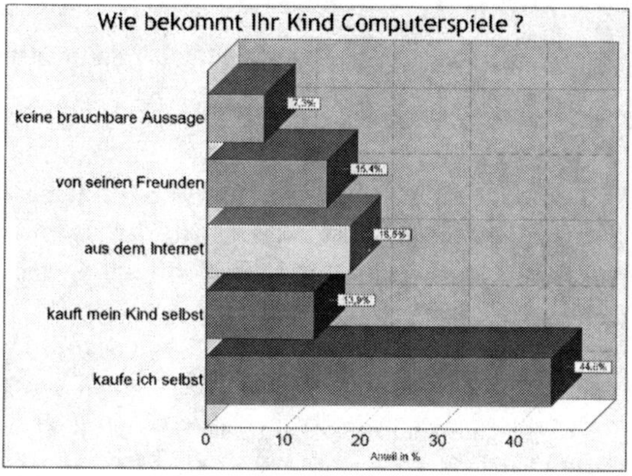

Abb. 5: Darstellung der Elternantworten Jahrgang 5 und 9 (n = 37)

Was ist mit den Eltern, die in der Regel den größeren Teil der (Medien-) Erziehungsarbeit von Kindern und Jugendlichen übernehmen?

Auf den ersten Blick mag man vermuten, dass die Eltern sich aktiv mit dem Spielen ihrer Kinder auseinandersetzen. Immerhin kaufen ja rund ein Viertel die Spiele selbst ein. Die Masse der Spiele aber kommen auf ganz anderen, weniger gut zu kontrollierenden Wegen zum Kind. Setzt man diese Aussagen in Zusammenhang mit den Ergebnissen der Frage nach den häufigsten Streitpunkten (Wie lange das Kind spielt? 57%, Welches Spiel gespielt wird? 10,5%), so wird deutlich, dass die Spielinhalte im häuslichen Bereich noch lange nicht die Bedeutung erfahren, die sich die Öffentlichkeit so gerne erwünscht. Das hier immer noch ein massiver Aufklärungsbedarf besteht, ergibt sich auch aus der am häufigsten gestellten Expertenfrage «Woran erkenne ich eigentlich, ob das Spiel für mein Kind geeignet ist?». Über dieses Ergebnis waren selbst die Schüler, also die eigenen Kinder erstaunt. Soviel Unkenntnis hatten sie ihren Eltern gar nicht zugetraut.

Beim Faktor Zeit konnten wir für die Befragten 5-Klässler feststellen, dass die Hälfte der Kinder moderat ½ bis 1 Stunde am Tag spielt. Dies entspricht weitestgehend auch Empfehlungen[12] medienpädagogischer Ratgeber. Der ebenso große Anteil der Kinder, die hier angaben, 2 bis 4 Stunden oder mehr als 4 Stunden zu spielen, stimmte uns nachdenklich. In der Unterrichtssituation konnte dieses eher negative Ergebnis anhand von beispielhaft skizzierten Tagesabläufen gut thematisiert werden. Unter Berücksichtigung der Filtermöglichkeit, die das Programm bietet, zeigt sich ein verändertes Ergebnis. In der Gruppe der Vielspieler fanden sich hauptsächlich die Jungen, Mädchen wiederum waren fast ausschließlich der Gruppe der mo-

12 *Schau hin* – Eine Initiative des Bundesfamilienministeriums, empfiehlt unter www.schau-hin.info (Abfrage: 28.12.2009) für Kinder im Alter von 10 bis 13 Jahren eine maximale Spielzeit pro Tag von 60 bis 75 Minuten.

deraten Spieler zu zuordnen. Auch dieses Ergebnis entspricht tendenziell den Aussagen größer angelegter wissenschaftlicher Studien (vgl. JIM-Studie 2009).

Fazit

Von besonderer Bedeutung im Hinblick auf die Medienerziehung von Jugendlichen scheint die verstärkte Aufklärung der Eltern zu sein. Hier mangelt es allem Anschein nach an grundlegender Medienkompetenz und verantwortlichem Handeln. Es ist schon erstaunlich, dass in fast jedem Haushalt mindestens ein, von den Kindern zum Spielen nutzbarer Rechner zur Verfügung steht, die Eltern selber aber nur sehr vage Angaben darüber machen können, woher das Kind das Spiel hat, geschweige denn, ob es für das Kind geeignet ist. Dies deckt sich mit der Unkenntnis darüber, wie lange ein Kind überhaupt spielen sollte, und welche Gefahren überhöhter Konsum mit sich bringen kann. Hier fehlt es schlicht an Information. Die bekannten medienpädagogischen Webseiten sind den Eltern weitgehend unbekannt. So verwundert es auf den ersten Blick nur scheinbar, wenn ein Projektschüler während der vorbereitenden Recherche für den Elternabend trocken feststellt: «Meine Eltern haben ja alles falsch gemacht bei mir.»

Auf der Basis unserer erhobenen Daten thematisierten wir auch den wichtigen Aspekt des altersgrenzenüberschreitenden Nutzens von Spielsoftware. Da die Alterskennzeichnungen aus unserer Sicht gut erkennbar auf allen verkäuflichen Computer- und Konsolenspielen platziert sind, liegt die Vermutung nahe, dass hier Defizite im familiären Rahmen der Jugendlichen vorherrschen. Ein erster Schritt, um Eltern hier weiterführend zu informieren und an die erzieherische Verantwortung zur Beachtung solcher Vorgaben der verantwortlichen Stelle für Altersfreigaben (USK) zu appellieren, war ein Ziel des gemeinsam mit Schülern und Erwachsenen durchgeführten Computerspieletages zum Ende der hier vorgestellten Projektarbeit.

Möglichkeiten, einen häuslichen Ordnungsrahmen zu erstellen und gezielte Handlungsstrategien im Zusammenleben mit spielenden Kindern zu entwickeln, sollten nach unserer Meinung zukünftig viel stärker die Zusammenarbeit aller an der Erziehung beteiligten, bestimmen. Abschließend lässt sich festhalten, dass sich Kinder, Jugendliche und Erwachsene auf einer gemeinsamen Ebene in den Diskurs begeben sollten. Dafür notwendig ist u. a., wie in vielen anderen Bereichen der Erziehung auch, das ehrliche Interesse an dem was unsere Kinder und unsere Schüler tun.

Ulrich Dannenhauer

«Vorsicht Bildschirm»?

Digitale Medien und Media Literacy im Englischunterricht der Sekundarstufen I und II

Im Unterschied zu anderen Schulfächern kann der Englischunterricht auf eine lange Traditionslinie des Medieneinsatzes zurückblicken. So hat sich über die Jahrzehnte ein ausdifferenzierter methodischer Fundus zur Anwendung unterschiedlichster Medien entwickelt, durch den ein moderner, auf Kompetenzentwicklung und Individualisierung zielender Englischunterricht wesentlich bestimmt wird.

Während in den 60er und 70er Jahren vor allem die Darbietung von Hörtexten – als häufig einzig verfügbares Medium – im Vordergrund stand, brachten die 80er und 90er den Durchbruch zur Auseinandersetzung mit «mehrfach kodierten Texten», wobei insbesondere die Arbeit mit und Analyse von Filmen (*feature films* und *documentaries*) als bedeutende Innovationen anzusprechen sind, die seither aus dem Unterrichtsalltag des Faches Englisch nicht mehr wegzudenken sind.[1] Im Zuge der flächendeckenden Verbreitung des *www* gewann schließlich auch die verstärkte Nutzung digitaler Medien in der Praxis des Englischunterrichts kontinuierlich an Bedeutung. Wurden Computer zunächst meist im Kontext lehrwerkbegleitender Lernsoftware und das Internet vor allem als Instrument der Informationsbeschaffung genutzt, so gibt es in der Fremdsprachendidaktik neuerdings vermehrt Ansätze, auch die interaktiven Möglichkeiten von Computerspielen[2], E-

1 Im Bereich der Filmanalyse im Englischunterricht ist besonders die Pionierarbeit von Wolf Liebelt und dem Niedersächsischen Landesinstitut (NLI) hervorzuheben.

2 vgl. den podcast zum Thema Computerspiele und Lernen auf der website des im englischen Sprachraum führenden Institution «Futurelab»: http://media.futurelab.org.uk/podcasts/becta_talks/transcripts/games.pdf; Zur praktischen Umsetzung vgl. den Bericht über ein vom Verfasser durchgeführtes Unterrichtsprojekt zum Computerspiel *The Sims.: Das verspielte Klassenzimmer*. In: EA – Das Magazin 4/2005, 16–19.

Learning-Plattformen (z. B. Futurelab; Selgo; Elllo)[3] sowie des sogenannten *web 2.0*[4] konstruktiv in den Englischunterricht einzubringen.

Aus dieser nur sehr umrisshaften Darstellung der Entwicklung der Mediennutzung im Englischunterricht sollte freilich keine ad hoc Präferenz für den Einsatz sog. «Neuer Medien» abgeleitet werden. Vielmehr bleibt festzuhalten, dass sich die Auswahl der in einem Unterrichtsvorhaben angemessenen Medien aus ihrer jeweiligen Funktionalität begründet und sich darüber hinaus an den für jede Unterrichtsplanung grundlegenden Bezugspunkten orientiert, also der sprachdidaktischen Zielstellung, der inhaltlich – thematischen Schwerpunktsetzung sowie den spezifischen Bedürfnissen der Lerngruppe.

Angesichts der durch eine vielgestaltige Mediennutzung gekennzeichneten Praxis des Englischunterrichts müssen jene Stimmen aufhorchen lassen, die den «Medienkonsum» von Kindern und Jugendlichen für allerlei Fehlentwicklungen wie gestörtes Sozialverhalten, Lese- und Aufmerksamkeitsstörungen, eine massiv gestörte geistige Entwicklung, steigende Gewaltbereitschaft, bis hin zum Übergewicht verantwortlich machen will.[5] So fordert Manfred Spitzer, der profilierteste Vertreter dieses fundamental medienkritischen Ansatzes, dass Computer in der Schule – wenn überhaupt – erst ab der Oberstufe einzusetzen seien und verneint damit prinzipiell die Möglichkeiten zur sinnhaften Nutzung von «Bildschirmmedien» im Bildungsbereich.[6]

In der Tat sind die negativen Wirkungen eines ungezügelten, unkontrollierten Medienkonsums von Kindern und Jugendlichen ein ernstes und drängendes Problem, mit dem sich viele Lehrerinnen und Lehrer tagtäglich konfrontiert sehen. Man wird jedoch bezweifeln müssen, ob die von Spitzer nahegelegte Strategie einer pauschalen Ächtung und Ausklammerung elektronischer Medien aus Schule und Freizeit einen konstruktiven Beitrag zur Lösung der Problematik leisten kann. Durch das Ausblenden und Ignorieren digitaler Medien würde sich Schule als Bildungsinstitution bewusst von einem wesentlichen Teil der Lebensrealität von Kindern und Jugendlichen abschneiden und ihrem Erziehungsauftrag, den Schülerinnen und Schülern Perspektiven eines verantwortungsvollen und reflektierten Umgangs mit Medien zu eröffnen, nicht gerecht werden können. So gelangt auch Spitzer – jenseits der pointierten Formulierung von Buchtiteln («Vorsicht Bildschirm»)

---

3 vgl. z. B. www.selgo.de; www.elllo.org; www.breakingnewsenglish.com.

4 vgl. z. B. Schillies, Karsten. *Audio and video podcasting in Web 2.0. Don't just consume – produce!* http://www.innovative-teachers.de/Projektgruppen/Documents/Germany_Karsten_Schillies1_ podcast_ consume_produce.pps

5 vgl. z. B. Spitzer, Manfred. *Vorsicht Bildschirm!: Elektronische Medien, Gehirnentwicklung, Gesundheit und Gesellschaft*, München (DTV) 2006.

6 Interview der NZZ online mit M. Spitzer vom 7.01.2008 http://www.nzz.ch/nachrichten/wissenschaft/wir_brauchen_keine_computer_in_der_schule_1.660286.html.

– zu einer etwas differenzierteren Einschätzung des Problems, wenn er zu Recht darauf hinweist, dass weder Schulcomputer noch Schulfernseher als «Teufelswerk» zu betrachten seien. Vielmehr komme es stets darauf an, «was man damit macht».[7] Damit verweist Spitzer selbst auf die Notwendigkeit zur Entwicklung von tragfähigen medienpädagogischen Strategien und innovativen didaktischen Konzepten, die Lehrerinnen und Lehrer in die Lage versetzen, den Herausforderungen einer durch Medien bestimmten Lebenswirklichkeit vieler Schülerinnen und Schüler wirkungsvoll und konstruktiv begegnen können. Es bleibt freilich anzumerken, dass die Thesen der Medienkritiker auch Eingang in manches Lehrerkollegium gefunden und dort eine z.T. innovationsfeindliche Wirkung entfaltet haben, die sich mitunter in mangelnder Bereitschaft zur Fort- und Weiterbildung im Bereich der Medienpädagogik manifestiert. So ist zu bedauern, dass das Festhalten an einem fast ausschließlich auf das Lehrbuch und dessen gedruckte Materialien fixierten Englischunterrichts nunmehr bisweilen mit einem pauschalen Hinweis auf angebliche Erkenntnisse von «Neurowissenschaft» und «Gehirnforschung» gerechtfertigt wird. Im Interesse der Schülerinnen und Schüler gilt es daher umso mehr, auch diese kleine Zahl von Zweiflern von der Funktionalität und Motivationskraft eines mediengestützten Englischunterrichts zu überzeugen.

Es kann indes kein Zweifel daran bestehen, dass funktional eingesetzte Medien, insbesondere ‹Bildschirmmedien›, als ‹Fenster zur englischsprachigen Welt› unverzichtbarer Bestandteil eines modernen Englischunterrichts sind und darüber hinaus wichtige Impulse zur Weiterentwicklung von Unterricht in Richtung eines individualisierten, selbstständigen und kooperativen Lernens geben.[8] Man wird sich stets die Tatsache vor Augen halten müssen, dass nur wenige Schülerinnen und Schüler im Verlauf ihrer Schulzeit die Gelegenheit haben, längere Zeit im englischsprachigen Ausland zu verbringen. Aufgabe des Englischunterrichts muss es daher sein, auch der überwiegenden Mehrheit der Schülerinnen und Schüler Möglichkeiten anzubieten, den Gebrauch der Fremdsprache nicht nur in unterrichtlichen Trainingssituationen zu üben, sondern die englische Sprache als Verständigungsmittel in authentischen Kommunikationssituationen zu verwenden. Daher wird ein lebendiger Englischunterricht kaum auf die regelmäßige Nutzung digitaler Medien verzichten können.

Auch im Hinblick auf eine systematische Entwicklung der sogenannten «rezeptiven» Kompetenzen (Leseverstehen sowie Hör- bzw. Hör-/Sehverstehen) die-

7 Ebd.

8 vgl. die zahlreichen Beiträge von Markus Ritter, beginnend mit: *Computer und handlungsorientierter Unterricht: zur allgemeinen und fremdsprachendidaktischen Reichweite eines neuen Mediums*, Donauwörth (Auer) 1995; ders. & Möllering, Martina. «Zum Stellenwert digitaler Medien im fremdsprachlichen Klassenzimmer». In: Müller-Hartmann, A./M. Schocker-von Ditfurth (Hrsg). *Proceedings des VIII. Mediendidaktischen Kolloquiums*, Frankfurt (Lang) 2008.

nen die durch digitale Medien vermittelten – meist mehrfach kodierten – Texte als Modelle authentischer Sprache, denen die Schülerinnen und Schüler durch Anwendung verschiedener Lese- bzw. Hörtechniken (*skimming; scanning; listening* bzw. *reading for gist*) Global- und Detailinformationen entnehmen, was wiederum Grundlage des von den Schülerinnen und Schülern zu leistenden komplexen Prozesses der Konstruktion von *meaning* ist. Darüber hinaus ergeben sich aus der Auseinandersetzung mit den erarbeiteten Inhalten relevante Sprech- und Schreibanlässe, die weit über den üblichen *classroom discourse* hinausgehen. So bieten gerade digitale Medien die Möglichkeit einer eben nicht nur auf den Klassenraum begrenzten Veröffentlichung von Unterrichtsergebnissen und eröffnen damit die im Unterrichtsalltag so oft vermisste Perspektive, die Fremdsprache in authentischen Kommunikationssituationen anzuwenden. Die Aussicht, etwa durch Anlegen eines *blogs* oder durch die Produktion eines *podcast*,[9] sich selbst zu präsentieren und die eigenen Ergebnisse mit Gesprächspartnern auf der ganzen Welt zu teilen, erweist sich regelmäßig als motivationaler Schlüsselimpuls, der bei vielen Schülerinnen und Schülern ein gesteigertes Engagement für das Fach Englisch, eine verstärkte Sensibilisierung für Probleme und Chancen des interkulturellen Dialogs sowie eine deutliche Verbreiterung der fremdsprachlichen Fähigkeiten nach sich zieht. Die Praxis des Englischunterrichts zeigt, dass Unterrichtsarrangements, in denen digitale Medien funktional und zielgerichtet eingesetzt werden, eben ganz unmittelbar an die Lebenswirklichkeit vieler Schülerinnen und Schüler anknüpfen und von daher in hohem Maße geeignet sind, signifikante Leistungssteigerungen in allen für den Englischunterricht relevanten Kompetenzbereichen zu bewirken.

Die folgenden Beispiele von Unterrichtsvorhaben sollen einen Einblick in die vielfältigen Anwendungsmöglichkeiten digitaler Medien im Englischunterricht vermitteln und Anregungen für die eigene Unterrichtspraxis geben. Es handelt sich dabei nicht um voll ausgearbeitete Unterrichtsreihen, wie sie etwa in Handreichungen oder *teacher's notes* zu finden sind, sondern lediglich um Unterrichtsskizzen, in denen wesentliche Dimensionen wie «Inhalt/Thema», «*Media Literacy*» sowie der – an dieser Stelle leider weniger relevante – Kompetenzbereich «Sprache» knapp umrissen sind. Alle in den Beispielen behandelten Unterrichtsvorhaben wurden vom Verfasser in den letzten Jahren in verschiedenen Lerngruppen durchgeführt. Ausführliche Unterrichtsplanungen und Materialien zu den einzelnen Unterrichtsprojekten, in denen die Dimension des fremdsprachlichen Lernens deutlicher ausgeführt ist, liegen vor.

9 vgl. Schillies, Podcasting

Beispiel I: *Street Gangs and Gang Violence in America* – Produktorientiertes Unterrichtsprojekt für die Klassen 9 und 10 (alle Schulformen)

- inhaltlich-thematische und medienpädagogische Dimension: kritische Auseinandersetzung mit stereotypen Darstellungen von *African Americans* in der Pop-Kultur; Sensibilisierung für Wirkungen von Gewaltdarstellungen; Gewaltprävention
- medienpädagogische Dimension (*Media Literacy*): Durchführen eines *WebQuest*; Analyse von Musikvideos (auf *You Tube* oder von DVD); Herstellung von Flyern (PDF oder Word Dateien) zum Thema und Veröffentlichung in einem selbst erstellten blog
- Kompetenzfeld «Sprache»: Schulung der Kompetenzen in den Bereichen Leseverstehen und Schreiben; thematischer Wortschatz; Redemittel zum adressatenorientierten Verfassen eines Sach- und Gebrauchstextes.

Erläuterung und Hinweise zur Durchführung:

Die in dieser Unterrichtsreihe angewendete Methode des WebQuest (gelenkte Internetrecherche) gehört mittlerweile zum festen Bestandteil des Methodenkanons vieler Schulen in englischsprachigen Ländern. Im Zeichen der verstärkten Nutzung digitaler Medien im Fremdsprachenunterricht ist der Einsatz von WebQuests im Englischunterricht auch hierzulande immer populärer geworden. Ziel eines WebQuest ist die gelenkte Informationsbeschaffung aus dem Internet. Die Internetrecherche ist dabei in einen klar spezifizierten Aufgabenkontext eingebunden und häufig mit spielerischen Elementen versehen. Als fremdsprachendidaktische *rule of thumb* gilt: Je geringer die Sprachkenntnisse der SuS, umso gelenkter sollte das *«setting»* des WebQuest angelegt sein. In der Sek. I bietet es sich an, eine klar umgrenzte Zahl von *websites* (ggf. nur eine einzige *site* mit ihren verschiedenen *pages*) zu einem Thema mit Hilfe eines Fragenkatalogs zu bearbeiten. Die Schülerinnen und Schüler setzen sich dabei mit authentischem Textmaterial auseinander und müssen selbstständig verschiedene Lesestile, Worterschließungstechniken und methodische Fähigkeiten (z. B. *note taking*) anwenden, um die gestellte Aufgabe zu lösen.

Die im Kontext des folgenden WebQuest von der Lerngruppe gesammelten Informationen (Partnerarbeit im Computerraum) liefern zusammen mit dem neugewonnenen Wortmaterial die Basis, die die Schülerinnen und Schüler zur Produktion eines ‹Flyers› (als PDF oder Word Dokument) befähigt, der andere Jugendliche über Ursachen und Folgen von *gang activities* bzw. *gang violence* aufklärt.

Beispiel eines eng geführten WebQuest

Street Gangs USA – WebQuest. Use your exercise book for note taking!

Stopover I → go to: http://www.streetgangs.com/

1. Find the section "LA gangs": Write down the number of Blood gangs and Crip gangs in LA county.
2. Click on "Black Gangs: L.A. crips" and find out: Who started the crips and when?
3. Scroll down to the alphabetical list of crip gangs. Click on "South Side Compton Crips". Why did this gang become famous in 1996?
4. Go back to the homepage and view the results of the poll "Who is the most real gangster rapper?". Who is in 1 st, 2 nd and 3 rd place? Write down the names.
5. Click on "Magazine" in the section "Gang Research". What (exactly!!) is presented on the cover of the February edition of the "Street Gang" magazine? What can you see on the cover of the January edition?

Stopover II → go to: http://www.nagia.org/index.htm

1. What does the abbreviation "NAGIA" stand for?
2. Click on "Gang-Related", scroll down and click on "Getting out of Gangs", where people who want to leave a gang are given good advice. Read the text and collect the most important facts mentioned in the text.
3. Click on "Gang-Links" and scroll down to the section "Gang Prevention and Intervention". Click on the link "Teen Gangs (Connecticut...)". How many youth gangs are there in the USA? How many young people are gang members? Name some of the main aspects mentioned in the paragraph "What is a gang?". Find out how many girls are gang members. What are the reasons for joining a gang?

Stopover III → go to: http://www.tookie.com (a website about Stanley "Tookie" Williams)

1. Click on "About Tookie". Read the text and take down notes on Tookie's life: – how he got involved in the Crips gang; – the development and change of the gang; – his life in prison; – his anti-gang activities;
2. Use Wikipaedia or Google to find out how Tookie's story continued.

Stopover IV → go to: http://www.tommytheclown.com/index.html

1. Perfomances of Tommy's Hip Hop Clowns in February 2008
2. Click on «About Tommy». Read Tommy´s story and take down notes on the following aspects:

a) Tommy's biography/career;
b) the dance movement that he founded;
c) why he is recognized as a role model

3. You may spend some time in the section «Hip Hop Clowns» and «Photo Gallery».

In weiteren Unterrichtssequenzen beschäftigen sich die Schülerinnen und Schüler mit Musikvideos, in denen die Situation der *African Americans* in den *inner cities* («*ghettos*») der großen Städte thematisiert wird und die einen tiefergehende Einblicke in Strukturen des *gang life* erlauben. Bei der Auswahl der Musikvideos sollten sie Schülerinnen und Schüler beteiligt werden. Die Erfahrung zeigt, dass sich die allermeisten Schülerinnen und Schülern durchaus darüber bewusst sind, das es hier nicht darum geht, ihre Lieblingsvideos unterzubringen, sondern dass die vorzuschlagenden Titel sehr deutlich auf die Thematik der Unterrichtsreihe fokussiert sein sollten. Aus der Vielzahl möglicher Videos seien hier zwei Titel empfohlen: Akon, *Ghetto*[10] sowie Young Jeezy, *Soul Survivor feat. Akon.*[11] Die Videos können in arbeitsteiliger Gruppenarbeit bearbeitet werden, wobei sich hier auch eine binnendifferenzierende Vorgehensweise anbietet. Der Austausch der Arbeitsergebnisse innerhalb der Lerngruppe sollte ggf. in Formen des kooperativen Lernens vorgenommen werden (z. B. *Jigsaw; Gallery Walk* etc). Darüber hinaus könnten die Schülerinnen und Schüler eigene *comments* verfassen, die auf die *My Space* – bzw. *You Tube – sites* der beiden Videos hochgeladen oder in einem von der Lerngruppe selbst angelegten *blog* veröffentlicht werden.

Schwächere Schülerinnen und Schüler arbeiten mit dem Akon-Video, das die von Hoffnungslosigkeit und Armut charakterisierte Atmosphäre des Ghettos in eindrucksvollen Bildern zeigt. Das zur Beschreibung der visuellen Elemente notwendige Wortmaterial sollte – auch unter Einbeziehung des sprachlich recht einfachen Textes – in einer *mind map* bzw. einem *topic web* strukturiert und z. B. in einer Powerpoint Präsentation dargeboten werden. Dabei könnten sich vorgegebene Oberbegriffe (z. B. *social problems; drugs; living conditions; crime, feelings / state of mind*) als nützliche Hilfe erweisen.

Bei der Bearbeitung des Videos *Soul Survivor* sollte man sich dessen narrative Struktur zu Nutze machen. Die Schülerinnen und Schüler könnten die im Video präsentierte Geschichte vom Aufstieg und Fall eines jungen Schwarzen als *magazine article* nachzeichnen oder in einer Serie von *diary entries* verarbeiten. Der Text des Songs kann dabei vernachlässigt werden, da er kaum Bezüge zu der im Video

10 Akon, *Ghetto*: http://vids.myspace.com/index.cfm?fuseaction=vids.individual&videoid=7255792.

11 Young Jeezy feat. Akon, *Soul Survivir*: http://www.youtube.com/watch?v=gczBgNB-p1w.

erzählten Geschichte aufweist und auch nicht – wie dies bei Hip-Hop Lyrics häufiger der Fall ist – als sprachliches Vorbild geeignet ist.

Leistungsstarke Schülerinnen und Schüler könnten auf der Grundlage des Textes und des Audiotracks des Titels *The Dark Side*[12] der «Old School-Hip Hop» Formation US 3 in selbstständiger Arbeit eine angemessene visuelle Umsetzung des Inhalts in einer digitalen Collage aus Fotos und Textelementen entwickeln. Eine eingehende Begründung für die von der Gruppe vorgenommene Auswahl und Sequenzierung der Bild- und Textmaterialien, die auch die Bezüge zum Ausgangstext verdeutlicht, sollte unverzichtbarer Teil der Präsentation des Arbeitsergebnisses sein.

Beispiel II: Game Check

- inhaltlich-thematische Dimension: Die Schülerinnen und Schüler präsentieren ihre «Lieblingscomputerspiele» und bewerten sie nach einem gemeinsam entwickelten Kriterienraster; Reflexion und kritische Würdigung der Inhalte, Spielstruktur und grafischen Darstellung; weiterführende Diskussion über negative Wirkungen («Spielsucht»; Gewaltproblematik);
- Medienpädagogische Dimension (*Media Literacy*): reflektierter Umgang mit Computerspielen; Grundkenntnisse der Konstruktion und Programmierung von Computerspielen (Arbeit mit den websites: *ALICE*[13] und *SCRATCH*[14]; Veröffentlichung von bzw. Stellungnahmen zu *user comments* zu einzelnen Spielen auf einschlägigen websites / blogs
- Kompetenzfeld «Sprache»: thematisches Vokabular; Redemittel der Meinungsäußerung und Argumentation

Erläuterung und Hinweise zur Durchführung[15]:

Gerade bei der unterrichtlichen Behandlung dieses in der Öffentlichkeit umstrittenen Themas sollte man die Gelegenheit nutzen, direkt an die Alltagserfahrungen vieler Schülerinnen und Schüler anzuschließen. Einzelne Schülerinnen und Schüler (oder Gruppen mit nicht mehr als drei Mitgliedern) benennen ihre Lieblingsspiele und erarbeiten visuell gestützte Vorträge, in denen Inhalt, Form, Kategorie und Spielstruktur präsentiert werden. Es versteht sich von selbst, dass dabei auf die

12 US 3, *The Dark Side.* (auf der CD: US 3, *Hand on the Torch*) Zu diesem im Jahre 1990 entstandenen Titel liegt kein Musikvideo vor.

13 http://www.alice.org/

14 http://scratch.mit.edu/

15 Das Unterrichtsprojekt wurde vom Verfasser im Jahre 2007 in einem Grundkurs der Klasse11 durchgeführt.

englischsprachigen Versionen der Spiele zurückzugreifen ist, die z. B. auch durch Kontakt mit den Herstellerfirmen beschafft bzw. ausgeliehen werden könnten.

Es ist abzusehen, dass manche Schülerinnen und Schüler auch umstrittene Spiele wie *Call of Duty*, *GTA* oder auch *Miss Bimbo* vorstellen wollen. Die Lehrkraft sollte – ggf. in Absprache mit den Erziehungsberechtigten und der Schulleitung – entscheiden, ob und welche Einschränkungen bei der Auswahl der Spiele vorzunehmen sind. Den Belangen des Jugendschutzes ist freilich in jedem Fall Rechnung zu tragen.

Um die vorgestellten Spiele angemessen beurteilen zu können, sollte man gemeinsam mit der Lerngruppe ein *assessment grid* erstellen, das z. B. folgende Kriterien enthält: *genre/category; basic idea of the game; fun factor; strategic skills; graphics; explicit violence; suitable for under 18s.* Nach jeder Präsentation werden die *pros and cons* des jeweiligen Spiels mit Bezug zu den zuvor festgelegten Kriterien diskutiert und jeder Schüler bewertet das Spiel auf seinem *assessment grid*. Die Bewertungen können dann ausgezählt und in einem *ranking* festgehalten werden. Die Auseinandersetzung mit der Thematik sollte unbedingt in einer – ggf. durch *role cards* gestützten – *panel discussion* oder in einer *formal debate* vertieft werden. Es bietet sich an, diese sprachlich und inhaltlich sorgfältig vorbereiteten Debatten auf Video oder DVD aufzuzeichnen, um den Schülerinnen und Schülern im Nachhinein Gelegenheit zu geben, sich ein authentisches Bild ihres eigenen Agierens in der Fremdsprache zu machen. Für die Lehrkraft dienen solche Mitschnitte als Grundlage einer auf individuelle Förderung zielenden Diagnose des in einer Lerngruppe erreichten sprachlichen Kompetenzniveaus.

Die Erfahrung zeigt, dass die Diskussionsphasen – insbesondere hinsichtlich der Gewaltproblematik – äußerst kontrovers verlaufen und auf beiden Seiten mit viel Engagement geführt werden. Diese inhaltliche Auseinandersetzung mit Gleichaltrigen bewirkt bei vielen Schülerinnen und Schülern ein Infragestellen des eigenen – zumeist unreflektierten – Medienkonsums und liefert erste Anstöße zu einer selektiven und verantwortungsbewussteren Mediennutzung. Das in einem solchen lebhaften *classroom discourse* zum Ausdruck kommende Maß an Schüleraktivität belegt erneut, dass die Verbindung der beiden Lernbereiche «systematische Entwicklung der fremdsprachlichen Kompetenzen» und «Media Literacy» in hohem Maße geeignet ist, bei vielen Schülerinnen und Schülern längst verschüttete Motivationspotenziale zu wecken.

Einen ganz anderen Ansatz zur sinnvollen Integration von Computerspielen in den Englischunterricht bieten die beiden Internetplattformen *Alice* und *Scratch*. Bei *Alice* handelt es sich um eine virtuelle 3 D Programmieroberfläche, die Schülerinnen und Schülern in die Lage versetzt, mit einfachsten Mitteln (z. B. *drag and drop*) selbstständig Animationen zu generieren, um eigene Geschichten zu erzählen oder interaktive Spielsequenzen herzustellen. Aufgrund der objektorientierten

Zugriffsweise eröffnet *Alice* auch dem Computerlaien, einen handlungsorientierten und spielerischen Zugang in den Bereich der Programmierung. Die Lernplattform, die hinsichtlich der Begleitung der *user* und der Verfügbarkeit von *teacher resources* nur wenig zu wünschen übrig lässt, scheint sich vor allem an Mädchen wenden, die hier eine motivierende virtuelle Umgebung vorfinden, die zur Beschäftigung auch mit der technologische Seite von Computeranwendungen anregt und für den MINT-Bereich begeistern soll. Was den fremdsprachlichen Zugewinn betrifft, so ist darauf hinzuweisen, dass es sich bei *Alice* um eine englischsprachige Lernplattform handelt, die von Schülerinnen und Schülern ab etwa dem 8. Schuljahr sprachlich bewältigt werden kann.

In ähnlicher Weise – jedoch geschlechterneutral – bietet die Programmierplattform *Scratch* die Möglichkeit, den «Machern» von Computerspielen einmal über die Schulter zu schauen und selber animierte Spielsequenzen, Geschichten oder Videos zu erstellen. Mit Hilfe der Programmiersprache *Scratch* lernen Schülerinnen und Schüler, Computertechnologien in Form von gemeinsamen Projekten auf kreative Art und Weise zu verstehen und anzuwenden. Die Lernplattform wird von so renommierten Institutionen wie dem *MIT* und Firmen wie *Microsoft*, *Nokia* oder *Intel* unterstützt und bietet auch Lehrkräften umfangreiche Ressourcen.

Beispiel III: *The Elegant Universe*

- inhaltlich-thematische Dimension: Erarbeitung der inhaltlichen Hauptaspekte der dreiteiligen Fernsehdokumentation: *The Elegant Universe;*[16] Wissenschaftsgeschichte der Physik als Suche nach einer «*theory of everything*», in der die vier Wechselwirkungen in einem Modell vereinigt werden;
- medienpädagogische Dimension (*Media Literacy*): digitale Visualisierung komplexer naturwissenschaftlicher Theorien und Modelle selbst erstellen (z. B. Relativitätstheorie; Quantenmechanik; Atommodell; «*String Theory*»; LHC/CERN)
- Kompetenzfeld «Sprache»: Erarbeitung von thematischem Vokabular (!); *Englisch for academic purposes* (Wissenschaftspropädeutik); Redemittel zur Beschreibung komplexer naturwissenschaftlicher Theorien und Modelle

16 Die dreiteilige Dokumentation ist auf DVD auch in englischer Sprache erhältlich. *The Elegant Universe.* NOVA 2003. Die in Deutschland unter dem Titel *Was Einstein noch nicht wusste* erhältliche DVD verfügt leider nicht über eine englische Tonspur. Als Buch erschienen: Greene, Brian. *The Elegant Universe – Superstrings, Hidden Dimensions and the Quest for the Ultimate Theory.* New York (Norton) 2003

Erläuterung und Hinweise zur Durchführung:[17]

Dieses Unterrichtsvorhaben eignet sich besonders zur Durchführung einer Projektwoche in Lerngruppen mit mathematisch-naturwissenschaftlichem Profil ab Klasse 10/11.

Nach einer Phase von *pre-viewing activities* (z. B. Aktivierung des Vorwissens der Schülerinnen und Schüler z. B. durch visuelle Impulse oder Durchführung einer *Think-Pair-Share* bzw. *Placemat activity*; strukturierende Wortschatzarbeit mit *grids*; *topic webs* etc.) wird jeweils eine Folge der dreiteiligen Dokumentation zentral eingegeben. Als *while-viewing activity* sind die Schülerinnen und Schüler aufgefordert, Notizen zur Erfassung der inhaltlichen Oberflächenstruktur niederzuschreiben (*note taking*), wobei sich ein vorstrukturierendes *handout* als nützliche Hilfe erweisen könnte. Im Verlauf der *post-viewing* Phase sollte zunächst der Inhalt der gezeigten Folge anhand der von den Schülerinnen und Schülern angefertigten Notizen rekonstruiert werden. Darüber hinaus bietet es sich an, das erarbeitete Wortmaterial in Form eines Arbeitsblattes mit *jumbled items* weiter zu festigen.

Beispiel eines Arbeitsblatts (*post-viewing activity*)

The Elegant Universe (part 1): EINSTEIN'S DREAM

The statements given below sum up the most important facts mentioned in part 1 of the series. Put the statements in the correct order (while you are watching the documentary).

The program:
sequence number

a) reviews the quest for unification, the search for a single theory that describes all the laws in the known universe.
b) introduces string theory as a candidate for a unified theory and summarizes the theory's main idea—that all matter and forces are made of tiny strands of energy that vibrate in different patterns.
c) conveys the discovery in the 1930s of two additional forces – the strong force and the weak force – and the eventual grouping of electromagnetism and the strong and weak forces under the umbrella of quantum mechanics.
d) discusses the challenge of unifying the force of gravity with the forces described by quantum mechanics and expresses the need for a unified theory

17 Das Unterrichtsvorhaben wurde vom Verfasser im 2009 im Rahmen einer Projektwoche in einem Leistungskurs Physik der Klasse 12 durchgeführt.

to describe phenomena in the universe, such as the depths of a black hole, which is both enormously massive and incredibly tiny.

e) chronicles Einstein's quest to unite electromagnetism with gravity.
f) concludes with the idea that while string theory could unify general relativity and quantum mechanics, there is currently no way of experimentally confirming its predictions.
g) relates the rise of subatomic physics in the 1920s (Niels Bohr) and reviews the development of the radical theory of quantum mechanics and the uncertainty that rules the quantum world.
h) details Einstein's discovery that nothing can travel faster than the speed of light and reveals how that finding conflicted with Newton's laws that showed that gravity acts instantaneously across any distance.
i) describes how electricity and magnetism were unified in the mid-1800s into a single theory of electromagnetism and illustrates how electromagnetism works and why it is hundreds of billions of times stronger than gravity.
j) explains how Einstein resolved the conflict with Newton's ideas by showing in his general theory of relativity that gravity travels at the speed of light.
k) chronicles how, in 1665, Isaac Newton integrated the laws governing the heavens and Earth under the theory of gravity.

Nachdem die drei Teile der Dokumentation inhaltlich erarbeitet und sprachlich gesichert worden sind, schließt sich nun eine Phase des selbstständigen Arbeitens an, in der sich die Schülerinnen und Schüler in Partner- oder Kleingruppenarbeit mit ausgewählten Sequenzen aus der Dokumentation intensiver beschäftigen können. Auf der die Sendung begleitenden *homepage*[18] des renommierten Bildungssenders *PBS* finden sich insgesamt 24 Filmsequenzen mit einer Länge zwischen 6 bis 10 Minuten, so dass die Schülerinnen und Schüler die wesentlichen Inhaltsaspekte an überschaubaren *chunks* arbeiten können. Darüber hinaus können die Schülergruppen auch die in den Sequenzen präsentierten grafischen Animationen im Hinblick auf deren Plausibilität sowie technische Grundlagen (*CGI*) analysieren und schließlich bewerten, ob diese Grafiken eine gelungene Veranschaulichung der komplexen physikalischen bzw. mathematischen Modelle sind. Besonders interessierte Schülerinnen und Schüler könnten auch eigene grafische Darstellungen und Animationen entwickeln. Die Arbeitsergebnisse der Schülergruppen werden in Powerpoint-Präsentationen vorgestellt und könnten z. B. auf der *website* der Schule veröffentlicht werden.

---

18 http://www.pbs.org/wgbh/nova/elegant/program.html; hier befinden sich auch eine vertiefende Materialsammlung zum Thema sowie umfangreiche *teacher resources*.

Martin Pinkerneil

Leinen los nach Digitalien – Oder: Warum ich mir keine großen Sorgen mache

Kinder und Jugendliche erobern seit gut zehn Jahren einen neuen Kontinent. Seit dem Ende der 1990er Jahre die Prepaid Karte für den Mobilfunk populär wurde, PC und Notebook erschwinglicher wurden, die Flatrate und DSL in den Haushalten Einzug hielten und sich dann auch noch die Spielkonsolen vernetzten, ist Digitalien in Kinderhand. In den Sozialen Netzwerken und großen Online- Spielewelten sind sie an Land gegangen und haben gesiedelt.

Skandal, Porno, Medienkompetenz

Die Elterngeneration sieht staunend und verängstigt zu. Projiziert alle eigenen Technik- und Zukunftsängste auf den Umgang der Jugendlichen mit den «Neuen Medien». Die Presse skandalisiert, spricht von Medienverwahrlosung, Generation Porno, Happy-Slapping, Spielsucht, Mobbing, Daten-Exhibitionismus. Berufsbesorgte finden gleich zu neuen Krankheitsbildern und Aufgabenstellungen. Die Politik, Regulierung und Unternehmen rufen unisono nach dem neuen Allheiler Medienkompetenz. Doch Medienkompetenz in einer sich völlig vernetzenden always-on Gesellschaft hieße ja am Ende Lebenskompetenz zu vermitteln und auszubilden. Dafür gibt es aber schon taugliche Institutionen: Erziehung, Bildung und unabhängige Informationen.

«Was mit Medien»

Doch Medienkompetenz kling viel besser, «Was mit Medien» und dann noch kombiniert mit «Kompetenz» kommt einem leichter über die Lippen als Schulsozialarbeiter oder Schulpsychologe. Der Ruf nach Medienkompetenz ist das Eingeständnis, dass in diesem Tornado aus technischen Innovationen, Medieninnovationen und deren ineinandergreifen wenig zu gestalten ist. Der Regulierer weiß nicht recht, wie zu regulieren ist und für den Gesetzgeber entwickelt sich das alles viel zu schnell und ist häufig mit gestehenden Gesetzen nicht zu bändigen. Die Unternehmen aus den Medien-, Informations-, und Kommunikationsindustrien sind natürlich dankbar über diese Situation und stimmen laut in den Chor der «Medienkompetenzler» ein. Das erspart eine Menge Implementierungen von Filter- und Konfigurationstechnologie, die dem Gedanken des Jugendmedienschutzes folgend, wohl angezeigt wäre – vermutlich aber im Kern nichts erreichen würde.

Sedierung

Eltern und Pädagogen in den Technologien fit zu machen und somit gleiche Augenhöhe zu erreichen scheint auf den ersten Blick eine Lösung ist es aber keinesfalls. Ein Elternabend oder eine Weiterbildung kann im Moment eine Kompetenz vermitteln. Man weiß danach was gerade bei Bluetooth, WLAN, SchülerVZ, oder WoW zu beachten ist. Doch bewegen sich diese Dinge derart rasant, das man nahezu täglich dran bleiben muss und wer kann das, hat die Zeit, das Interesse. Welcher Pädagoge, Vater, welche Mutter ist in der Lage den WLAN Access Punkt sauber zu konfigurieren, die neue Firmware auf das DSL Modem zu spielen, die Altersbeschränkungen bei der Sony Playstation Portable einzurichten und mit Passwort zu schützen, Bluetooth am Handy der Kinder zu konfigurieren, für die Nintendo DSi PictoChat zu deaktivieren, die Avatare der Kinder in Online-Spielen auf Stil und Ausdruck zu checken, den Einzelverbindungsnachweis der Handys zu kontrollieren und nach Premium SMS zu durchstöbern, die Datenspeicher von Handy und Digicam nach indizierter Musik, Gewaltvideos und Pornografien zu durchforsten ... und das wöchentlich, täglich in Echtzeit per SMS Alert? Kindern und Jugendlichen ihre Geheimnisse vor Eltern und Lehrern zu nehmen ist schon im Versuch zum Scheitern verurteilt. Das hat im Grunde auch nichts mit Technologie und Medien zu tun.

Über Grenzen hinaus

Das Kinder und Jugendliche im Umgang mit Handy, Spielkonsole, Notebook, Social Media und Co. aber von Eltern, Lehrern und Medienpädagogen unberaten sind und bleiben ist einerseits der Innovations-Dynamik geschuldet und auch der unbekümmerten herangehensweise mit Neuen Medien und Technologien. Wie selbstverständlich nutzen Kinder und Jugendliche die Möglichkeiten und probieren naturgemäß alles aus was geht – wen wundert das. Das es dabei auch zu Problemen, Extremen, Gefahren kommt ist klar. Sie gehen an die Grenzen und gern auch darüber hinaus.

Kompetenzübertrag

Sollten man die Kräfte nicht besser darauf konzentrieren Kindern und Jugendlichen zu erziehen, auszubilden – zu selbstständig denkenden und verantwortlich handelnden Menschen. Dazu kann man neue Medien und Technologien einsetzen und das hat sicher eine höhere Motivation zur Folge. Doch wo liegen denn die eigentlichen Probleme? Sind es nicht doch technologieagnostische Probleme mit denen Jugendliche sich auseinanderzusetzen haben und das wohl sehr viel früher als die Generation ihrer Eltern. Medien bedeuten Macht und Medien in der Hand von Kindern und Jugendlichen gibt Macht in diese Hände und damit umzugehen lernen dauert. Datenschutz in der Informationsgesellschaft ist eine grundsätzliche Frage der Würde des Menschen und geht über das bisherige Konzept der informationellen Selbstbestimmung weit hinaus. Mobbing und Cyber-Mobbing verletzen Persönlichkeitsrechte und sind eine Form von Gewalttätigkeit. Pornografie hat neben der generellen Strafbarkeit im Zusammenhang mit Jugendlichen und Kindern im Kern die Frage nach Respekt und Würde.

Alles nichts Neues doch statt sich diesen Fragen zu nähern treiben wir die nächste digitale Sau durchs Dorf. Am Idealismus und der Integrität von Jugendlichen zu zweifeln wäre völlig hoffnungslos und ist zum Glück unbegründet. Man sollte mal über grundlegende Fragen reden. Wenn Handy, Games, Social Media dabei helfen ist das gut. Es geht aber auch ohne. Einen Schritt zurück bitte.

Die Illustrationen in diesem Text entstammen den Flyern «FERTIGMACHEN ist TABU», «Voll Porno», «... und redest selber von Respekt und Würde» und «Tipps to go» des Projekts handysektor.de. Alle Flyer stehen kostenlos zum Download unter www.handysektor.de abrufbereit. Zudem können die Flyer kostenlos in gedruckter Version und auch in größerer Stückzahl unter redaktion@handysektor.de bestellt werden.

Autorinnen und Autoren

Zu den Herausgebern

Marcus Lüpke, Lehrer an der Albert-Schweitzer-Schule in Gifhorn, freier Journalist und Mitarbeiter der Medienberatung das Landes Niedersachsen. Er studierte Sportwissenschaften, Biologie und Erziehungswissenschaften in Köln. Nach ersten Lehrtätigkeiten im Kölner Raum begann er im Jahr 2000 seine aktive Lehrtätigkeit an einer niedersächsischen Grund- und Hauptschule. Seine medienpädagogische Arbeit mit Schülern wurde seit 2005 bundesweit vielfach publiziert, multipliziert und prämiert. Im Jahr 2008 wurde seine medienpädagogische Arbeit und das Engagement im Rahmen der Gewaltprävention mit dem 2. Platz des *Gemeinsam-Preises* der Braunschweiger Zeitung gewürdigt. Kontakt über www.marcus-luepke.de

Ulf Neumann, Diplom-Sozialpädagoge, Sozialmanager und Mediator. Über 30 Jahre ehren- und hauptamtlich in der Jugendarbeit und Jugendhilfe tätig gewesen. Davon 20 Jahre in leitenden Positionen. Im Jahre 2008 stieg er bewusst aus dem Arbeitsfeld aus und ist nun hauptamtlich in der Erwachsenenbildung (Kreisvolkshochschule Gifhorn) tätig. Zahlreiche Aufsatz- und Fachbuchveröffentlichungen zu Fragen der Gewaltprävention, Jugendpolitik und -arbeit. Kontakt über www.ulf-neumann.de

Zu den weiteren Autorinnen und Autoren

Arnfried Böker, Geschäftsführer der Landesstelle Kinder- und Jugendschutz Sachsen-Anhalt e.V., Spielpädagoge und Fortbildner. Entwickler des ersten Handy-Spielmobil und Betreiber der Informationsplattform www.handywissen.de. Veröffentlichungen zum Themenschwerpunkt Handy und Pädagogik.

Markus Dange, Gymnasiallehrer am Märkischen Gymnasium Iserlohn und Betreiber der Website www.schuelerhomepage.de.

Ulrich Dannenhauer, Lehrer für die Fächer Englisch und Geschichte an der Friedrich-Albert-Lange-Gesamtschule in Solingen, seit 12 Jahren in der Lehrerforbildung als Moderator der Bezirksregierung Düsseldorf für das Fach Englisch (Gymnasium) tätig. Mehrere Veröffentlichungen zum Thema «Kompetenzorientierter Erstunterricht» und reichhaltige Erfahrungen im Bereich «Einsatz von Computerspielen im Erstunterricht».

Susanne Eberlei, Lehrerin an der Albert-Schweitzer-Schule in Gifhorn.

Daniel Heinz, Dipl. Sozialpädagoge, Arbeitsschwerpunkte: Vermittlung von Medienkompetenz bei Kindern, Jugendlichen und Multiplikatoren in Kursen, Spielaktionen und Seminaren, pädagogische Beurteilung von Spiel- und Lernsoftware. Mitarbeiter beim ComputerProjekt Köln e. V. (www.Spieleratgeber-NRW.de), freiberuflicher Referent bei der «Initiative Eltern Medien» im Auftrag der Landesanstalt für Medien Nordrhein-Westfalen (LfM), seit 3 Jahren im Redaktionsteam der Broschüre *Spiel- und Lernsoftware pädagogisch beurteilt.*

Paul R. Hilpert, Dezernent für Medienbildung beim Niedersächsische Landesamt für Lehrerbildung und Schulentwicklung – NiLS (Hildesheim).

Wolfram Hilpert, studierte in Köln Geschichte, Philosophie und Erziehungswissenschaften. Seit 2005 arbeitet er als Referent in der Bundesprüfstelle für jugendgefährdende Medien im Arbeitsbereich «Jugendmedienschutz: Medienerziehung». Autor von Artikeln, Aufsätzen, Gastbeiträgen und in Vorträgen für Eltern, Erziehende und pädagogisch Tätige zu Chancen und Risiken von Medien und die Bedeutung von Medienerziehung und Jugendmedienschutz.

Dr. Meike Isenberg, Referentin für Forschung und Medienkompetenz der Landesanstalt für Medien Nordrhein-Westfalen (LfM).

Dr. Thomas Jäger, Diplom-Psychologe und wissenschaftlicher Mitarbeiter am Zentrum für empirische pädagogische Forschung der Universität Koblenz-Landau. In den vergangenen Jahren war er in leitender Funktion und als Projektpartner in verschiedene von der Europäischen Union geförderten Projekte zum Thema Gewalt und Mobbing in der Schule involviert. Gegenwärtig leitet er die Europäischen Projekte «CyberTraining – A Research-Based Training Manual on Cyberbullying» und «AVC@SL – The Virtual Anti-Violence-Campus at Second Life».

Torben Kohring, M. A., ist Projektleiter des www.Spieleratgeber-NRW.de und dort für die Konzeption von medienpädagogischen Praxisprojekten verantwortlich. Zusätzlich ist er als Gutachter für das Land Nordrhein-Westfalen bei der USK (Unterhaltungssoftware Selbstkontrolle) tätig.

Martin Lorber, M.A., Journalist, studierte Musikwissenschaft, Philosophie und Völkerkunde an der Universität Köln. Er ist als PR Director bei Electronic Arts, verantwortlich für die strategische Unternehmenskommunikation, die politische Kommunikation und den Bereich Corporate Social Responsibility im deutschsprachigen Raum. Darüber hinaus ist er Jugendschutzbeauftragter des Unternehmens. Seit 2009 ist er wissenschaftlicher Beirat und Referent des mibeg-Institut medien (Köln). 2009 wurde er in den Ausschuss für Telekommunikation und neue Dienste des DIHK berufen.

Martin Pinkerneil, leitet seit 2004 das Projekt handysektor.de im Auftrag der Landesanstalt für Medien NRW und des Medienpädagogischen Forschungsverbundes Südwest (mpfs). Neben dieser Medienkompetenzarbeit berät er Verbände und öffentliche Auftraggeber zu den Themen Games, Konvergenz und Journalismus. Zu seinen Kunden zählen hierbei u.a.: Deutsche Welle, European Journalism Centre (Maastricht), Stadt Köln, LfM-Nova, klicksafe.de, Kommission für Jugendmedienschutz (kjm) und International Filmschule Köln (ifs).

Thomas Rathgeb, Sozialwissenschaftler mit dem Schwerpunkt Kommunikationswissenschaften. Seit 1997 ist er bei der Landesanstalt für Kommunikation Baden-Württemberg in Stuttgart als Referent in der Abteilung Kommunikationswissenschaft mit den Zuständigkeitsbereichen Programmbeobachtung, Reichweitenforschung und Jugendschutz. In dieser Funktion ist er Prüfer bei der Kommission für Jugendmedienschutz (KJM). Seit Juni 2004 leitet er die Geschäftsstelle der Mediendaten Südwest sowie des Medienpädagogischen Forschungsverbundes Südwest (mpfs). Der mpfs ist Herausgeber der repräsentativen Studienreihen JIM (Jugend, Information, (Multi) Media) und KIM (Kinder und Medien) die beide seit über zehn Jahren regelmäßig die Mediennutzung von Kindern und Jugendlichen in Deutschland erheben.

Julie Riebel, Diplom-Psychologin und wissenschaftliche Mitarbeiterin am Zentrum für empirische pädagogische Forschung der Universität Koblenz-Landau. Dort lehrt sie in den Bereichen Diagnostik sowie Forschungsmethoden und Evaluation. Forschungsschwerpunkte sind Diagnostik von mathematischen Kompetenzen und Cyberbullying.

Walter R. W. Staufer, Dozent für politische Bildung mit den Schwerpunkten Europa, Extremismus, Islamismus und Medien. Seit 2005 Referent an der Bundesprüfstelle für jugendgefährdende Medien in Bonn. Aufbau des neuen Bereichs «Pädagogischer Jugendmedienschutz: Medienerziehung». Arbeitsschwerpunkte: Rechtsextremismus, Musik (Hip-Hop, Rechtsrock), Handy/Internet, Jugendprojekte.